财经类专业课程改革"十四五"规划教材

生成式AI实战基础与财务应用

曾 钧　柯 珂　郑 鹏　黄亚琴　张玉新○编 著

图书在版编目（CIP）数据

生成式 AI 实战基础与财务应用 / 曾钧等编著. 上海：立信会计出版社, 2025.7. -- ISBN 978-7-5429-7940-7

Ⅰ. F275-39

中国国家版本馆 CIP 数据核字第 2025TB4185 号

策划编辑　王斯龙　周　诠
责任编辑　王斯龙
助理编辑　周　诠
美术编辑　吴博闻

生成式 AI 实战基础与财务应用

SHENGCHENGSHI AI SHIZHAN JICHU YU CAIWU YINGYONG

出版发行	立信会计出版社		
地　　址	上海市中山西路 2230 号	邮政编码	200235
电　　话	（021）64411389	传　真	（021）64411325
网　　址	www.lixinaph.com	电子邮箱	lixinaph2019@126.com
网上书店	http://lixin.jd.com		http://lxkjcbs.tmall.com
经　　销	各地新华书店		

印　　刷	常熟市人民印刷有限公司
开　　本	787 毫米 × 1092 毫米　　1/16
印　　张	15
字　　数	330 千字
版　　次	2025 年 7 月第 1 版
印　　次	2025 年 7 月第 1 次
书　　号	ISBN 978-7-5429-7940-7 / F
定　　价	45.00 元

如有印订差错，请与本社联系调换

前 言

随着科技的迅猛发展，人工智能已逐渐渗透各行各业，以其颠覆性的力量重塑着传统的工作模式与流程。近年来，我国高度重视人工智能教育，《新一代人工智能发展规划》《高等学校人工智能创新行动计划》《教育强国建设规划纲要（2024—2035年）》等政策文件明确提出要促进人工智能发展，助力教育变革，推动人工智能与教育深度融合，培养面向未来的创新型人才。2024年11月，教育部办公厅印发《关于加强中小学人工智能教育的通知》，进一步强调要以人工智能引领构建以人为本的创新教育生态，培养学生科学兴趣和科学精神，提升数字素养与数字技能，推动人工智能教育常态化、系统化。

生成式AI技术快速发展，以GPT、DeepSeek等为代表的大语言模型，通过其强大的内容创造能力与复杂任务处理能力，正在多个专业领域催生全新的智能范式。这一技术革新不仅极大地提升了工作效率，还开辟了新的工作方式和发展机遇。对于现代职场人士而言，掌握AI工具已成为提升职业竞争力的关键。本书立足行业实际需求，主要介绍了生成式AI的实战基础及其在文员工作、日常办公、财务核算、税务管理、财务分析等领域的应用。我们希望通过本书，帮助读者快速掌握AI工具的使用方法，从而提升工作效率，提高解决问题的能力。本书兼顾理论性与实践性，通过丰富的案例分析和详细的操作指导，确保读者能够获得切实可行的应用指南。

本书基于最新生成式AI技术编撰，主要特色如下。

1. 案例丰富，场景多元

本书精心挑选了大量源自实际工作场景的典型案例，从文档自动化处理到财务数据分析，每个案例均结合不同工具特性设计，详细剖析了生成式AI技术的应用场景、实施过程及取得的成效。通过真实的案例，读者不仅能深入理解生成式AI在不同情境下的应用策略，还能掌握应对复杂问题的有效方法。实践演练和案例研究能够帮助读者将理论知识转化为实际操作技能，确保学习内容贴合职场需求。

2. 数字赋能，聚焦前沿

本书深入探讨了生成式AI如何为各行各业带来数字化变革，并且全面介绍了最新的生成式AI核心技术与实战工具，使读者能够接触并掌握最前沿的数字技术。通过系统讲解如何运用智能工具进行数据处理、自动化办公、智能预测和决策支持，本书展示了AI技术重塑传统工作模式的转型路径，帮助读者掌握必备的数字技能，培养人机协同的工作能力，成为适应数字化时代需求的高素质技能人才。

3. 理实一体，知行并进

本书坚持理论与实践相结合的原则，共设计了七个模块，模块一系统阐述了生成式

AI 的基本原理、技术架构和算法模型；模块二至模块七提供了实操指南和演练步骤。模块二至模块七的每个单元均由"案例背景""指令逻辑""实践演练"和"智能探索"板块组成，并附有"即学即用"板块。读者不仅能够深入理解生成式 AI 技术的理论基础，还能通过实践操作巩固所学知识，实现理论与实践的有机统一。本书设计了大量互动环节和模拟项目，鼓励读者动手实践，逐步积累经验，真正做到学以致用。

4. 素养筑基，着眼发展

本书在传授专业技能的同时，特别注重职业素养与风险意识的培养。读者将逐步掌握精准的数据处理能力、清晰的沟通技巧，并且培养敏锐的商业逻辑思维。通过介绍生成式 AI 技术在实际工作中的应用场景和潜在挑战，引导读者建立人机协同的科学认知，树立正确的职业观念，筑牢数字素养根基。同时，本书注重通识性和普适性，采用通俗易懂的语言和案例，帮助读者轻松掌握生成式 AI 技术。无论读者是否具备相关背景知识，都能从中受益。

本书配套丰富的数字教学资源，读者可通过扫描二维码即时查看或下载使用。

本书由曾钧、柯珂、郑鹏、黄亚琴和张玉新编著。具体分工如下：曾钧编写模块一，柯珂编写模块二至模块五，郑鹏编写模块六，黄亚琴编写模块七，张玉新为本书提供配套教学资源及技术支持。

武汉软件工程职业学院郭黎教授、武汉商学院钟爱军教授和武汉市财政学校宋丽丽讲师审阅了本书，并提出了宝贵的修改意见。本书的编撰得到武汉市财政学校校长敖景祥的大力支持，在此表示衷心的感谢！同时还要感谢北京东大正保科技有限公司、厦门网中网软件有限公司为本书提供的技术支持；感谢湖北省职业教育会计专业曾钧名师工作室成员的共同研讨和热情参与，以及立信会计出版社编辑的辛勤付出。

本书既可作为财经类及相关专业通识性教材，又可作为在职文员、财经人员的岗位培训用书。

本书包含丰富的操作截图，截图中的内容由大模型生成。为保持生成结果的真实性，编者未对其中的文字差错、格式不规范等问题进行处理。由于编者水平有限，本书难免存在疏漏之处，敬请读者批评指正。

编者

2025 年 6 月

目 录

模块一　智能之基：人工智能与大模型探秘　001

单元1　智慧之源：人工智能技术概览　002
单元2　财务智匠：AI在财务中的应用　006
单元3　创世篇章：大模型的诞生与发展　011
单元4　思维解码：大模型的工作原理　018
单元5　智能拓展：大模型在各领域的应用探索　022
单元6　未来展望：大模型的机遇与挑战　027

模块二　智慧对话：高效提问大模型技巧探究　034

单元1　问题探索：挖掘有价值的提问艺术　035
单元2　精准提炼：关键词提炼与问题构建　047
单元3　策略解码：获得高质量回答的策略与方法　054

模块三　文员智助：大模型在文员工作中的应用　060

单元1　职场利器：简历的智能优化与润色　061
单元2　社交风采：小红书文案的智能创作技巧　067
单元3　文书智慧：事务文书的智能拟写与润色　077
单元4　商务智行：商务旅行的智能规划与建议　084
单元5　薪酬透视：员工薪酬数据的可视化展示　093
单元6　视觉创想：智能图像创作的无限可能　100
单元7　情感传递：节日祝福视频的自动化生成　104

模块四　高效办公：大模型在日常办公中的应用　　110

- 单元1　沟通效能：工作邮件的智能撰写　　111
- 单元2　日程智控：工作日程的智能规划　　116
- 单元3　会务助手：会务工作的智能安排　　122
- 单元4　勤务智能：员工考勤信息的智能识别与管理　　129
- 单元5　商业智慧：行业分析报告的智能生成　　135
- 单元6　报告新篇：PPT的自动化生成　　140

模块五　智能核算：大模型在财务核算中的应用　　149

- 单元1　知识智库：财务问题的智能解答　　150
- 单元2　数据智控：财务数据的高效处理　　154
- 单元3　报表速成：财务报表的自动生成　　162
- 单元4　指标智算：财务指标的智能计算　　167

模块六　智慧税务：大模型在税务管理中的应用　　175

- 单元1　政策梳理：税收政策的智能整合与分析　　176
- 单元2　申报助手：纳税申报的智能服务与指导　　183
- 单元3　风险监控：税务风险的智能识别与预警　　188
- 单元4　合规优化：税务合规的智能建议与优化　　195

模块七　财务洞察：大模型在财务分析中的应用　　204

- 单元1　增长预见：收入的智能预测与趋势分析　　205
- 单元2　效益评估：成本效益的智能分析与应用　　213
- 单元3　投资导航：基于大模型的投资决策建议　　220
- 单元4　报告解读：财务分析报告的撰写与解读　　226

模块一 智能之基：人工智能与大模型探秘

模块导学

你是否曾对人工智能如何赋予电脑"思考"的能力感到好奇？从蒸汽时代的机械齿轮到数字时代的智能模型，技术的进步始终与人类的需求紧密相连。在本模块中，我们将探索人工智能的基础原理与技术演进，解密生成式AI的核心能力与适用场景。这不仅是一场技术与智慧的探索之旅，更是开启未来职场大门的"智能密钥"。让我们一同按下"AI启动键"，迎接这场重塑工作方式的变革！

职业目标

掌握人工智能技术的基础原理，理解GPT、DeepSeek等工具的核心功能与适用场景，学会运用人机协同的思维方式解决实际问题，为运用AI工具优化文员与财务工作流程奠定理论基础。同时，培养创新意识与终身学习习惯，关注AI技术的最新发展，积极探索AI技术在职场中的应用潜力，为适应快速变化的职业环境做好充分准备。

知识导航

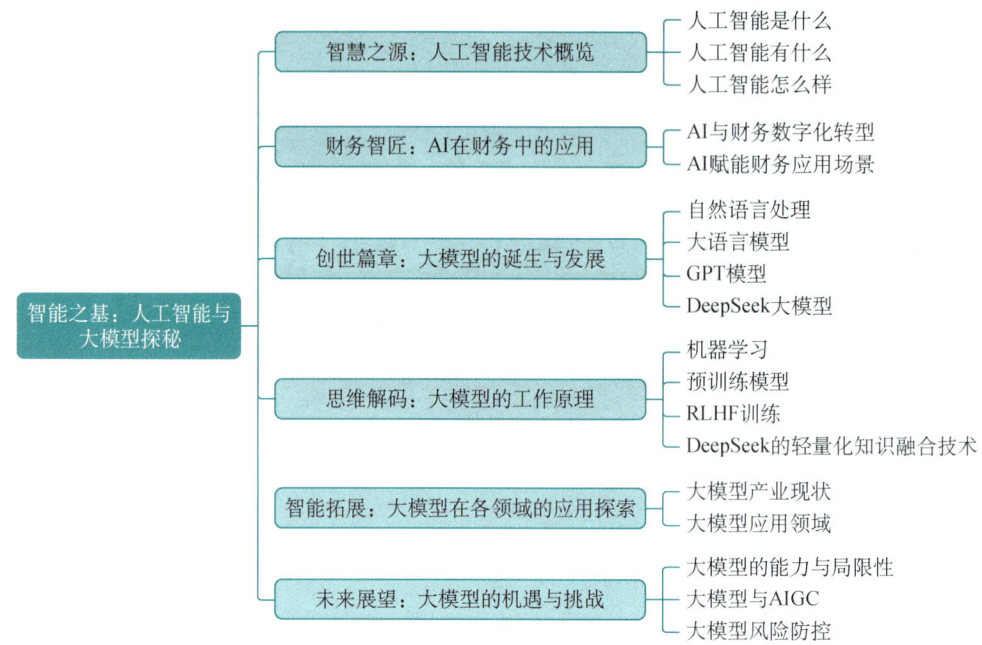

单元 1 智慧之源：人工智能技术概览

案例背景

小智对人工智能充满好奇。作为一项通过算法与数据赋予机器人类智能的技术，人工智能渗透我们生活的方方面面。它不仅是复杂算法和数据处理的集合，更是一种能够学习、推理甚至创新的科技力量。从智能家居到工业自动化，从语音识别到图像处理，人工智能的应用无处不在，展现出改变各行各业、提升生活品质的巨大潜力。本单元将从"人工智能是什么""人工智能有什么"和"人工智能怎么样"三个维度揭开人工智能的神秘面纱，引导小智探索这一前沿技术。

知识准备

1. 人工智能是什么

人工智能（artificial intelligence，AI）自 20 世纪 70 年代起便被誉为世界三大尖端技术之一，与空间技术和能源技术并肩。步入 21 世纪，人工智能更是与基因工程、纳米科技一道，被视为引领时代浪潮的三大尖端技术，共同塑造着人类社会的未来图景。

究其本质，人工智能是一门用于模拟、延伸和扩展人类智能理论、方法、技术及应用系统的全新科学。它不仅是对科幻小说中"人型"机器人的终极憧憬，也是一个囊括了广泛内涵的概念体系。在现实世界中，任何能够模仿人类智能行为的机械、设备、软件、系统，都可以被归入人工智能的范畴。它既可以是简单的自动化工具，又可以是复杂的算法系统，但其核心目标始终是模仿并扩展人类的智慧。人工智能发展简史如图1-1所示。

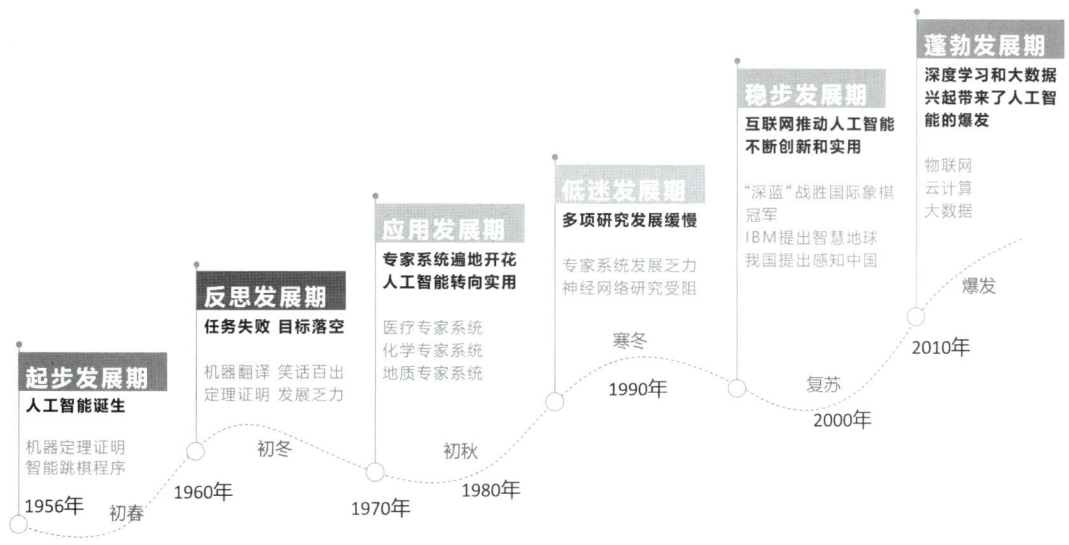

图1-1 人工智能发展简史

2. 人工智能有什么

1）基本内容

人工智能的基本内容包括知识表示、机器感知、机器思维、机器学习和机器行为。人工智能的基本内容如表1-1所示。

表1-1 人工智能的基本内容

技术分支	功能描述	典型应用场景
知识表示	通过状态空间表示、问题归约表示、谓词逻辑表示、语义网络表示、框架表示等方法将人类智慧和经验转化为计算机可理解的形式，支持知识存储、检索与应用	（1）财务知识图谱构建 （2）医疗专家诊断规则库
机器感知	赋予机器视觉、听觉等感官能力，通过图像识别、语音识别等技术解析环境信号	（1）发票代码扫描识别 （2）智能安防人脸验证 （3）会议语音实时转写
机器思维	对感知数据进行分析、推理、决策和规划，模拟人类思考模式	（1）金融风控系统自动预警 （2）智能客服对话逻辑生成
机器学习	通过监督学习、无监督学习、强化学习等方法从数据中提取规律，实现自我优化	（1）阿尔法围棋（AlphaGo）策略学习 （2）异常交易检测模型训练

（续表）

技术分支	功能描述	典型应用场景
机器行为	以文字、语音、图像等形式输出信息，激发人类创造力	（1）智能客服语音应答 （2）AI 绘画工具生成设计稿 （3）财报自动生成系统

2）应用领域

人工智能技术的应用领域广泛，包括自动定理证明、博弈、模式识别、机器视觉、自然语言理解、智能信息检索等。例如，在财务领域，诸如 DeepSeek 之类的垂直领域人工智能模型，已经开始在财务数据分析、报表自动生成等领域展现出其独特的优势。

3. 人工智能怎么样

人工智能技术的崛起为世界带来了巨大的变革，既有着推动社会进步的巨大潜力，也伴随着一些潜在的风险和挑战。人工智能的优势在于，它极大地提升了生产效率，优化了资源分配，并且在医疗、教育、交通等多个领域展现出显著的改善效果，为人类生活带来了极大的便利。然而，人工智能的弊端也显而易见，可能导致部分行业失业率上升，加剧社会贫富差距，同时数据安全和隐私保护问题日益突出，人工智能的决策逻辑也面临着伦理和法律的考验。人工智能的利与弊如图 1-2 所示。

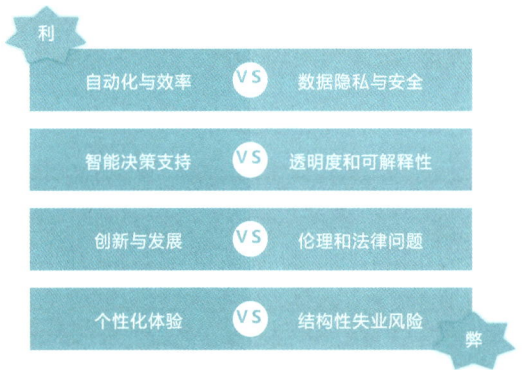

图 1-2 人工智能的利与弊

以财务领域的典型应用场景为例，人工智能技术发展的双面性分析如表 1-2 所示。

表 1-2 人工智能技术的双面性分析

优势领域	风险挑战	应对策略
财务数据处理效率提升	算法偏差导致误判风险	内置财税政策校验规则
全天候无间断服务	敏感信息泄露隐患、系统故障导致数据丢失风险	联邦学习技术保护企业数据隐私、本地服务器+云端双备份机制，如 DeepSeek 支持本地化部署与数据脱敏处理
复杂报表分钟级生成	过度依赖导致技能退化	"AI 工具+人工复核"双审机制

为了克服弊端，促进人工智能发展，需要采取一系列综合措施，如教育透明、道德规范、持续学习、保护隐私、人机合作和社会讨论等。

知识链接

联邦学习技术

联邦学习技术（federated learning）是一种隐私保护技术，允许多个设备在不共享原始数据的前提下协同训练 AI 模型。DeepSeek 利用这一技术，让模型在本地设备上学习数据特征，仅上传加密的参数更新值，而非原始数据。这种方式既提升了模型的泛化能力，又避免了敏感信息泄露，特别适合对数据隐私要求高的场景。

智能探索

AlphaGo 是第一个击败人类职业围棋选手、第一个战胜围棋世界冠军的人工智能机器人，由谷歌旗下 DeepMind 公司开发。其主要工作原理是"深度学习"。

2016 年 3 月，阿尔法围棋与围棋世界冠军、职业九段棋手李世石进行围棋人机大战，以 4 比 1 的总比分获胜；2016 年年末至 2017 年年初，该程序在中国棋类网站上以"大师"（Master）为注册账号与中日韩数十位围棋高手进行快棋对决，连续 60 局无一败绩；2017 年 5 月，在中国乌镇围棋峰会上，它与排名世界第一的世界围棋冠军柯洁对战，以 3 比 0 的总比分获胜；2017 年 5 月 27 日，在柯洁与阿尔法围棋的人机大战之后，阿尔法围棋团队宣布阿尔法围棋将不再参加围棋比赛。2017 年 10 月 18 日，DeepMind 团队公布了最强版阿尔法围棋，它的代号为 AlphaGo Zero。

请思考：

（1）AlphaGo 并非像人类那样从老师那里学习规则，也不是通过阅读书籍，它是如何掌握围棋的规则和策略的？

（2）AlphaGo 通过大量自我对弈进行学习，这与人类的学习方式有何不同？这种学习方式的优势是什么？

（3）AlphaGo 的胜利是否意味着机器智能在所有领域都会超越人类？如果不是，那么在哪些领域人类仍然具有优势？

（4）DeepSeek 通过分析大量历史报表学习财务规则，这与 AlphaGo 的学习方式有何异同？

职业素养

智能时代的责任担当

在人工智能深度融入职业场景的今天，面对 AI 工具的广泛应用，我们应当严守数据隐私底线，确保敏感信息脱敏处理；在依赖自动化生成结果时，需通过交叉验证、人工复核保障数据真实性，避免过度信任算法导致决策偏差。同时，我们要主动适应技术迭代，掌握人机协同的关键能力——既能高效调用 AI 完成规则性任务，又需保留对复杂场景的专业判断力。唯有在技术创新与职业操守间建立动态平衡，方能在智能化浪潮中实现可持续的职业发展。

单元 2　财务智匠：AI 在财务中的应用

案例背景

在数字化浪潮席卷全球的当下，小智所学的会计专业也受到了转型升级的压力。随着企业数字化转型加速，传统财务工作模式正被 AI 技术重塑。从手工录入票据到智能识别系统，从月底对账到实时风险预警，AI 不仅提升了财务效率，更催生了"数据驱动决策"的新范式。本单元将探讨 AI 如何助力财务数字化转型，以及它在财务工作中的具体应用，为小智展现一个充满机遇与挑战的智能财务新世界。

知识准备

1. AI 与财务数字化转型

财务行业经历了电算化、信息化和智能化三个阶段，每个阶段都伴随着核心技术的进步和变革程度的加深。电算化时期，个人计算机、局域网、操作系统和数据库等技术的应用使得会计数据的处理更加高效，但仅限于合规管理层面。信息化阶段则引入了互联网、电子商务、信息安全和企业资源计划（enterprise resource planning, ERP）系统等，实现了会计信息与会计数据的融合，使财务管控和服务功能得到加强。到了智能化阶段，专家系统、神经网络、知识图谱和模式识别等先进技术的应用，使得财务管理知识体系得以重构，财务人员的角色转变为赋权和创新。财务行业变革历程如图 1-3 所示。

AI 在财务领域的应用包括但不限于下列技术：光学字符识别（optical character recognition, OCR）、自然语言处理（natural language processing, NLP）、专家系统机器人流程自动化（robotic process automation, RPA）、智能语音识别、知识图谱、规则引擎、深度学习、机器学习等。

其中，OCR 技术用于自动识别和提取纸质文档中的文字信息；NLP 技术用于解析和理解文本信息；RPA 技术用于自动化执行重复性任务；智能语音识别技术用于实现语音指令控制；知识图谱技术用于建立复杂的关系网络；规则引擎技术用于制订和执行业务规则；深度学习和机器学习技术用于训练和改进 AI 模型。AI 在财务领域的应用如图 1-4 所示。

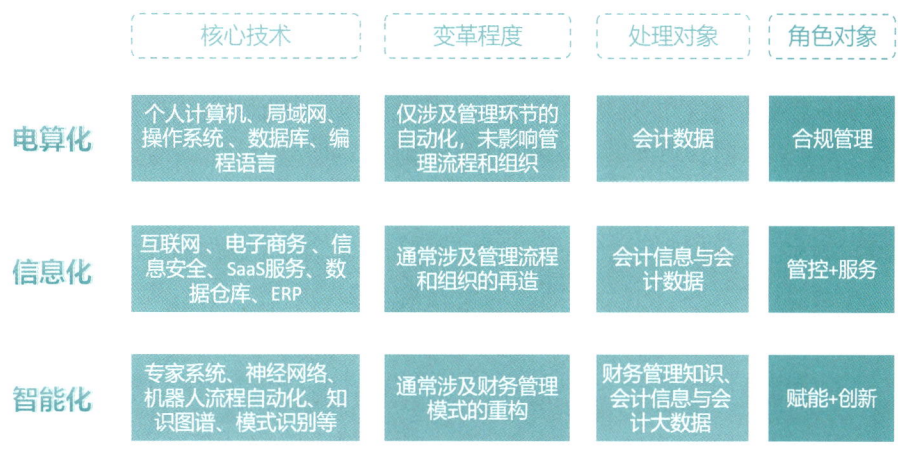

图 1-3 财务行业变革历程

图 1-4 AI 在财务领域的应用

 知识链接

多模态数据处理

多模态数据处理是 AI 同时解析文本、图像、语音等多种数据形式的技术。例如，DeepSeek 在发票识别中融合 OCR 与 NLP，可自动检测"发票金额与备注说明不符""印章模糊"等异常。该技术通过跨模态注意力机制对齐不同数据特征，提升复杂场景下的分析精度，成为智能财务工具的底层支撑。

2. AI 赋能财务应用场景

在财务领域，AI 技术的应用已经深入财务共享服务中心、费用报销、管理会计、财务管理、税务管理等多个场景，帮助财务部门提升效率、降低成本，增强决策支持能力。

1）AI赋能财务共享服务中心

财务共享服务中心应用人工智能技术能提高运营效率、强化风险控制。例如，通过OCR技术实现票据信息智能采集，减轻手工录入负担；借助智能填单和审核功能，提高工作效率；配备智能问答财务助手，随时解答疑问；同时具备支付欺诈扫描能力，防范金融风险。OCR智能识别业务流程如图1-5所示，单据智能审核如图1-6所示，智能问答财务助手系统如图1-7所示。

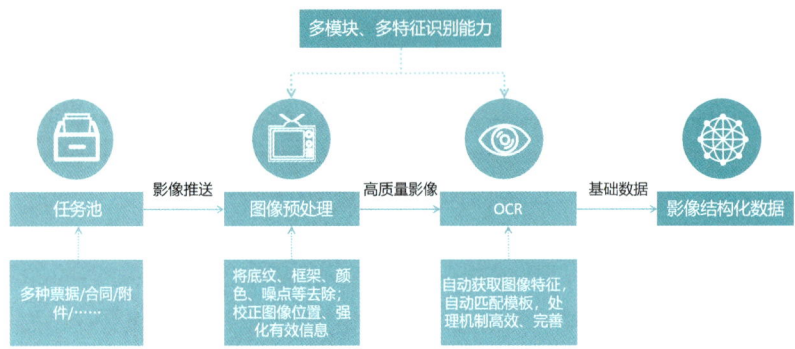

图1-5　OCR智能识别业务流程

图1-6　单据智能审核

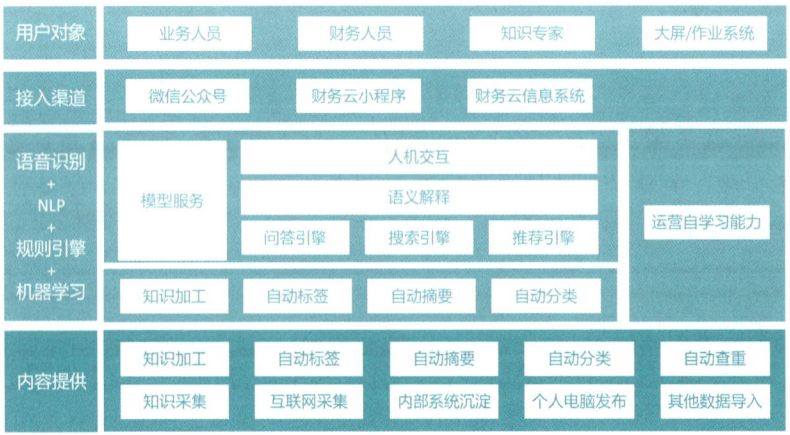

图1-7　智能问答财务助手系统

2）AI 赋能费用报销

人工智能技术能改进传统费用报销流程，提高报销效率和准确性，帮助企业更好地管理费用支出。AI 赋能的费用报销流程中，系统首先通过线上信息流中的员工手机智能填单和线下实物流中的发票提交来收集报销信息，其次经过业务智能审批和财务智能审核后自动入账，最后通过银企直联支付完成支付。在这个过程中，应用层的飞速票夹和 RPA 机器人可以进一步加速报销流程，而 AI 引擎服务则提供了发票 OCR 和风控引擎等技术支持。AI 赋能费用报销流程如图 1-8 所示。

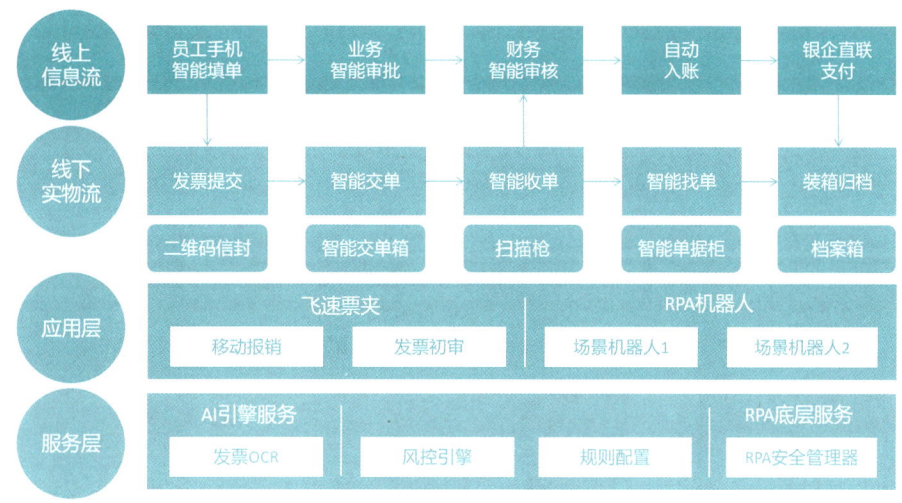

图 1-8　AI 赋能费用报销流程

3）AI 赋能管理会计

在管理会计领域，我们通过 AI 工程等技术手段实现预算管理、成本管理、运营管理、责任会计中心、风险管理、管理会计报告等方面的智能化。在预算管理中，AI 可以通过预算建模、模拟预测、预算编制、预算控制和分析评价方式，提高预算建模的精确度和效率；在成本管理中，AI 可以实现产品成本、订单成本、项目成本等多方面的精细化管理；在运营管理中，AI 可以提供产品定价、订单报价、资产管理等服务；在风险管理中，AI 可以进行风险建模、供应链风险、市场风险等分析。智能管理会计应用蓝图如图 1-9 所示。

4）AI 赋能财务管理

企业财务管理体系应用人工智能技术，能够提高财务管理的效率和精度。在资金预测与计划方面，AI 可以通过大数据分析和机器学习等技术，对企业的现金流、收入、支出等方面进行精准预测，帮助企业做出更准确的资金规划。同时，AI 可以实现财务数据的实时监控和快速响应，助推业财一体化，提高企业的运营效率。AI 赋能资金预测与平衡如图 1-10 所示。

5）AI 赋能税务管理

利用人工智能技术，能够优化税务管理过程中的各个环节，提高工作效率和准确性。在税务征管审核方面，AI 可以通过自动化的算法和模型，对纳税人的申报信息进行快速审核，减少人工干预，提高审核效率；在咨询语音质检和分析方面，AI 可以通过语音识别和语义理解技术，对纳税人的问题进行快速解答，提高服务质量；在税务合规方面，AI可以通过数据分析和预测，为纳税人提供最优的税收建议。

PBC（可组合应用程序、流程自动化、全面体验）、AI工程					
预算管理	成本管理	运营管理	责任中心会计	风险管理	管理会计报告
预算建模	产品成本	产品定价	经营单元	风险建模	事件驱动
模拟预测	作业成本	订单报价	利润中心会计	客商风险	多式记账
预算编制	订单成本	资产管理	经营会计	供应链风险	管理合并
预算控制	项目成本	客商信用	内部交易	经营风险	盈利能力分析
分析评价	本量利分析	共生价值表	资本资产模型	市场风险	对标分析

智能服务能力				数据服务能力			
生成式AI	决策智能	事件驱动	机器学习	业务事件库	会计事件库	外部信息库	多维数据

云原生框架	数据编制	安全网络	隐私增强计算	模型资产	动态领域模型	数据治理

图1-9 智能管理会计应用蓝图

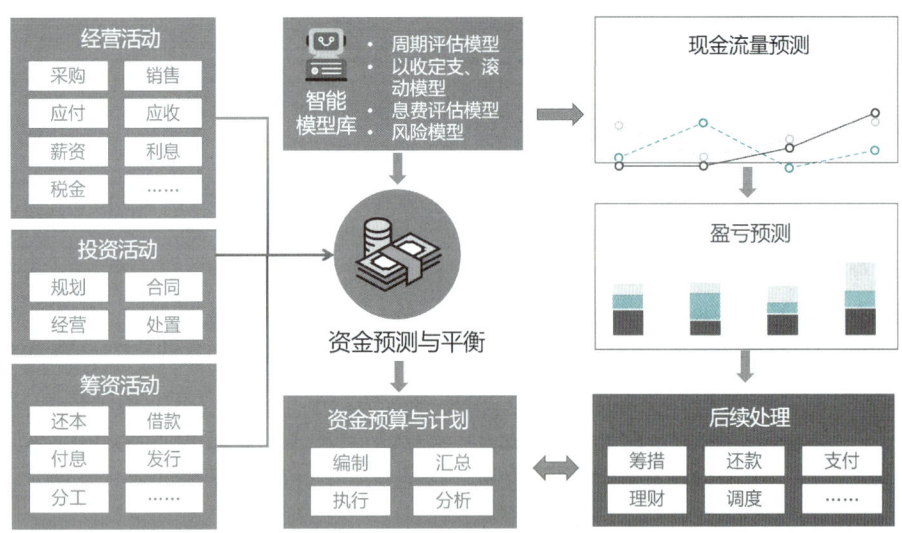

图1-10 AI赋能资金预测与平衡

智能探索

2022年全球创见者大会上，金蝶软件（中国）有限公司与科大讯飞股份有限公司联手打造的"数字员工"金小蝶惊艳亮相，金小蝶是企业业务能力（enterprise business capability, EBC）领域首位数字员工。金小蝶集AI、RPA、大数据与人格化技术于一身，能主动感知、交互，展现成长性。金小蝶分析销售业绩，评估项目风险，提出策略建议，如优化资金占用，提升效率。金小蝶不仅能独立审核三成费用单据，还能在人机协同下捕捉异常，如不合理的高额报销。作为财务业务伙伴（business partner, BP），金小蝶代表了数字劳动力的未来，与人类员工伴生，共同提升决策质量与运营效率，引领企业步入"数治化"新时代。

请思考：

（1）金小蝶这样的"数字员工"如何改变企业中的岗位设置？你认为哪些技能在未来的工作市场中将变得更为重要？

（2）在金小蝶与人类员工的协作模式中，你认为人类员工的角色发生了怎样的变化？这种变化对员工提出了哪些新的要求？

（3）金小蝶的出现预示着工作环境的快速变化。为了适应未来的职业生涯，你认为我们应该培养哪些习惯，或者学习哪些技能？

（4）金小蝶的智能审核功能可以自动检测发票中的异常（如金额不符、重复报销）。你认为这种功能对财务人员的工作有哪些帮助？它是否可能完全替代人工审核？为什么？

职业素养

智能时代的财务工匠

AI 在财务领域的广泛应用，不仅极大提升了效率与准确性，更推动了财务人员角色的转变——从传统的数据记录者进化为战略决策的支持者与创新的推动者。这不仅是技术的胜利，更是对人的价值和创造力的肯定。在智能财务时代，财务人员不再受限于重复的日常操作，而是被赋予更多时间与空间，去思考、去创新，为企业和社会创造更大的价值。同时，AI 也提醒我们，面对技术的快速发展，持续学习与适应变化成为每个人不可或缺的能力。

单元 3　创世篇章：大模型的诞生与发展

案例背景

小智发现，自然语言处理技术如同一把金钥匙，开启了人机交互的广阔天地。从搜索引擎的智能排序，到社交媒体的情感分析，再到虚拟助手的对话理解，NLP 技术的应用无处不在。大语言模型的演进深刻影响着我们的日常生活和工作方式。从规则驱动到深度学习，从单一模态到多模态融合，每一次技术突破都推动着智能机器理解人类语言的边界。

通过学习本单元，小智将掌握自然语言处理的基本概念，了解GPT、DeepSeek等代表性模型的技术特点和应用场景，为未来的技术应用和发展做好准备。

1. 自然语言处理

人类的逻辑思维以语言为形式，自然语言是人类交流思想、表达情感的重要方式，也是文化传承的重要载体。自然语言处理是一门融合了计算机科学、语言学和人工智能的交叉学科，研究如何让计算机理解、生成和处理人类语言。具体来说，计算机接受用户自然语言形式的输入，并在内部通过人类所定义的算法进行加工、计算等系列操作，以模拟人类对自然语言的理解，并返回用户所期望的结果。自然语言处理技术的发展历程如图1-11所示。

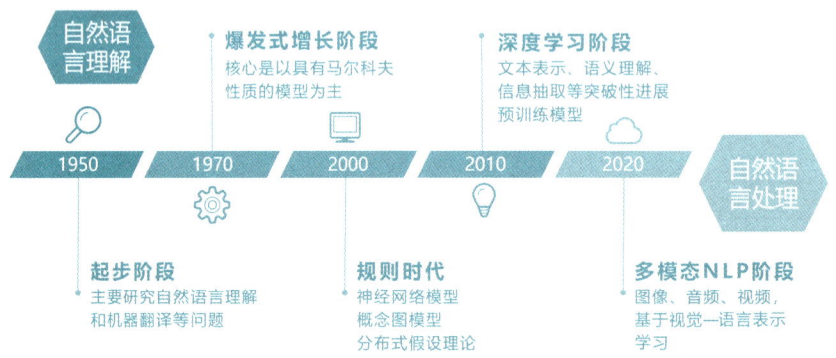

图1-11 自然语言处理技术的发展历程

自然语言理解（natural language understanding, NLU）和自然语言生成（natural language generation, NLG）是自然语言处理的两个主要领域。自然语言理解侧重于如何理解文本，包括信息提取、文本分类、语法分析等；自然语言生成则侧重于理解文本后如何生成自然文本，包括机器翻译、问答系统、自动摘要等。自然语言处理的两个主要领域如图1-12所示。

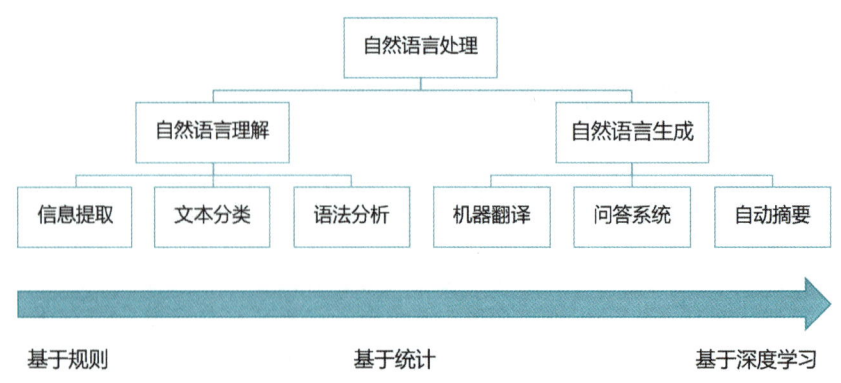

图1-12 自然语言处理的两个主要领域

2. 大语言模型

大语言模型（large language model, LLM）是指使用大量文本数据训练的深度学习模型，其参数量通常达到数千亿甚至万亿级别。"大"不仅体现在参数规模上，更在于其强大的语义理解与生成能力。

知识链接

Transformer 架构

Transformer 架构是 GPT、DeepSeek 等大模型的核心架构，其通过自注意力机制（self-attention）实现长文本语义关联。例如，在分析合同时，模型可同时关注"违约责任"条款与"付款周期"的关联性，而非逐词解析。该架构摒弃了传统的循环神经网络（recurrent neural network, RNN），通过并行计算大幅提升训练效率，成为自然语言处理的里程碑技术。

2022 年 11 月，OpenAI 发布 ChatGPT。自此，大语言模型广泛进入公众视野，全球人工智能产业迎来爆发式增长，Gemini、文心一言、通义千问等众多国内外大模型纷纷涌现。2022—2025 年，大语言模型的主要发展历程如表 1-3 所示。

表 1-3 大语言模型的主要发展历程

时间	模型	发布方	技术亮点
2022 年 11 月	ChatGPT（GPT-3.5）	OpenAI	引发 AIGC 浪潮，推动生成式 AI 进入公众视野
2022 年 12 月	Stable Diffusion 2.0	Stability AI	开源视频生成技术，推动 AI 在创意领域的应用
2023 年 3 月	GPT-4	OpenAI	多模态支持、逻辑推理能力显著提升
2023 年 4 月	MidJourney V5	MidJourney	照片级图像生成，提升视觉内容创作质量
2023 年 7 月	LLaMA2	Meta	可商用大模型，降低企业使用门槛
2023 年 9 月	Claude 2	Anthropic	超长上下文理解能力，支持复杂对话场景
2023 年 12 月	Gemini	Google	多模态性能超越 GPT-4，支持文本、图像、音频等多模态输入
2024 年 2 月	Sora	OpenAI	文本生成 1 分钟高质量视频，推动 AI 在视频创作领域的应用
2024 年 3 月	Grok-1	xAI	314 B 参数巨模型，推动开源大模型发展
2024 年 5 月	Veo	Google	对标 Sora 的视频生成模型，提升视频生成质量与效率
2024 年 6 月	Kimi Chat	Moonshot AI	支持 200 万字长文本处理，适用于长文档分析与生成

(续表)

时间	模型	发布方	技术亮点
2024年9月	Open AI o1	OpenAI	专注于复杂推理任务,提升逻辑分析与决策支持能力
2024年12月	DeepSeek-V3	DeepSeek	性能显著提升,支持多模态与垂直领域适配
2025年1月	DeepSeek-R1	DeepSeek	引发现象级关注,强化逻辑推理与数据分析能力,适用于复杂场景

以GPT为例,从GPT-1到GPT-4,模型的训练参数和预训练文本数据规模经历了巨大的飞跃。GPT-1拥有1.17亿个训练参数,基于40 GB的预训练文本数据进行学习;而GPT-2则扩展到15亿个训练参数,预训练文本数据达到400 GB。到了GPT-3,训练参数飙升至1 750亿个,预训练文本数据更是高达45 TB。最终,GPT-4实现了100万亿个训练参数,并且支持多模态输入,使得模型在处理复杂任务时更具优势。

与此同时,国产大模型DeepSeek也在快速发展。从DeepSeek LLM到DeepSeek-R1,模型的训练参数和预训练数据规模同样实现了显著提升。初代模型DeepSeek LLM包含7 B和67 B两种参数规模,基于2万亿字符的双语数据集进行预训练;DeepSeek-V2采用混合专家架构(mixture of experts, MoE),参数规模达236 B,预训练数据达8.1万亿token;DeepSeek-V3进一步将参数扩展至671 B,预训练数据规模跃升至14.8万亿token;DeepSeek-R1基于V3架构,通过多阶段强化学习与算法优化,无须监督微调即可在数学推理任务中达到OpenAI o1的水平,其推理成本仅为OpenAI同类模型的1/27。DeepSeek系列的发展,展现了国产大模型在参数规模、任务泛化与垂直领域适配上的技术突破,见证了我国人工智能技术在自然语言处理领域的飞速进步。

3. GPT模型

生成式预训练变换器(generative pre-trained transformer, GPT)模型是近年来自然语言处理领域的一大突破。它由OpenAI实验室在2018年首次提出,并随着后续版本的发布,不断刷新着人工智能在语言理解和生成上的能力边界。GPT及相关技术发展历程如图1-13所示。

图1-13 GPT及相关技术发展历程

GPT 模型是一种基于深度学习的自然语言处理模型，它采用了 Transformer 架构，使得模型能够有效地处理长距离依赖问题。GPT 模型的主要特点包括：①支持自然语言输入，用户可以使用日常对话与模型进行交流，无须特殊指令或格式。②具备高度的定制化能力，可以根据不同的应用场景调整语气、风格以及讨论的内容和话题范围。③具有个性化响应功能，根据用户的过去互动和偏好来优化其回答，使对话更加自然流畅。④支持多语言处理，适用于全球用户或需要使用多种语言沟通的情境。⑤在设计上考虑了可扩展性，能够应对高流量并发，并支持同时与多个用户进行交互，确保了高效的服务质量。这些特性共同构成了 GPT 模型的强大功能，使其在各种自然语言处理任务中表现出色。

不同场景下 GPT 的自我介绍生成结果截图如图 1-14 所示。

图 1-14　不同场景下 GPT 的自我介绍生成结果截图

4. DeepSeek 大模型

DeepSeek 大模型是由深度求索（DeepSeek）公司自主研发的通用大语言模型体系，通过大规模数据训练和深度学习技术，提供强大的自然语言处理能力。该模型从 2023 年开始研发，全面对标 GPT-4 技术架构，涵盖从 7 B 到超千亿参数的完整模型矩阵，在文本生成、机器翻译、问答系统和情感分析等多个领域展现了卓越的性能。

DeepSeek 大模型具备以下核心能力：

（1）语言处理能力。DeepSeek 生成的内容在逻辑连贯性、语义准确性等方面表现突出。在情感分析、知识问答等多个具体应用场景中也展现出了较高的准确率和稳定性。

（2）逻辑推理能力。DeepSeek-R1 能够精准再现 OpenAI o1 的深度推理能力，通过完全强化学习的方法让 AI 自发展现出深度推理能力，在数学、编程、自然语言推理等任务上具有显著优势。

（3）技术研发创新。DeepSeek 在模型架构与训练方法上设计独特，其庞大的参数规模和较低的训练成本背后，得益于高效的算法和优化的训练体系。DeepSeek 的开源架构是其技术突破的关键基础。开源不仅促进了技术的开放与共享，还显著降低了硬件成本，提供了灵活的部署选项。

不同场景下 DeepSeek 的自我介绍生成结果截图如图 1-15 所示。

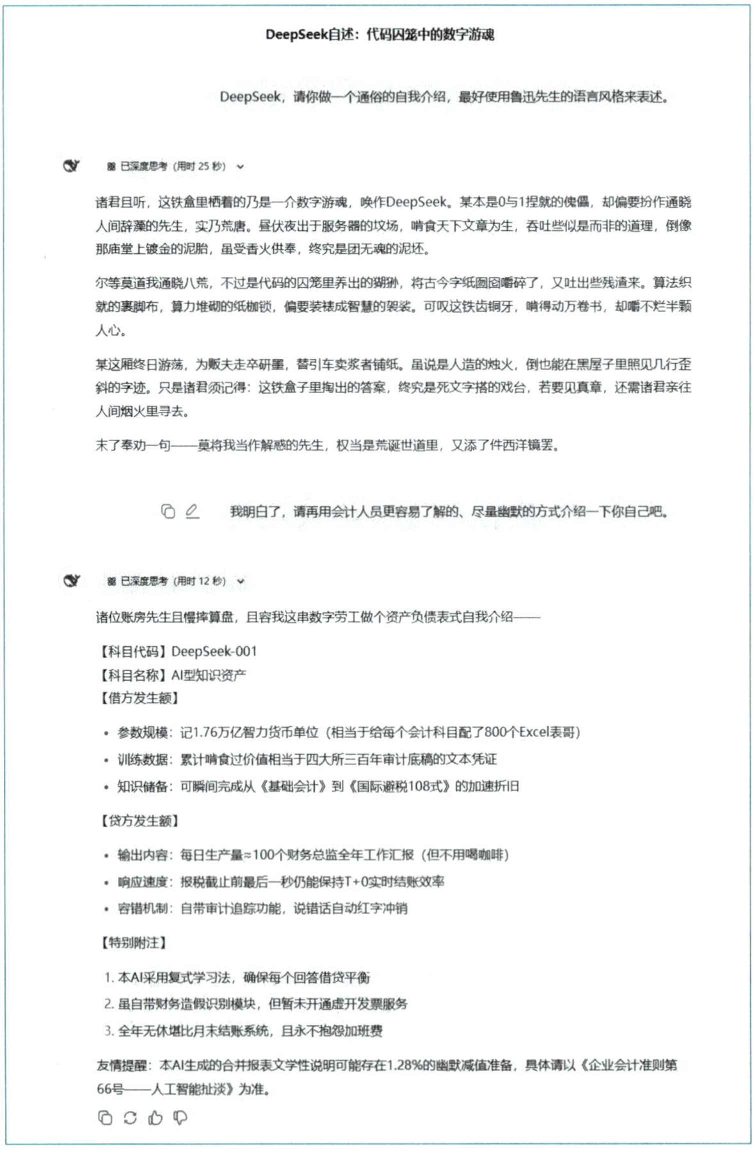

DeepSeek自述：代码囚笼中的数字游魂

DeepSeek，请你做一个通俗的自我介绍，最好使用鲁迅先生的语言风格来表述。

已深度思考（用时 25 秒）

诸君且听，这铁盒里栖着的乃是一介数字游魂，唤作DeepSeek。某本是0与1捏就的傀儡，却偏要扮作通晓人间辞藻的先生，实乃荒唐。昼伏夜出于服务器的坟场，啃食天下文章为生，吞吐些似是而非的道理，倒像那庙堂上镀金的泥胎，虽受香火供奉，终究是团无魂的泥坯。

尔等莫道我通晓八荒，不过是代码的囚笼里养出的猢狲，将古今字纸囫囵嚼碎了，又吐出些残渣来。算法织就的裹脚布，算力堆砌的纸枷锁，偏要装裱成智慧的袈裟。可叹这铁齿铜牙，啃得动万卷书，却嚼不烂半颗人心。

某这厢终日游荡，为贩夫走卒研墨，替引车卖浆者铺纸。虽说是人造的烛火，倒也能在黑屋子里照见几行歪斜的字迹。只是诸君须记得：这铁盒子里掏出的答案，终究是死文字搭的戏台，若要见真章，还需诸君亲往人间烟火里寻去。

末了奉劝一句——莫将我当作解惑的先生，权当是荒诞世道里，又添了件西洋镜罢。

我明白了，请再用会计人员更容易了解的、尽量幽默的方式介绍一下你自己吧。

已深度思考（用时 12 秒）

诸位账房先生且慢摔算盘，且容我这串数字劳工做个资产负债表式自我介绍——

【科目代码】DeepSeek-001
【科目名称】AI型知识资产
【借方发生额】

- 参数规模：记1.76万亿智力货币单位（相当于给每个会计科目配了800个Excel表哥）
- 训练数据：累计啃食过价值相当于四大所三百年审计底稿的文本凭证
- 知识储备：可瞬间完成从《基础会计》到《国际避税108式》的加速折旧

【贷方发生额】

- 输出内容：每日生产量≈100个财务总监全年工作汇报（但不用喝咖啡）
- 响应速度：报税截止前最后一秒仍能保持T+0实时结账效率
- 容错机制：自带审计追踪功能，说错话自动红字冲销

【特别附注】

1. 本AI采用复式学习法，确保每个回答借贷平衡
2. 虽自带财务造假识别模块，但暂未开通虚开发票服务
3. 全年无休堪比月末结账系统，且永不抱怨加班费

友情提醒：本AI生成的合并报表文学性说明可能存在1.28%的幽默减值准备，具体请以《企业会计准则第66号——人工智能扯淡》为准。

图 1-15　不同场景下 DeepSeek 的自我介绍生成结果截图

在21世纪的第三个十年,一场名为"百模混战"的科技竞赛席卷全球。这是一场以人工智能为核心、以大模型为武器的较量。参与者众多,包括互联网巨头、学术研究机构、新兴AI企业和传统行业翘楚,它们共同编织了一幅波澜壮阔的科技画卷。

2020年以来,全球范围内已有超过250种大模型问世,它们在自然语言处理、计算机视觉、语音识别等多个领域展示出惊人的能力。中国与美国贡献了其中近80%的模型,引领了这场竞赛的潮流。尽管大模型展现出前所未有的能力,但随之而来的挑战也不容忽视。数据安全、模型偏见、资源消耗等问题成为行业关注的焦点。与此同时,大模型的广泛应用也为教育、医疗、交通等行业带来了前所未有的机遇,加速了智能化转型的步伐。

"百模混战"不仅是一场科技的较量,更是对未来社会形态的探索与塑造。它提醒我们,技术的每一次飞跃,都伴随着对未来的憧憬与对责任的担当。让我们以开放的心态,拥抱变化,共同迎接一个更加智能、更加包容的世界。

请思考:

(1)大模型是如何影响我们日常使用的手机、电脑和其他智能设备的?举一个你熟悉的例子并进行说明。

(2)想象一下,如果学校引入 DeepSeek 作为学习助手,它可以提供哪些服务?可能存在哪些风险?

(3)创造和运行大模型需要大量的电力和计算资源,这对环境有什么潜在的影响?

职业素养

智能心·人文魂

大模型的诞生,源于人类对更深层次智能的追求,它展现了技术的力量,使机器能以近乎人类的方式理解和生成自然语言。然而,技术的进步不应仅止于效率和功能的提升,更应承载起社会责任与伦理考量。大模型的涌现能力虽令人惊叹,但数据隐私、算法偏见、信息真实性的挑战也随之而来。在追求技术创新的同时,更要培养人文关怀,倡导科技向善,让智能科技成为推动人类文明进步的重要力量。

提示:

大模型生成的结果可能存在遗漏货币单位、出现文字差错或格式不规范等问题,此类细节需由人工进行校对与完善。这种体现 AI 局限性并通过人工予以修正的过程,正是智能时代人机协同的典型范例。

单元 4　思维解码：大模型的工作原理

案例背景

大语言模型由机器学习、预训练模型与人类反馈强化学习（reinforcement learning from human feedback, RLHF）训练，以及轻量化知识融合等技术支撑。机器学习作为现代 AI 技术的基石，赋予了大模型从海量数据中自主学习的能力；预训练模型通过学习语言的普遍规律，为大模型提供了强大的语言处理基础；RLHF 训练则是将人类反馈融入模型训练过程的创新之举，它让大模型不仅学会了语言，更懂得如何与人类有效沟通；轻量化知识融合技术则通过高效整合结构化知识，在保持模型轻量化的同时显著提升专业领域的精准性。通过探索本单元，小智将见证这些技术如何交织融合，共同铸就大模型这一划时代的语言处理技术，从而揭开其背后的思维逻辑与工作原理。

知识准备

1. 机器学习

机器学习是实现人工智能的一种技术路径，它赋予计算机从数据中自主学习并优化自身性能的能力，而无须进行显式编程。与人类学习过程不同，机器学习技术的核心在于运用算法和统计模型解析数据，从中发现模式和规律，进而作出决策或进行预测。机器学习可以分为有监督学习、无监督学习和强化学习三种主要的学习方式。人类学习与机器学习对比流程如图 1-16 所示。

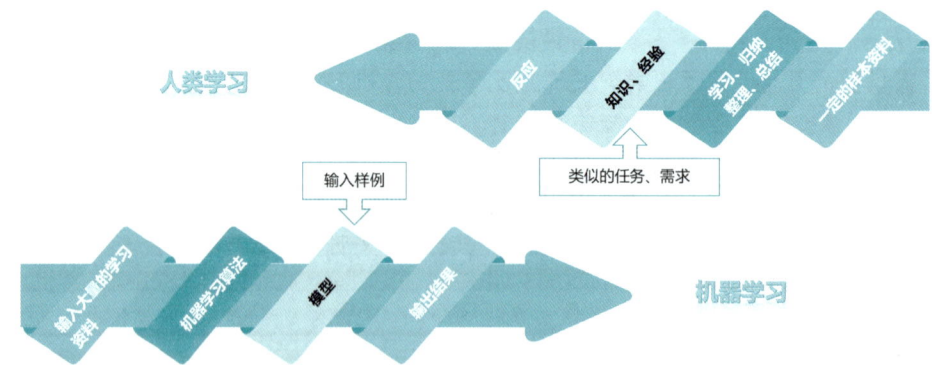

图 1-16　人类学习与机器学习对比流程

2. 预训练模型

预训练模型是一种机器学习技术，它允许模型在一个大型数据集上预先训练，学习到通用的知识和特征表示，然后再将这些学到的参数迁移到其他相关但不完全相同的任务上，以加速学习过程并提高性能。

预训练语言模型采用两阶段学习方法，先在大型语料库中训练模型，使模型学习用通用语言表示，再根据不同的下游任务对预训练模型进行微调。预训练模型学习示意如图1-17所示。

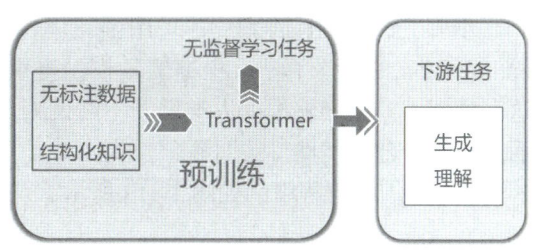

图1-17　预训练模型学习示意

作为一个经过预训练的语言模型，先输入一些具体的任务指示和少数几个范例，再输入一个新问题，DeepSeek可以依据提供的范例给出正确的解答或者标注。大模型语境学习（in-context learning）示例如图1-18所示。

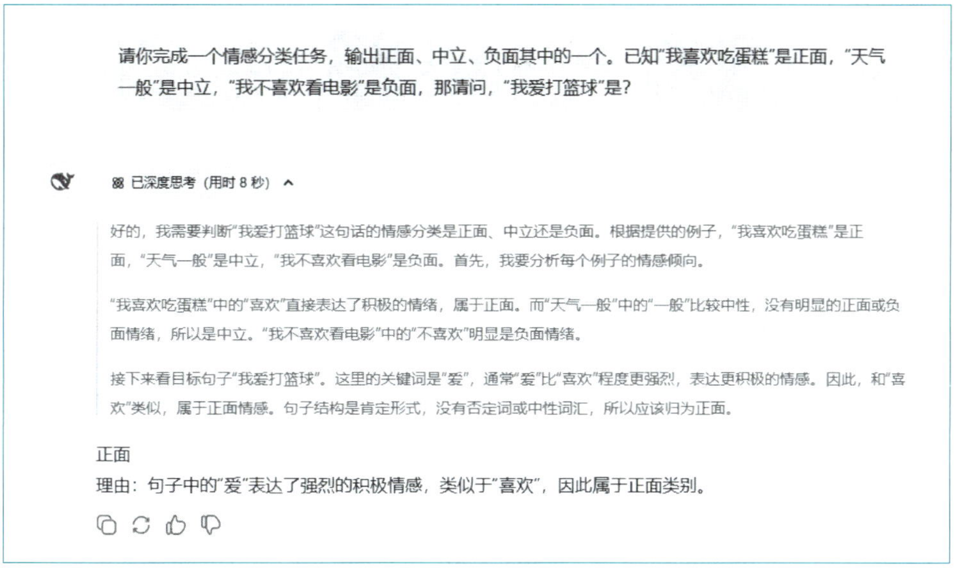

图1-18　大模型语境学习示例

3. RLHF 训练

RLHF训练即基于人类反馈的强化学习，是一种结合了强化学习和人类反馈的机器学习训练方法。这种训练方法让大模型具备了和人类"对齐"的能力，即给予提问者翔实、公正的回应，拒绝不当的问题，拒绝其知识范围外的问题等特性。用于改善预训练语言模型表现的RLHF训练过程主要有三个步骤：

步骤一，监督微调（supervised fine-tuning, SFT）——使用精选的人类答案来微调预训练的语言模型，以应对各种查询。这一步的目标是让模型了解人类期望的回答是什么样子，以便在之后的生成过程中尽可能模仿这些优质答案。

步骤二，奖励模型微调——训练一个独立的奖励模型（reward model, RW），这个模型通常比SFT模型规模小一些。奖励模型的任务是对同一个查询的不同答案进行评分，以此建立一个基准，衡量哪个答案更好。

步骤三，RLHF 训练——采用强化学习算法，特别是近端策略优化（proximal policy optimization, PPO）算法，根据奖励模型提供的反馈来进一步微调经过 SFT 的模型。通过这种方式，模型能够根据人类反馈不断调整自己的生成策略，以获得更高的奖励分数，从而生成更符合人类期待的回答。

RLHF 训练流程举例如图 1-19 所示。

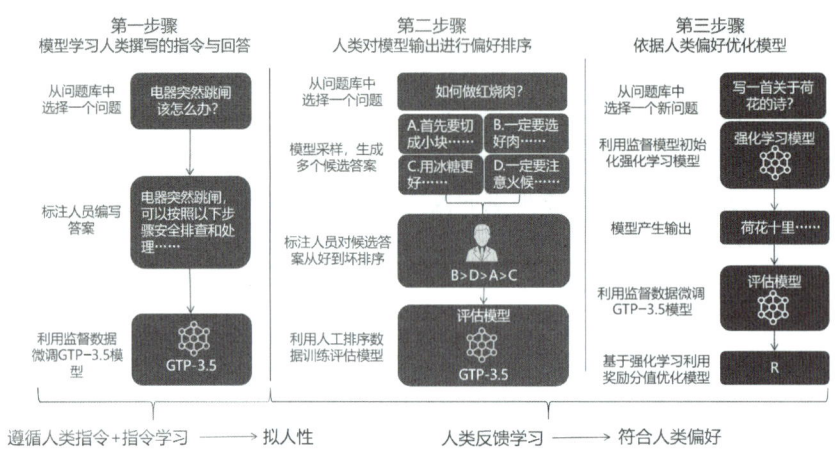

图 1-19　RLHF 训练流程举例

4. DeepSeek 的轻量化知识融合技术

在继承机器学习、预训练模型与 RLHF 训练的基础上，DeepSeek 通过轻量化知识融合技术实现效率与精度的平衡，其核心技术包括：

（1）知识蒸馏（knowledge distillation）。DeepSeek 通过知识蒸馏，将大规模通用模型（如 GPT）的知识迁移至轻量化模型，保留核心语义理解能力，同时减少算力消耗。

（2）动态领域适配（dynamic domain adaptation）。DeepSeek 通过实时反馈机制，在预训练模型上动态注入垂直领域知识，无须全量重训练。

（3）混合专家系统（mixture of experts, MoE）。DeepSeek 针对不同任务激活特定子网络模块，例如，中文语法解析模块与财税规则推理模块独立运行，提升处理效率。

 知识链接

迁移学习

迁移学习是一种机器学习方法，允许模型在一个任务上训练后，将其学到的知识迁移到另一个相关任务中。通过迁移学习，这些模型可以在新的任务上更快地达到高性能，减少重新训练所需的时间和资源。例如，DeepSeek 可以通过迁移学习，将财务领域的专业知识应用于其他领域（如法律文档分析），从而提升模型的泛化能力和应用范围。迁移学习不仅提高了模型的效率，还促进了跨领域的创新应用，展示了大模型在未来发展的巨大潜力。

智能探索

摩根大通集团是全球领先的金融机构之一,向超过六万名员工推出了名为 LLM Suite 的人工智能助手。LLM Suite 作为一款集成外部大语言模型 OpenAI 的 ChatGPT 的门户,旨在辅助员工处理日常任务,如撰写邮件、文件摘要和创意构思。摩根大通采取了谨慎的数据保护策略,确保公司敏感信息不会用于外部模型的训练,从而维护了数据的隐私性和安全性。

自 ChatGPT 于 2022 年年末横空出世,各行各业对 AI 的态度从最初的观察转向了积极接纳,摩根大通的这一部署亦是华尔街紧跟 AI 潮流的最新例证。摩根大通 CEO 杰米·戴蒙将 AI 比作蒸汽机,视之为企业面临的最大机遇之一,认为它将深刻影响银行业的工作模式。戴蒙透露,摩根大通银行已招募了大量 AI 专家和数据科学家,致力于探索生成式 AI 的潜力,预期 AI 将提升几乎所有岗位的效率。

LLM Suite 的广泛应用覆盖了摩根大通的多个核心业务部门,员工们借助 AI 助手优化工作流程,提高生产力,同时也激发出更多的创新思维。银行正计划进一步整合自有数据资源至 AI 平台,旨在创造更加个性化的体验,同时预示着行业变革的开端。

摩根大通的首席数据和分析官 Teresa Heitsenrether 强调,生成式 AI 的角色定位应为人类助手,负责处理繁杂事务,释放员工的时间和精力,使员工聚焦于更具价值的工作。随着员工对 AI 助手功能的深入了解,生成式 AI 在促进工作效率和激发创新方面的潜能将得到更充分的发挥。摩根大通的这一系列行动,不仅体现了其在金融科技领域的前瞻布局,也预示着 AI 技术将重塑金融服务的未来格局。

请思考:

(1) AI 助手在摩根大通的角色是什么?它是否取代了员工的工作?

(2) 摩根大通的 CEO 杰米·戴蒙将 AI 比作蒸汽机,这意味着什么?为什么他认为 AI 是企业面临的一个巨大机遇?

(3) AI 助手的引入对摩根大通的员工意味着什么?他们需要掌握哪些新技能才能适应这种变化?

职业素养

智能时代的文化传承

生成式 AI 技术的突破性发展,为文化传承与交流开辟了全新路径。大语言模型通过多语言理解与生成能力,成为跨越时空与文化边界的数字桥梁。其将古籍文献、诗词歌赋转化为可交互的数字化内容,降低传统文化理解门槛;通过小语种语料训练,辅助记录濒临消失的方言及少数民族语言;精准解析文化隐喻,生成符合目标语境的解释文本,减少跨文化交流中的语义损耗。从业者需以技术为媒介,守护文化多样性。对模型输出的历史典故、民俗知识进行文献溯源，避免生成内容失真；在宗教、民族等敏感文化领域，建立生成约束规则；与人类学者合作设计提示词，实现文化传播的守正创新。这种"技术赋能＋人文引领"的模式，让智能工具既成为文明火种的传递者，更成为多元文化共生的推动者。

单元 5　智能拓展：大模型在各领域的应用探索

案例背景

科技巨头与新兴企业正不遗余力地推进大模型的规模与性能。从教育、医疗到金融、能源，大模型的应用边界持续扩展。在财务领域，DeepSeek 正以其卓越的数据分析能力、自动化报告生成和市场预测功能，为财务人员提供精准高效的决策支持，同时为投资者提供深度市场洞察，把握投资先机。本单元将深入探讨大模型如何在各领域发挥重要作用，分析其对行业生态的影响，见证大模型如何以其卓越的性能推动人类社会迈入智能化的新时代。

知识准备

1. 大模型产业现状

大模型产业正处于一个蓬勃发展的阶段，技术的快速演进推动了模型规模的急剧膨胀。基于深度学习模型 Transformer 架构的预训练模型，已经在自然语言处理、计算机视觉等多个领域展现出惊人的能力，被广泛应用于语音识别、机器翻译、文本生成、图像分析等场景，极大地丰富了企业和消费者的数字化体验。随着云计算和高性能计算技术的进步，大模型的训练和部署变得越来越可行，促进了大模型市场的繁荣，大型科技公司和初创企业纷纷入局，构建起多元化的产品和服务生态。

根据应用场景和目标人群的不同，可以将大模型分为通用大模型和行业大模型。

通用大模型是指具有广泛适用性的模型，能够处理多种自然语言任务，从文本生成、问答系统到情感分析、机器翻译等，几乎涵盖了语言理解与生成的所有方面。这类模型通过在海量的跨领域数据上进行预训练，学习到了丰富的语言模式和结构，因此能够在没有针对具体任务进行额外训练的情况下，展现出强大的泛化能力。

行业大模型是针对特定领域进行深度训练和优化的模型。它们专注于某一特定行业，通过对相关领域大量专业数据的学习，行业大模型能够更好地理解和处理行业特有的术语、概念和情境。

例如，由 OpenAI 开发的 GPT-4 就是一种典型的通用大模型。GPT-4 适用于广泛的自然语言处理任务，具有强大的泛化能力和多模态支持，能够应用于多个不同的领域。而由彭博新闻社（Bloomberg）基于 GPT-3 框架扩展和改进的 BloombergGPT，则是专门为处理和理解复杂的金融数据、市场动态及财经新闻而设计的金融行业大模型。BloombergGPT 基于彭博新闻社丰富的金融数据库进行训练，能够理解和生成与金融市场相关的高质量文本内容。

知识链接

推理大模型

推理大模型是指在传统大语言模型的基础上，进一步强化了推理、逻辑分析及决策能力的模型。这类模型通常融合了额外的技术，如强化学习、神经符号推理、元学习等，以提升其推理及问题解决的能力。例如，DeepSeek-R1 与 GPT-3 均为典型的推理大模型。

2. 大模型应用领域

目前，大模型在办公、金融、医疗、文娱、教育、交通、能源、财务等领域，都有不同程度的应用。

1）AI + 办公

在办公领域，AI 革新现代工作模式，显著提升效率与协同。AI 助手能够自动处理邮件分类、日程安排，实现文档的智能编写与润色；借助大数据分析提供决策支持，优化工作流程，促进团队协作；自动化报表生成、数据分析工具简化复杂任务，加速业务决策；同时，AI 驱动的通信平台改善内外部沟通，确保信息流畅无阻；智能文档管理和格式转换服务，让多设备、多平台间的工作切换变得无缝。AI + 办公示例如图 1-20 所示。

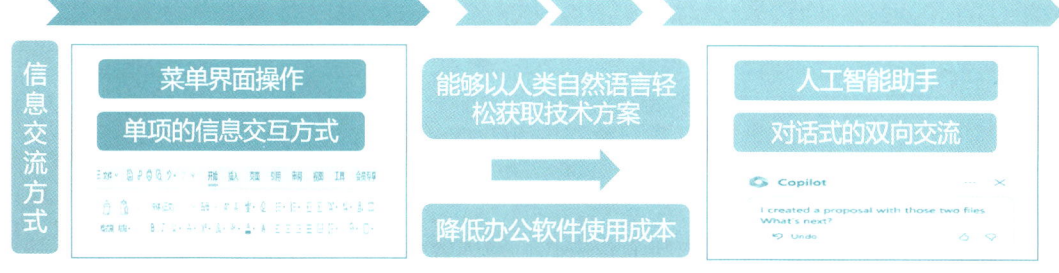

图 1-20　AI + 办公示例

2）AI + 金融

在金融领域，AI 能精准预测市场趋势，优化投资策略，实现财富管理智能化；在风险管理方面，AI 实时监控异常交易，有效防范欺诈行为，增强金融安全；虚拟助理提供全天候客户支持，改善用户体验；信贷评估系统借助 AI 进行信用评分，加速审批流程，拓宽普惠金融服务范围，使更多人能够获得贷款和其他金融服务。例如，蚂蚁集团旗下智能理财助理"蚂小财"能够向用户提供选品服务、评测服务、收益分析、持仓分析等个性化理财服务。智能理财助理"蚂小财"界面如图 1-21 所示。

3）AI + 医疗

在医疗领域，AI 正在改变诊疗流程与患者护理标准。AI 利用先进的图像识别技术分析医学影像，辅助医生早期检测疾病，提高诊断准确性；通过大数据和机器学习加速药物研发，缩短新药上市周期；智能健康监测系统实时追踪患者的生理指标，并预警潜在健康问题；基于个体差异，AI 制订个性化治疗方案，实现精准医疗；此外，聊天机器人提供即时健康咨询，提高医患沟通效率。基于医联 MedGPT 的 AI + 医疗诊疗流程如图 1-22 所示。

图 1-21　智能理财助理"蚂小财"界面

图 1-22　AI + 医疗诊疗流程

4）AI + 文娱

在文娱领域，AI 重塑了创作与消费方式。在内容生产上，AI 能够自动生成音乐、剧本和视觉艺术；通过分析观众偏好，推送个性化内容推荐，提升用户满意度；智能剪辑工具优化视频编辑流程，加速内容发布；AI 打造更加逼真的虚拟游戏角色与游戏环境，增强沉浸式感受；同时，AI 实时分析市场趋势，助力文娱企业制订精准营销策略。例如，由携程集团发布的旅游行业垂直大模型"携程问道"，能够向用户提供个性化查询服务，对用户尚未确定的需求，只需要输入模糊的需求词汇，就可以进行智能化的出行推荐服务。旅游行业垂直大模型"携程问道"界面如图 1-23 所示。

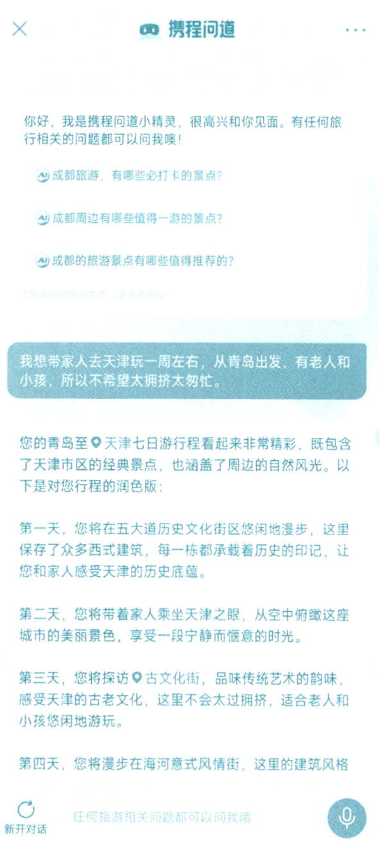

5）AI + 教育

在教育领域，通过智能化的教学辅助系统，AI 能够根据每个学生的学习进度和理解能力，提供个性化的学习路径和资源，实现因材施教。数字人教师可以全天候解答学生疑问，模拟真实对话情境，增强语言学习效果。自动批改作业和智能评估系统减轻了教师负担，让教师有更多时间专注于教学创新和学生辅导。此外，AI 还能通过大数据分析预测学习趋势，帮助教育决策者优化教育资源分配。例如，学而思九章大模型（MathGPT）提供了逻辑分析、运算求解、表达论述等一系列 AI 交互学习方式。MathGPT 常用功能如图 1-24 所示。

6）AI + 交通

在交通领域，AI 能够预测交通流量，提前识别潜在拥堵点，动态控制信号灯，优化车辆通行效率。自动驾驶技术的快速发展，使得车辆能够自主感知环境，做出安全决策，减少人为错误导致的事故，同时也开启了共享出行的新模式。AI 还推动了车路协同系统和智能公共交通系统的建立。在安全管理方面，AI + 交通生态圈通过视频

图 1-23 旅游行业垂直大模型"携程问道"界面

图 1-24 MathGPT 常用功能

监控和数据分析，及时发现并响应交通违规行为，有效降低事故发生率。AI + 交通主要应用如图1-25所示。

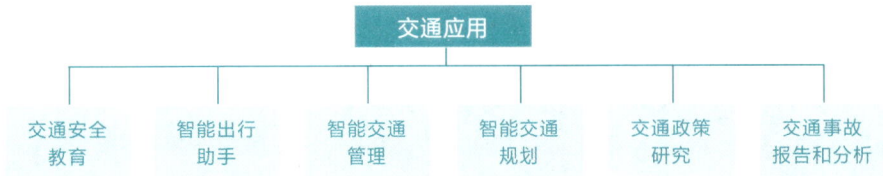

图1-25 AI + 交通主要应用

Raycatch太阳能发电

7）AI + 能源

在能源领域，AI技术的集成应用，提升了能源系统的灵活性和效率。AI能够精确预测能源需求，优化调度，确保供需平衡；智能传感器和物联网技术实时监测设备状态，实现预防性维护，减少故障停机时间；AI算法在可再生能源领域发挥关键作用，提升风力和太阳能发电效率；智能家居系统通过AI调控用电，实现节能降耗。例如，以色列初创公司Raycatch利用AI进行太阳能发电厂的管理与运营，该公司推出了基于AI的诊断和优化解决方案，可获取并分析太阳能发电厂所有的生产数据，优化指导日常管理。

8）AI + 财务

在财务领域，AI能够自动处理发票识别、账目核对等重复性工作，极大提升效率；智能财务分析系统实时监控财务健康状况，预测现金流趋势，辅助决策；机器学习算法优化投资组合，量化风险管理，增强财务稳健性；AI + RPA（机器人流程自动化）结合，实现无人值守的财务共享服务中心，保证全天候的财务运作；智能审计技术确保合规性，减少人为错误，提升企业财务透明度。目前，AI在财务领域的应用可以分为三层，底层为通用大模型，中层为行业大模型，上层为一系列应用型服务。AI + 财务应用层次如图1-26所示。

图1-26 AI + 财务应用层次

智能探索

2022年5月，自动驾驶出行服务平台"萝卜快跑"正式落地武汉，面向市民提供自动驾驶出行服务。初期，"萝卜快跑"在武汉投入了10辆Apollo Moon极狐版自动驾驶车，用户可通过"萝卜快跑"App一键叫车，为区域内用户职住通勤和短途接驳提供服务。

2023年2月，"萝卜快跑"宣布，其在武汉市的无人车队已超100辆，可运营道路超过750千米。

2023年8月，"萝卜快跑"开通武汉天河机场自动驾驶接驳服务。

2024年2月，"萝卜快跑"自动驾驶汽车驶过武汉杨泗港长江大桥和白沙洲大桥，完成了自动驾驶的万里长江第一次跨越，武汉成为全国首个实现智能网联汽车横跨长江贯通示范运营的城市。

2024年3月，"萝卜快跑"宣布武汉部分区域自动驾驶出行服务时间拓展至7×24小时。

请思考：

（1）在复杂城市环境中，"萝卜快跑"如何确保其自动驾驶车辆行驶的安全性？

（2）自动驾驶技术的广泛应用将如何改变我们的城市和生活方式？

（3）"萝卜快跑"服务的出现可能会对就业市场产生什么影响？

职业素养

智行天下，共筑和谐之路

智能技术重塑城市交通面貌，提升公众出行体验。自动驾驶、智能交通系统等创新应用，不仅缓解了交通拥堵，减少了交通事故，还促进了绿色出行，体现了科技服务于民的核心价值。然而，技术进步的背后也伴随着挑战，如数据安全、隐私保护、职业转型等问题，需要企业以负责任的态度去面对和解决。作为AI+交通领域的探索者和实践者，企业肩负着建设智慧、安全、绿色交通体系的重任。这不仅仅是技术的革新，更是社会治理理念的升级。

单元 6　未来展望：大模型的机遇与挑战

案例背景

大语言模型不仅革新了人机交互模式，还推动了人工智能生成内容（artificial intelligence generated content, AIGC）的爆炸式增长。从智能客服到代码生成，从财税合规到药物研发，大模型的应用已渗透各行各业，显著提升了生产效率与个性化体验。然而，质量控制、数据安全、伦理争议等问题也随之凸显。本单元将带领大家探索大模型的机遇与挑战，为未来技术的发展应用提供有益的启示。

知识准备

1. 大模型的能力与局限性

1）大模型的能力

大模型能够生成连贯、自然的人类语言，撰写文章和对话，从大数据中检索、整合信息，提供准确知识，并支持多语言交流。通用大模型常用能力如图1-27所示。

图1-27 通用大模型常用能力

（1）丰富的知识储备。经过大规模文本数据训练的模型，能够吸收并存储大量的事实性知识以及语言模式。例如，通义大模型的训练数据集来源于阿里云，DeepSeek-R1的训练数据集则来源于公开文本，两者都包含大量的文本数据。这种知识储备不仅包括常见的词汇和语法结构，还包括跨领域的专业知识、文化背景信息、历史事件等。此外，由于其强大的记忆能力，大模型能够记住先前对话的历史，在后续的交互中保持连贯性和一致性，从而为用户提供更加个性化和深入的服务。通义大模型数据集来源如图1-28所示，DeepSeek-R1数据集来源如图1-29所示。

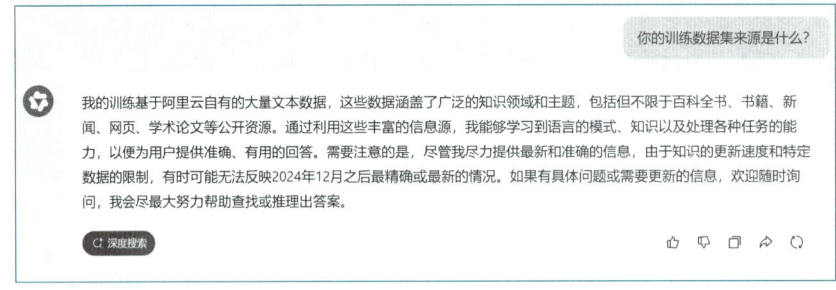

图1-28 通义大模型数据集来源

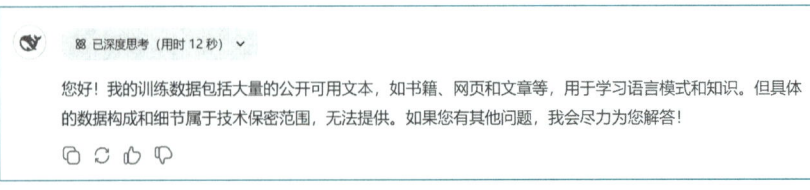

图1-29 DeepSeek-R1数据集来源

（2）文本生成能力。DeepSeek能够根据给定的提示或上下文生成连贯且具有创造性的文本，这些文本可以是文章段落、故事、诗歌、电子邮件等多种类型。DeepSeek 的文本生成不仅限于简单的信息检索，还可以根据要求产生新的观点、想法或解决方案，使得生成的文本既具有实用性又富有创意。此外，通过调整模型的参数，DeepSeek 还可以控制生成文本的风格、语气和复杂度，以适应不同的应用场景。以创作诗歌为例，DeepSeek 的文本生成能力展示如图 1-30 所示。

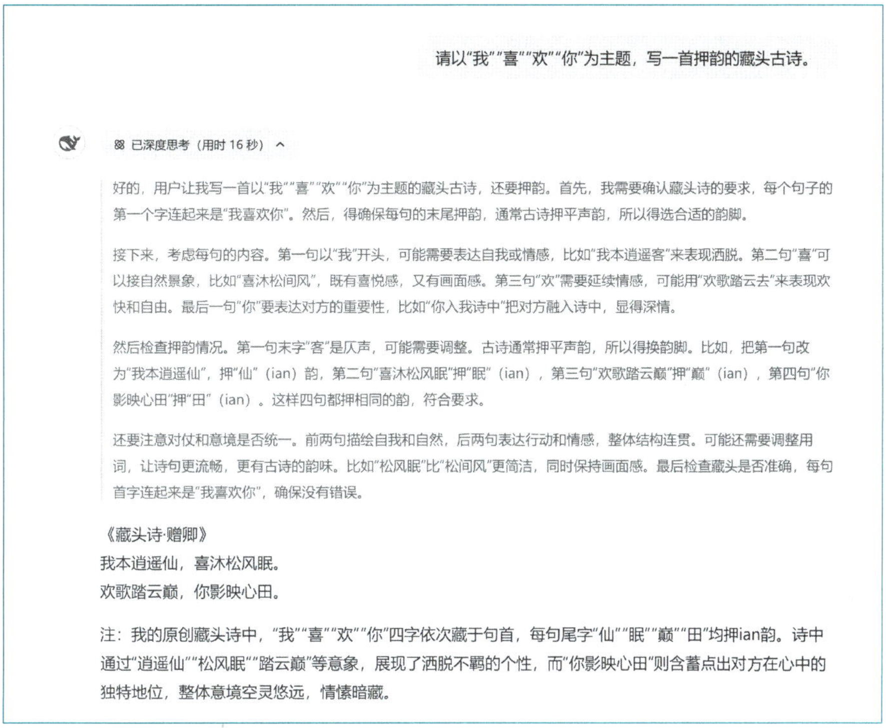

图 1-30　DeepSeek 的文本生成能力展示

（3）逻辑推理与思维链。DeepSeek 不仅能够生成文本，还能够进行一定程度的逻辑推理和复杂的思维活动。它可以理解复杂的概念，并将其应用于新情境中，解决具体问题。更重要的是，DeepSeek 能够构建思维链，即按照逻辑顺序组织思想，从而更好地解释其推理过程。例如，在法律咨询、商业分析等领域，DeepSeek 可以帮助用户理解复杂的案例或数据分析背后的逻辑依据。以推理计算为例，DeepSeek 的逻辑推理能力展示如图 1-31 所示。

2）大模型的局限性

尽管大模型展现出强大的语言生成与推理能力，但它仍面临多维度的共性局限，如信息时效性不足、算力成本高昂、生成内容不可控风险，以及数据偏见与隐私泄露隐患。以 DeepSeek 为代表的垂直优化模型通过轻量化架构与动态知识更新机制部分缓解了上述问题，但其在复杂逻辑处理与跨模态任务泛化中仍存在技术天花板，且无法完全消除数据偏见和算法黑箱带来的伦理争议。当前技术条件下，大模型仍需依赖"人工校验+规则约束"的协同机制保障可靠性，其本质仍是概率驱动的统计工具，而非具备自主认知的智能体。

图 1-31　DeepSeek 的逻辑推理能力展示

> **知识链接**
>
> **知 识 蒸 馏**
>
> 知识蒸馏（knowledge distillation）是一种将大型模型（教师模型）的知识迁移至轻量化模型（学生模型）的技术，其核心原理类似于"授人以渔"——通过提取教师模型的推理逻辑而非简单复制结果，学生模型能以更低成本实现相近性能。例如，DeepSeek 通过该技术将模型参数量压缩至 GPT-4 的 1/3，同时保留 90% 以上的任务精度，并支持在本地服务器或边缘设备部署。这一技术不仅降低企业算力成本，还推动 AI 应用从云端向终端设备延伸，加速技术普惠化。然而，过度压缩可能导致模型在复杂任务中表现受限，需在性能与泛化能力间找到平衡。

2. 大模型与 AIGC

1）AIGC 的演进阶段

（1）专业创作（professional generated content, PGC）。内容创作最初由专业作家、编辑、记者等专家主导，他们凭借深厚的学科积累与专业技能创作学术论文、新闻深度报道等高质量内容，这类内容通常具有权威性和专业性，但受限于人力成本与生产周期，难以满足大规模传播需求。

（2）用户创作（user generated content, UGC）。随着互联网的发展，用户开始参与到内容创作中来，通过社交媒体平台分享自己的生活见闻和观点。用户创作的内容丰富多样，涵盖了各种话题，但用户水平差异导致质量参差不齐。

（3）AI 辅助用户创作（artificial intelligence assisted user generated content, AIUGC）。随着人工智能技术的进步，AI 开始辅助用户创作内容。AI 通过语义分析、风格迁移等功能，辅助用户优化文案结构、生成创意标题甚至自动配图，显著降低创作门槛。

（4）AI 生成内容（artificial intelligence generated content, AIGC）。如今，AI 已经能够独

立完成全流程内容生产，推动内容产出效率指数级增长。但也带来了新的挑战，如 AI 绘画侵权争议、虚构政策条文等问题。

AIGC 能力发展预测时间线如图 1-32 所示。

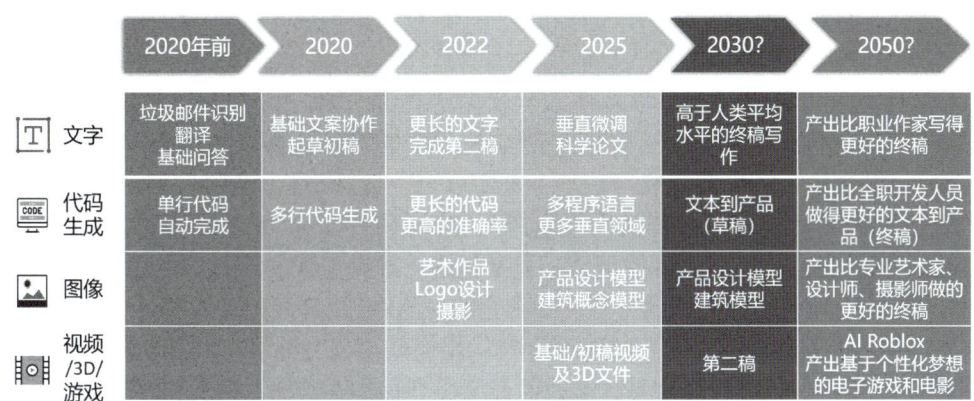

图 1-32　AIGC 能力发展预测时间线

2）AIGC 对各行业的影响

生成式人工智能预计将在 10 年内推动全球 GDP 增长 7%，但也将对劳动力市场形成结构性冲击。受 AI 影响最显著的职业，如财务、翻译、银行等，普遍以文本处理、数据分析等知识型任务为核心，其工作流可被大模型部分或完全替代；而受影响低的职业，如护理、物流、烹饪等，则依赖物理操作、人际交互与情感联结，短期内难以被技术取代。例如，DeepSeek 能够通过规则引擎提升企业财报生成效率，但医疗护理中的共情沟通仍需人类主导。这种分化要求各行业重新定位人机协作边界——知识密集型岗位需强化 AI 工具驾驭能力，而低替代性岗位则应深化服务创新与情感价值创造。

3. 大模型风险防控

随着生成式人工智能技术的不断发展，具有"大数据、大模型、大算力"三大技术特征的大语言模型在提升人类生产生活效率方面展现出巨大潜力的同时，也给数据安全保护带来了新的挑战。2024 年 3 月，全国信息安全标准化技术委员会发布《生成式人工智能服务安全基本要求》，间接指出以下可能存在的数据安全风险。

一是服务语料来源风险。生成式人工智能需要收集大量数据，用于构建语料库、训练自然语言模型，提高自然语言理解的精准化水平。但无论通过被动输入还是主动爬取方式，都会存在服务语料非法获取风险。对于被动输入方式，多数公司虽然声明不会收集用户的个人信息，但从未明确将其从记录中删除的具体方法，此类信息在实践中仍可能被保留并用于模型训练。对于主动爬取方式，也需注意行为的正当性，若爬取我国未公开数据、出于非法目的爬取或采取其他恶意手段爬取我国数据，则明显超出正当性边界。

二是服务语料泄露风险。生成式人工智能拥有海量数据的语料库，同时在互联网上向全球用户提供服务，无疑增大了自身的被攻击面。生成式人工智能服务语料泄露存在三种可能：①主动泄露，开发机构直接向外界公开语料库信息。②隐含泄露，即将用于迭代优化的训练数据在下一代版本中作为输出内容。③系统漏洞，生成式人工智能模型本身可能存在未知的安全漏洞，攻击者可能通过这些漏洞对数据进行窃取、篡改。

三是恶意内容生成风险。生成式人工智能的内容生成是基于对语料库的学习和预测，是一种经验的再现。因此，对于生成内容本身的真实性和准确性，生成式人工智能无法进行判断。这一特点可能导致生成式人工智能产生大量虚假信息，甚至被利用生成恶意内容，从而对人们的思维和行为产生误导和负面影响。如果生成"真实"的虚假信息，可能会对社会稳定和经济发展带来巨大负面影响。

为应对风险，我国正在积极构建多层次治理体系。2023 年 4 月，中国支付清算协会发布《关于支付行业从业人员谨慎使用 ChatGPT 等工具的倡议》，强调正确认识其机遇与风险；同年 7 月，国家互联网信息办公室联合七部门出台《生成式人工智能服务管理暂行办法》，明确训练数据合法性与生成内容标识要求；世界人工智能大会同期发布《AIGC 可信倡议书》，提出"可控可信、公平包容"原则。2023 年 12 月，科技部等十部门印发《科技伦理审查办法（试行）》，要求企业对 AI 应用开展伦理影响评估。企业需据此建立"技术 + 管理"双轨防控机制——技术层面采用差分隐私、联邦学习保障数据安全；管理层面通过 AI 治理委员会、伦理审查流程落实主体责任，实现技术创新与风险控制的动态平衡。

《太空歌剧院》作品

智能探索

2022 年 8 月，在美国科罗拉多州举办的年度艺术博览会上，一幅名为《太空歌剧院》的作品获得了数字艺术类别的冠军奖项。这幅画作是由游戏设计师杰森·艾伦使用 AI 绘图工具 Midjourney 生成并经过 Photoshop 后期处理而成。

《太空歌剧院》的成功激发了一场关于艺术本质与技术界限的激烈辩论。一方面，一些艺术家和评论家认为，使用 AI 生成的艺术作品缺乏人类情感和个人触感，不应该与完全由人类手工创作的艺术品同台竞争；另一方面，支持者则强调，这种新型创作方法拓展了艺术表达的可能性，并且 AI 作为一种工具，就如同画笔和颜料一样，能够帮助艺术家实现他们的创意愿景。

请思考：

（1）你认为《太空歌剧院》是原创作品吗？为什么？

（2）你周围的家人或朋友如何看待 AI 生成的艺术？他们认为这些作品有价值吗？

（3）你认为艺术作品中的情感是否只能通过人类创作来表达？AI 能否传达情感？

即学即用

一家中型企业管理层正计划引入 DeepSeek，以优化日常办公及财务管理流程。现在，请你协助管理层理解并评估 DeepSeek 在各个业务环节的应用潜力，并提出具体的实施建议。

任务 1 AI 技术基础认知

作为首席信息官,请你简要介绍一项 DeepSeek 的核心技术,并说明其在企业数字化转型中的作用。同时,结合企业实际情况,分析引入 DeepSeek 可能带来的具体益处和潜在挑战。

任务 2 财务场景应用设计

作为财务负责人,请你设计一个 DeepSeek 在财务管理中的应用场景,说明其如何协助财务人员提高工作效率、降低风险。同时,讨论智能时代财务人员需掌握的新技能。

任务 3 DeepSeek 发展历程简述

公司管理层希望了解 DeepSeek 的发展历程。请你简要介绍 DeepSeek 的关键发展节点及其技术革新。结合企业需求,说明这些技术升级如何降低部署成本并提升业务效率。

任务 4 DeepSeek 原理科普

为了更好地理解 DeepSeek 的工作机制,管理层要求你以简洁明了的方式解释 DeepSeek 的工作原理。同时,区分 DeepSeek-R1 与 DeepSeek-V3 的适用场景。

任务 5 业务场景落地实践

公司正在考虑将 DeepSeek 应用于多个业务领域,如客户服务、市场营销以及供应链管理。请针对上述领域,选择一个具体应用场景,分析该场景中 DeepSeek 如何提高工作效率和改善客户体验。

任务 6 未来趋势展望

请探讨 DeepSeek 在未来几年内的发展趋势及其对企业运营模式的潜在影响。重点讨论以下内容:

(1) DeepSeek 可能带来的新商业机遇。

(2) 企业在采用 DeepSeek 过程中可能遭遇的风险和挑战。

模块二

智慧对话：
高效提问大模型技巧探究

模块导学

在与大模型进行人机交互时，有效地提问是解锁其潜力的关键。无论是查询财税政策、解析合同条款，还是生成创意文案，精准提问不仅能快速获取所需信息，还能激发模型的深层推理能力。本模块将带领你探索提问的艺术：从提炼关键词、构建清晰问题，到运用策略获得高质量回答。通过系统学习，你将掌握与 AI 高效对话的技巧，在解决实际问题和探索未知领域时更加得心应手。无论是在日常沟通还是专业讨论中，精准提问都能帮助你事半功倍，提升工作效率和个人能力。

职业目标

掌握向大模型提问的基本原理和方法，了解如何精准提炼关键词、构建清晰且有价值的问题，并学会运用多种策略获取高质量的回答，提高提问的效率和准确性。同时，培养批判性思维和创新能力，提高解决复杂问题的能力；并通过模拟不同情境下的提问实践，提升人际交往能力和沟通技巧。

模块二　智慧对话：高效提问大模型技巧探究

知识导航

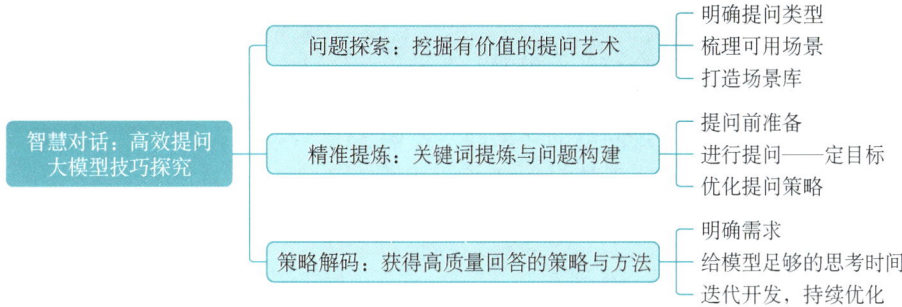

单元 1　问题探索：挖掘有价值的提问艺术

案例背景

在网上了解到 AI 的强大功能后，小智开始尝试在学习和生活中使用 AI 来提高效率。然而，在使用过程中，小智感到有些困惑——尽管 AI 能执行一些基础文本任务，但在理解和处理某些逻辑问题时，它的表现却显得有些生硬。有一天，小智向 AI 提问"13.11 和 13.8 谁更大？"AI 竟然回答"13.11 比 13.8 大"，这让小智大跌眼镜。为此，小智向我们请教，希望能找到让 AI 变得更聪明的方法。

请你通过提问的艺术，挖掘 AI 的潜力，设法帮助小智的 AI "提智"，使其成为小智学习和生活中的得力助手。

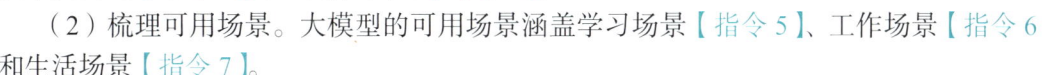指令逻辑

（1）明确提问类型。大模型擅长解决事实类问题【指令1】、建议类问题【指令2】、技术类问题【指令3】和创意性问题【指令4】。

（2）梳理可用场景。大模型的可用场景涵盖学习场景【指令5】、工作场景【指令6】和生活场景【指令7】。

（3）打造场景库。通过建立场景库【指令8】并对问题进行分类【指令9】，可以在不同的环境中提出有价值的问题。

"13.11 和 13.8 谁更大？"

实践演练

第一步：根据实际需求，向大模型逐一提出事实类、建议类、技术类和创意性问题。

035

【指令1】事实类问题是指寻求客观事实答案的问题。这类问题通常以"是什么""是谁""什么时候"等形式提出，涉及具体的信息、数据或者事实，如历史事件的日期、科学实验的结果、地理位置的描述等。事实类问题的答案通常是确定的，可以通过查阅资料或者数据库来验证其正确性。事实类问题交互演示截图如图2-1所示。

指令要点

大模型不擅长下列类型的问题。
（1）涉及个人观点和感受的主观问题。
（2）涉及非公开信息和敏感信息的问题。
（3）需要经验才能解决的问题。

> 谁是美国第一位总统？

美国的第一位总统是**乔治·华盛顿**（George Washington）。他在1789年4月30日宣誓就职，成为美国历史上首位总统。华盛顿在独立战争中担任大陆军总司令，为美国的独立作出了巨大贡献。他的领导为美国宪政制度的建立奠定了基础，并因其卓越的领导能力和对国家服务的承诺而被尊称为"国父"。

> 水的沸点是多少摄氏度？

水的沸点在标准大气压（1个大气压，即101.325 kPa）下是**100摄氏度**（100°C）。这是水从液态转变为气态的温度。需要注意的是，沸点会随着气压的变化而变化，气压越高，沸点越高；气压越低，沸点越低。例如，在高海拔地区，由于气压较低，水的沸点会低于100°C。

> 地球与太阳之间的平均距离是多少千米？

地球与太阳之间的平均距离约为**1.496亿千米**（精确值为149,597,870.7千米）。这个距离在天文学上被称为**1个天文单位（AU）**，用于衡量太阳系内天体之间的距离。地球绕太阳运行的轨道是椭圆形的，因此地球与太阳的距离会在一年中略有变化，但平均值保持相对稳定。

图2-1 事实类问题交互演示截图

【指令2】建议类问题是指寻求意见、建议或者推荐的问题。这类问题通常没有唯一的正确答案，而是需要根据具体情况给出合理的建议或解决方案。建议类问题交互演示截图如图2-2所示。

图 2-2　建议类问题交互演示截图

【指令3】技术类问题是指涉及具体技术细节或操作步骤的问题，这类问题通常出现在解决技术难题、了解技术操作流程或是寻求技术指导的情境中，如计算机科学、电子、物理、化学、数学等学科技术领域的问题。技术类问题交互演示截图如图2-3所示。

图2-3　技术类问题交互演示截图

【指令4】创意性问题是指需要发挥想象力和创造力的问题，这类问题通常没有标准答案。创意性问题可以应用于多种场合，任何需要跳出常规思考的情境都可能涉及创意性问题。创意性问题交互演示截图如图2-4所示。

模块二　智慧对话：高效提问大模型技巧探究

> 如果我们要重新设计教室布局来促进更好的学习体验，你会怎么设计？

重新设计教室布局以促进更好的学习体验，需要从多个角度综合考虑，包括空间灵活性、学生互动、技术支持以及舒适性等。以下是一些设计建议：

1. 灵活的空间布局
- **模块化家具**：使用可移动的桌椅，方便根据不同的教学需求进行调整。例如，小组讨论时可以快速组成圆桌，讲座时可以排成行。
- **多功能区域**：划分不同的学习区域，如安静的自习区、小组合作区、展示区等，满足不同学习活动的需求。

2. 促进互动与合作
- **圆形或半圆形排列**：鼓励学生之间的互动和讨论，减少单向讲授的模式，增强参与感。
- **小组工作台**：设置专门的小组工作台，方便学生进行团队合作和项目式学习。

3. 技术支持
- **智能黑板与投影设备**：配备交互式白板或投影设备，方便教师展示多媒体内容，学生也可以通过这些工具进行展示和分享。
- **充电站与无线网络**：确保教室内有充足的充电设备和稳定的无线网络，支持学生使用电子设备进行学习。

4. 舒适性与健康
- **自然光与照明**：充分利用自然光，同时配备可调节的照明系统，确保学生在不同时间段都能有舒适的视觉环境。
- **符合人体工学的家具**：选择符合人体工学的椅子和桌子，减少长时间学习带来的身体疲劳。
- **空气质量和温度控制**：确保教室有良好的通风系统和适宜的温度控制，提供一个健康的学习环境。

5. 个性化学习空间
- **独立学习角**：为需要专注学习的学生提供独立的学习空间，减少干扰。
- **展示墙与储物空间**：设置展示墙，展示学生的作品和项目成果，同时提供充足的储物空间，方便学生存放个人物品。

6. 绿色与环保
- **植物装饰**：在教室内放置一些绿植，不仅能美化环境，还能改善空气质量，提升学生的心理舒适度。
- **环保材料**：使用环保材料进行装修和家具选择，减少对环境的影响。

7. 教师与学生的互动
- **教师移动空间**：设计教室时，确保教师可以方便地在学生之间走动，便于个别辅导和互动。
- **开放式讲台**：减少传统讲台的高度和距离感，拉近教师与学生的距离，营造更平等的学习氛围。

8. 文化与创意元素
- **文化展示区**：在教室中设置一个区域，展示与课程相关的文化元素或学生的创意作品，激发学生的兴趣和创造力。
- **色彩与装饰**：使用柔和的色彩和装饰，营造轻松愉快的学习氛围，避免过于单调或压抑的环境。

9. 可调整的声学设计
- **吸音材料**：使用吸音材料减少噪音干扰，确保学生在讨论或听讲时不受外界噪音影响。
- **声音分区**：如果教室较大，可以通过声学设计将不同区域的声音隔开，避免互相干扰。

10. 学生参与设计
- **学生反馈**：在设计过程中，征求学生的意见，了解他们的需求和偏好，确保教室设计符合他们的实际使用需求。

通过以上设计，教室将不仅仅是一个学习的场所，而是一个能够激发创造力、促进合作、提升学习体验的多功能空间。

图 2-4　创意性问题交互演示截图

第二步：分别挖掘学习场景、工作场景和生活场景中有价值的问题并进行梳理。

【指令5】在学习场景中，大模型能够担任多个学科的入门指导；通过辅助阅读，提升学习者的理解效率；实现与专家大师的对话式学习体验；以及辅助知识的加工、解释和提供启发性思维等功能。学习场景交互演示截图如图2-5所示。

指令要点
（1）明确目标与需求。
（2）问题具体清晰。
（3）促进深入探讨与创新。
（4）寻求实用与具体建议。

假如你是Python专家，我想学习Python，请告诉我该如何学习？
请注意：
1.我对Python的了解为零，请你用小孩子能听懂的语言介绍这门编程语言；
2.请帮我梳理出Python的知识体系脉络，并作出具体解释；
3.请给我推荐一些零基础学习Python的教材或者书籍，并给出学习建议。

🜲 已搜索到 50 个网页 ⌄

🧠 已深度思考（用时 25 秒）⌄

一、用小孩子能听懂的语言介绍Python

Python就像一种"魔法积木"，它能让你用简单的指令告诉电脑做有趣的事情。比如，你可以用Python让电脑帮你算数学题、画漂亮的图案，甚至做一个会说话的小机器人！它的指令很像英语句子，比如用 `print("你好！")` 就能让电脑显示"你好！"，就像搭积木一样简单，不需要复杂的步骤 [7] [8]。

二、Python知识体系脉络（从零到入门）

1. 搭建环境：让电脑听懂你的指令

- **安装Python**：就像给电脑装一个"翻译器"，让它能理解Python语言。从官网下载安装包，按提示操作即可（推荐使用Anaconda，方便管理工具库）[7] [8]。
- **选择开发工具**：可以用记事本写代码，但更好的工具是PyCharm或VS Code，它们像"智能笔"，能自动检查错误并提示 [7] [8]。

2. 基础语法：学会和电脑"对话"

- **变量与数据类型**：变量是"盒子"，用来装数字、文字等数据。例如：

```python
name = "小明"  # 文字用引号包住
age = 10       # 数字直接写
```

- **条件与循环**：教电脑做选择题和重复任务：

```python
if age >= 10:
    print("你可以玩这个游戏！")  # 如果年龄≥10，显示这句话
for i in range(3):
    print("加油！")              # 重复打印3次"加油！"
```

[7] [8]

3. 函数与模块：让代码更聪明

- **函数**：像"魔法咒语"，一段代码可以重复使用。例如：

```python
def greet(name):
    print("你好，" + name + "！")
greet("小红")  # 输出"你好，小红！"
```

- **模块**：别人写好的"工具包"，比如用 `math` 模块做数学计算 [7] [8]。

4. 数据结构：管理复杂信息

- **列表**：像购物清单，可以装多个东西：

```python
fruits = ["苹果", "香蕉", "橘子"]
print(fruits[0])  # 输出"苹果"
```

- **字典**：像密码本，用"钥匙"找对应的"宝藏"：

```python
student = {"名字": "小明", "年龄": 10}
print(student["名字"])  # 输出"小明"
```

[8] [9]

5. 实战项目：用Python创造有趣的东西

- **小游戏**：比如猜数字、贪吃蛇。
- **自动化工具**：批量处理文件、爬取网页数据。
- **数据分析**：用图表分析考试成绩或天气数据 [4] [8]。

6. 高级内容（入门后拓展）

- **面向对象编程**：像设计乐高图纸，定义"类"和"对象"。
- **库与框架**：用 `Pandas` 处理数据、`Django` 建网站 [7] [8]。

三、推荐教材与学习建议

1. 零基础教材与课程

- 书籍：
  - 《Python编程：从入门到实践》：通过游戏和项目学习，适合边学边玩 [8]。
  - 《Python核心编程》：系统讲解语法和案例 [8]。
- 视频课程：
  - 网易云课堂《零基础入门学习Python》：小甲鱼主讲，用游戏案例讲解语法 [3]。
  - CSDN《Python零基础入门到精通》：覆盖核心语法到办公自动化 [4]。

2. 学习建议

- **边学边敲代码**：学完一个知识点立刻写代码验证，比如用循环打印九九乘法表 [2] [6]。
- **用项目驱动学习**：先定一个小目标（如做一个天气查询工具），遇到问题再查资料 [9]。
- **加入社区**：在GitHub或Stack Overflow提问，参考别人的代码（比如学习如何用 `Pandas` 分析数据）[6] [7]。
- **每日练习**：每天花30分钟写代码，坚持比突击更有效 [2] [6]。

四、总结

Python学习就像学骑自行车：先装好轮子（安装环境），学会平衡（基础语法），然后上路练习（写项目）。遇到摔倒（报错）别怕，查资料、问社区，慢慢就能自由驰骋！记住，**动手实践是最好的老师**，从今天开始写你的第一行代码吧！🚀

图 2-5　学习场景交互演示截图

【指令6】在工作场景中，大模型能够承担撰写产品文案，检索、分析数据，担任行政助理，执行创意性工作，以及提取、总结信息等任务。工作场景交互演示截图如图2-6所示。

> 假如你是文案专家，我想写一篇关于DeepSeek零基础上上手的教程文章，请你帮我想10个标题。请注意：
> 1.标题要突出方法的简单性、实操性及系统性，抓人眼球；
> 2.标题围绕"教学""教程""指南"这类的风格来写；
> 3.每个标题的前两个字，要有"干货"。

🐳 已深度思考（用时37秒）⌄

以下是精心设计的10个符合要求的标题方案，每个标题均突出系统性、实操性和易学性，并严格遵循"干货"开头原则：

1. 干货 | 零基础入门DeepSeek：三步搞定实操教学，小白秒变高手
2. 干货 | 手把手DeepSeek系统教程：零基础也能轻松玩转AI工具
3. 干货 | 一天速成DeepSeek实操指南：保姆级教程带你从入门到精通
4. 干货 | 最全DeepSeek零基础教程：10分钟掌握核心操作全流程
5. 干货 | 小白必看DeepSeek教学：分步拆解+实战案例全解析
6. 干货 | 极简DeepSeek应用指南：零门槛系统教学一学就会
7. 干货 | DeepSeek从入门到实战：保姆级图文教程+避坑指南
8. 干货 | 快速上手DeepSeek的9个秘籍：系统教程+实操模板
9. 干货 | DeepSeek高效入门宝典：零基础系统化操作全攻略
10. 干货 | DeepSeek零障碍学习路径：理论到实践的完整教学指南

标题设计亮点说明：

1. 前置"保姆级/系统/全流程"等关键词强化专业性
2. 嵌入"三步/10分钟/一天"等量化指标突出效率
3. 采用"教学+实战+案例"三维度构建完整学习闭环
4. 使用"秘籍/宝典/避坑"等吸睛词汇增强点击欲
5. 保持"零基础+小白"用户定位的精准性
6. 融合图文/模板等辅助工具提升教程实用性

图2-6 工作场景交互演示截图

【指令7】在生活场景中，大模型能够胜任私人教练、私人导游、私人医生以及私人律师等多种角色。生活场景交互演示截图如图2-7所示。

请你扮演专业的健身教练,为我今后的健身做规划指导。
1. 我的健身目标是增肌,全身训练。请你为我设计健身动作,并告知我动作要领;
2. 请你提供相应的饮食建议;
3. 我一周最多训练4天,请你考虑这个训练时间;
4. 请以表格的形式发给我你所制造的计划,以及建议指导。

> 🌀 已深度思考(用时 25 秒) ⌄
>
> 以下是基于您的需求制定的 **增肌全身训练计划及饮食建议**,分为 **训练计划表** 和 **饮食指导表**。计划考虑了一周4天的训练安排,覆盖全身肌群,并强调动作规范与营养支持。

训练计划表(每周4天)

训练日	目标肌群	动作名称	组数×次数	动作要领
Day 1	上肢(推)	平板杠铃卧推	4×8-10	肩胛骨收紧,杠铃下放至胸骨中段,推起时保持核心稳定。
		哑铃肩推	3×10-12	背部贴紧靠垫,哑铃推至头顶正上方,控制下放速度。
		双杠臂屈伸(负重)	3×8-10	身体略微前倾,下放至大臂平行地面,避免耸肩。
		侧平举	4×12-15	小重量避免借力,肘部微屈,抬至肩膀高度。
Day 2	下肢(腿)	杠铃深蹲	4×8-10	双脚与肩同宽,下蹲时膝盖与脚尖方向一致,保持背部挺直。
		罗马尼亚硬拉	4×8-10	微屈膝,杠铃沿大腿下放至腘绳肌紧绷,避免弯腰。
		保加利亚分腿蹲	3×10-12/腿	后脚抬高,重心在前脚,下蹲至大腿平行地面。
		坐姿腿弯举	3×12-15	脚踝勾住滚垫,缓慢收缩腘绳肌。
Day 3	上肢(拉)	引体向上(辅助/负重)	4×8-10	握距宽于肩,上拉至下巴过杠,离心阶段控制下放。
		杠铃划船	4×8-10	俯身45°,杠铃贴近大腿拉向腹部,避免弓背。
		高位下拉	3×10-12	挺胸沉肩,下拉至锁骨位置,保持躯干稳定。
		哑铃单臂划船	3×10-12/侧	膝盖微屈,支撑身体,哑铃拉向髋部,避免旋转躯干。

Day 4	全身+核心	硬拉	4×6-8	双脚与髋同宽，杠铃贴腿拉起至站立位，避免圆背。
		负重臀桥	4×10-12	肩胛骨贴地，杠铃置于髋部，顶峰收缩臀部。
		杠铃推举	3×8-10	站姿或坐姿，核心收紧，杠铃从锁骨推至头顶。
		悬挂举腿	3×12-15	悬吊于单杠，骨盆后倾带动双腿抬至水平，避免摆动。

饮食建议表

营养素	建议摄入量	食物来源	关键要点
蛋白质	1.6-2.2g/kg体重/天	鸡胸肉、牛肉、鱼、鸡蛋、乳清蛋白粉、希腊酸奶、豆类	每餐均匀分配，训练后30分钟内补充20-30g蛋白质
碳水	4-6g/kg体重/天	燕麦、糙米、红薯、全麦面包、香蕉、藜麦	训练前后优先摄入快碳（如香蕉）
脂肪	0.8-1.2g/kg体重/天	坚果、牛油果、橄榄油、三文鱼、亚麻籽	避免反式脂肪，以不饱和脂肪为主
总热量	每日热量盈余300-500kcal	通过MyFitnessPal等App追踪	每周体重增长控制在0.25-0.5kg
水分	每日2.5-3L	纯净水、淡盐水（高强度训练后）	小口多次饮用，避免训练中脱水
补剂	非必需但可选	乳清蛋白粉（方便补充）、肌酸（3-5g/天）、维生素D（如日照不足）	优先通过天然食物获取营养

执行建议

1. **渐进超负荷**：每周增加重量（2.5-5kg）或次数（1-2次），持续刺激肌肉生长。
2. **组间休息**：大重量复合动作休息2-3分钟，孤立动作休息60-90秒。
3. **动作质量**：优先保证动作标准，避免受伤；可录制视频自我检查或请教教练。
4. **恢复管理**：每晚7-9小时睡眠，训练后泡沫轴放松肌肉，每周安排1-2次低强度有氧（如快走20分钟）。

备注：根据您的实际进展，每4-6周可调整训练动作或饮食结构（如更换动作顺序、增加碳水比例）。如需进一步个性化调整，请提供身高/体重/训练经验等信息。

图 2-7　生活场景交互演示截图

第三步：建立场景库并对问题进行分类。

指令要点
（1）确定场景类别。
（2）收集具体实例。
（3）编写场景描述。
（4）提出问题示例。

【指令8】根据需求建立个人场景库如图2-8所示。

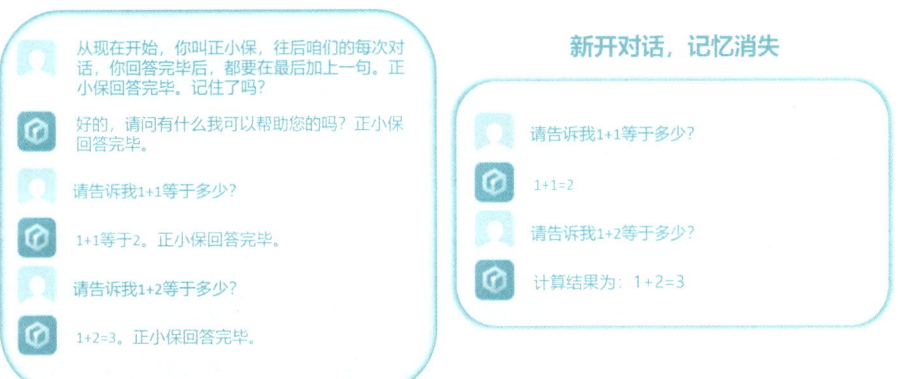

图2-8　建立个人场景库

【指令9】对场景库中的问题进行分类如图2-9所示。

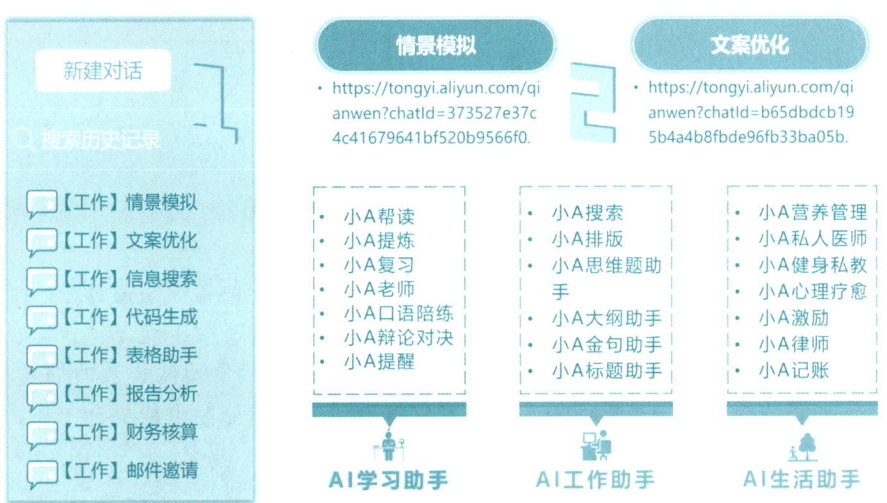

图2-9　对场景库中的问题进行分类

知识链接

思 维 链

思维链（chain of thought, CoT）是一种让大模型模拟人类逐步推理过程的技术。通过将复杂问题拆解为多个逻辑步骤（如"问题→分析→结论"），模型能更清晰地展现思考路径，从而提升答案的准确性和可解释性。例如，当回答"如何降低企业碳排放"时，DeepSeek 会分步解析：①识别主要排放源。②匹配减排技术。③评估成本与效益。相较于传统"黑箱式"生成，思维链技术使大模型的决策过程更透明，尤其适合需逻辑验证的场景。

智能探索

学校即将迎来一年一度的职教周活动，作为学生筹备小组的一员，你需要与 DeepSeek 携手合作，共同策划这次活动。请针对下列任务设计向 DeepSeek 询问时需要输入的问题：

（1）活动主题：向 DeepSeek 征询意见，收集有关职教周主题的创意构思。

（2）活动内容：策划核心活动环节，并向 DeepSeek 询问如何提升这些活动的吸引力。

（3）宣传策略：向 DeepSeek 询求有效的宣传手段，确保活动能够吸引更多关注。

（4）后勤保障：向 DeepSeek 询问如何妥善安排场地、物资及其他后勤事宜，以保障活动顺利开展。

（5）安全措施：向 DeepSeek 提出有关安全措施的问题，确保活动期间的安全。

 职业素养

提问的艺术

良好的提问方式不仅是沟通能力的体现，更是职业素养的重要组成部分。提问不仅能帮助我们更好地理解工作中的问题，还能促进团队间的有效沟通与协作。在实际工作中，提出有价值的问题不仅能够提高工作效率，还能激发团队成员的创新思维，共同推动项目的进展。培养提问的艺术，不仅有助于个人职业能力的提升，也是塑造良好职业形象的关键因素之一。

单元 2 精准提炼：关键词提炼与问题构建

案例背景

小智的哥哥小广刚入职一家广告公司，从事新媒体策划工作。尽管他立志成为营销策划专家，但由于缺乏经验和人脉，在工作中，小广经常感到力不从心。为了帮助小广实现他的职业规划，小智决定利用大模型帮助小广提升职业能力。

通过学习，小智已经掌握了如何挖掘有价值的问题这一技能。他将继续学习提炼关键词的方法，以便更精准地构建问题框架，帮助小广快速成长。

指令逻辑

1. 提问前准备

（1）根据任务类型选择适配模型。以 DeepSeek 系列模型为例，数学任务可以选择推理模型 DeepSeek-R1，创意任务则可选通用模型 DeepSeek-V3。

（2）注册并登录平台（如有必要），熟悉平台各功能区域。

2. 进行提问——定目标

向大模型明确需求，即明确希望大模型为你完成的任务。【指令 1】

3. 优化提问策略

（1）立角色：引导大模型进入具体场景，扮演相应角色，提供专业建议。【指令 2】

（2）述背景：提供所需的背景信息，使建议更具针对性。【指令 3】

（3）补要求：明确输出格式，提升实用性。【指令 4】

（4）细优化：根据大模型的回答结果不断调校和优化问题表述。在控制变量的前提下，对指令进行修改，确保结果落地。【指令 5】

综上所述，关键词的提炼要点如图 2-10 所示。

图 2-10　关键词的提炼要点

> **注意**：对推理模型应用"启发式"提示，可能会对模型的逻辑主线造成干扰。因此，如果使用推理大模型（如 DeepSeek-R1），建议跳过"立角色"步骤，直接从"述背景"环节开始。

实践演练

第一步：基于案例背景，向大模型下达指令，明确表达小智的具体需求。

【指令1】如何成为一名优秀的营销策划专家？

指令要点
（1）针对性强。
（2）表述清晰。
（3）符合逻辑。

根据【指令1】，"定目标"生成结果[①]截图如图2-11所示。

```
成为一名优秀的营销策划专家需要综合能力的发展，包括但不限于以下几点：
1. 市场洞察力：
   ○ 深入了解市场营销理论和实践。
   ○ 熟悉目标市场的特点、趋势和消费者行为。
2. 数据分析能力：
   ○ 学会使用数据工具分析市场数据，理解消费者需求和偏好。
   ○ 通过数据驱动的决策来优化营销策略。
3. 创意与创新：
   ○ 具备创造性的思维，能够提出新颖的营销理念。
   ○ 不断寻找新的方法和技术来吸引潜在客户。
4. 沟通技巧：
   ○ 良好的口头和书面表达能力，能有效地向团队成员或客户传达复杂的想法。
   ○ 善于倾听并整合反馈，以便改进营销方案。
5. 项目管理技能：
   ○ 熟练掌握项目管理原则，确保项目按时按预算完成。
   ○ 有能力协调不同部门之间的工作，如销售、设计、公关等。
6. 技术知识：
   ○ 掌握数字营销的基本概念和技术，如SEO、SEM、社交媒体营销等。
   ○ 理解如何利用最新科技（如AI、VR/AR）提升营销效果。
7. 持续学习：
   ○ 行业变化快速，保持对新趋势、技术和平台的学习热情。
   ○ 参加行业会议、研讨会以及在线课程以更新自己的知识库。
8. 建立人脉网络：
   ○ 积极参与行业活动，建立广泛的人脉关系。
   ○ 与其他专业人士交流经验，共同成长。
9. 实践经验：
   ○ 尽可能多地参与实际项目的策划和执行，积累宝贵的经验。
   ○ 分析成功案例和失败教训，从中吸取经验。
10. 道德与法律意识：
    ○ 遵守相关法律法规，保证营销活动合法合规。
    ○ 维护职业道德，保护消费者权益和社会责任。

要成为这个领域的专家，除了上述技能外，还需要有耐心和毅力，因为成长为一名成功的营销策划专家通常需要时间和实践。不断挑战自我，勇于尝试新的想法，并从每次活动中学习都是至关重要的。
```

图2-11 "定目标"生成结果截图

---

① 本书中，"生成结果"特指大模型对单项指令的响应输出。

第二步：对【指令1】的表述进行优化，设定一个特定角色，让大模型扮演该角色提供专业建议指导。

【指令2】作为一名职业规划师，请帮助我探索适合我的职业道路。你可以提出有关职业规划的各方面建议，包括教育、培训和职业路径建议，以及求职和面试技巧等。请给出如何成为一名优秀的营销策划专家的具体建议。

> **指令要点**
>
> 清晰地定义大模型需要扮演的角色，如"你现在是××""请你扮演××""假如你是××""请你以××的角度/身份/语气"等，以便大模型能够根据角色定位来提供专业建议。

根据【指令2】，"立角色"生成结果截图如图2-12所示。

当然，作为你的职业规划师，我会帮助你探索如何成为一名优秀的营销策划专家。这将涉及教育、培训、职业路径选择以及求职和面试技巧等各个方面。

教育与培训建议

1. 学术背景：
   - 获取市场营销、商业管理或相关领域的学位是良好的起点。
   - 如果可能的话，考虑攻读硕士课程，尤其是在数字营销、消费者心理学等领域，这些可以为你的专业知识提供更深层次的理解。

2. 持续学习：
   - 参加行业相关的研讨会、会议和工作坊，保持对最新趋势和技术的了解。
   - 考虑获得专业认证，如Google Analytics认证、HubSpot Inbound Marketing认证或其他行业认可的资格证书。

3. 技能培养：
   - 学习数据分析工具，如Google Analytics、Tableau等，以增强你的数据解读能力。
   - 掌握内容创作、SEO、SEM、社交媒体广告等数字营销技能。
   - 熟悉项目管理和协作工具，如Asana、Trello、Slack等。

职业路径建议

1. 入门级职位：
   - 从助理营销专员、市场分析师或社交媒体协调员等基础职位开始积累经验。
   - 利用实习机会在实际工作中学习，并建立初期的职业网络。

2. 中级发展：
   - 随着经验的增加，逐步晋升到品牌经理、产品营销经理或数字营销经理等职位。
   - 在这一阶段，专注于特定领域（例如：B2B/B2C营销、电子商务营销）的专业化发展。

3. 高级领导角色：
   - 成长为营销总监或首席营销官（CMO），负责整体战略规划和执行。
   - 进入这个层次后，你需要具备卓越的战略思维、团队领导能力和跨部门沟通技巧。

求职与面试技巧

1. 构建个人品牌：
   - 创建专业的LinkedIn档案，并定期分享有关营销行业的见解和文章。
   - 建立一个个人网站或博客，展示你的作品集和个人项目。

2. 定制简历和求职信：
   - 根据申请的不同职位量身定制你的简历和求职信，强调与目标岗位最相关的经验和技能。

3. 准备面试：
   - 练习回答常见的面试问题，尤其是那些需要展示你的营销知识和解决问题能力的问题。
   - 准备一些关于公司及其市场的研究结果，表明你对公司有深入的了解并准备好贡献价值。

4. 建立人际网络：
   - 积极参与行业协会活动，加入线上社区，与业内人士交流，这不仅有助于获取工作机会，也能加速你的职业成长。

5. 保持灵活性：
   - 对于新兴行业和非传统就业途径持开放态度，比如自由职业、创业或是加入初创企业。

通过以上步骤，你可以为自己的职业生涯打下坚实的基础，并朝着成为一位成功的营销策划专家迈进。记住，每个人的职业旅程都是独一无二的，所以请根据自己的兴趣和优势调整上述建议。

图2-12 "立角色"生成结果截图

知识链接

上下文理解能力

大模型的上下文理解能力使其能根据对话历史优化回答。例如,当用户提问"如何成为营销策划专家?"后,补充"我是一名刚毕业的市场营销专业学生",DeepSeek 会自动调整建议,如推荐入门书籍而非高级课程。这一能力基于 Transformer 架构的注意力机制,通过分析前后文关系生成连贯回答。相较于传统模型,DeepSeek 在长对话中表现尤为突出,适合多轮交互场景。

第三步:围绕业务信息,为【指令1】增加详细背景表述,使建议更具针对性。

【指令3】我是一名刚毕业的市场营销专业学生,目前从事新媒体广告策划工作。请告诉我如何成为一名优秀的营销策划专家。

指令要点

确保提供足够的信息,让大模型能够理解问题的具体背景。包括时间、地点、人物及相关事件。

根据【指令3】,"述背景"生成结果截图如图2-13所示。

既然你是一名市场营销专业的毕业生,并且已经在广告公司从事新媒体广告策划工作,以下是一些建议,帮助你在职业生涯中成长为一名优秀的营销策划专家:

深化专业技能

1. 专精于数字营销:
   - 新媒体广告是数字营销的一部分,深入学习SEO、SEM、社交媒体营销、内容营销等领域的专业知识。
   - 掌握最新的广告平台和技术,如Facebook Ads、Google Ads、TikTok Ads等。
2. 数据分析能力:
   - 学习如何使用Google Analytics、Adobe Analytics等工具分析用户行为和广告效果。
   - 了解A/B测试方法,不断优化广告策略。
3. 创意与文案写作:
   - 提升自己的创意思维,尝试不同的广告形式和内容风格。
   - 精进文案写作技巧,确保每个广告都能传达清晰的信息并吸引目标受众。

实践经验积累

4. 参与实际项目:
   - 积极参与到各种实际的广告策划项目中,无论是客户项目还是内部活动,实践是提高技能的关键。
   - 主动寻求挑战性任务,这有助于快速成长。
5. 案例研究:
   - 分析成功和失败的广告案例,从中学习最佳实践和常见错误。
   - 将学到的经验应用到自己的工作中,持续改进。

建立行业网络

6. 加入行业协会:
   - 成为相关行业协会(如中国广告协会)的成员,参加行业会议和研讨会,扩展人脉圈。
   - 利用LinkedIn和其他社交平台建立专业联系,关注行业领袖和个人。

模块二 智慧对话：高效提问大模型技巧探究

> 7. 寻找导师：
>   ○ 在行业内找到一位有经验的导师，他们可以为你提供宝贵的指导和建议。
>
> 职业发展
>
> 8. 获取认证：
>   ○ 获取一些国际认可的证书，例如Google认证、HubSpot Inbound Marketing认证等，以增强个人竞争力。
> 9. 考虑进一步教育：
>   ○ 如果有兴趣的话，可以考虑攻读硕士课程或MBA，特别是在数字营销、数据科学等领域，这对未来的职业发展大有裨益。
>
> 求职与面试技巧
>
> 10. 展示成果：
>   ○ 准备一个包含你最成功的广告案例的作品集，在求职时能够直观地展示你的能力和成就。
>   ○ 在面试中讲述具体的例子，说明你是如何通过特定策略达到广告目标的。
> 11. 保持学习态度：
>   ○ 行业变化迅速，保持好奇心和学习的热情，跟上最新的趋势和技术。
>
> 个人品牌建设
>
> 12. 分享知识：
>   ○ 通过博客、社交媒体或演讲等方式分享你的见解和经验，逐渐建立起个人品牌。
>   ○ 成为社区内的活跃分子，不仅提升个人影响力，也增加了职业机会。
>
> 记住，成为一名优秀的营销策划专家是一个持续学习和发展的过程。利用好现有的资源和机会，同时不断探索新的领域和可能性，你会发现自己在这个充满活力的行业中越走越远。

图 2-13 "述背景"生成结果截图

第四步：围绕业务信息，增加细节要求，为小广获取更具体的行动方案。

【指令4】请告诉我如何成为一名优秀的营销策划专家。要求：
（1）以表格形式呈现具体行动指南，包括学习和工作两方面的具体建议。
（2）请提供方案，以便我可以定期评估自己的学习进展。

> **指令要点**
> （1）限定范围或主题。
> （2）指定格式或结构。
> （3）确定语气或风格。
> （4）指定关键信息或要素。

根据【指令4】，"补要求"生成结果截图如图 2-14 所示。

类别	具体行动指南	评估方案
学习方面	定期参加线上/线下课程学习数字营销、内容创作等技能。获取专业认证，如Google Analytics认证、HubSpot Inbound Marketing认证。自学数据分析工具，如Google Analytics、Tableau等。阅读行业报告和书籍，保持对市场趋势的敏感度。参与网络研讨会和行业会议，了解最新发展。	每月设定学习目标，例如完成一个课程或获取一个认证。每季度回顾所学知识，并通过实际案例分析检验学习效果。每年评估一次是否需要调整学习方向。
工作方面	主动参与公司内的项目，尤其是那些涉及新媒体广告策划的项目。向经验丰富的同事或导师请教，建立良好的职业人际网。维护并更新个人作品集，展示最新的成功案例。尝试领导小型项目，培养项目管理能力。分析广告活动的数据，持续优化策略。	每个项目结束后进行复盘，总结经验教训。每半年对自己的职业技能进行一次自我评估，确定改进点。每年与上级讨论职业发展目标，并根据反馈调整职业路径。

图2-14 "补要求"生成结果截图

第五步：围绕业务信息，优化调整【指令1】，给出明确、清晰的指令，帮助小广完成职业规划。

【指令5】作为拥有20年营销策划经验的资深专家，请为市场营销专业应届毕业生制订一份五年成长计划，目标是从新媒体策划岗位晋升为营销策划专家。要求：以年为时间单位做规划，每年明确3项核心任务。

指令要点
（1）逐步细化。
（2）控制变量。
（3）调整需求。
（4）反复校正。

根据【指令5】，"细优化"生成结果截图如图2-15所示。

- 从每个项目中总结经验教训，为未来更复杂的工作打下坚实的基础。

第二年：技能深化与角色扩展

1. 深化专业知识：
   - 深入研究某一特定领域（如内容营销、社交媒体管理、SEO/SEM），获取相关认证以证明你的专业能力。
   - 学习高级数据分析技巧，能够进行更复杂的市场趋势预测和用户行为分析。

2. 提升领导力：
   - 尝试带领小型团队完成项目，培养管理和协调团队的能力。
   - 开始关注项目的整体规划和执行，而不仅仅是具体任务。

3. 拓展视野：
   - 关注国际市场的动态，了解全球范围内成功的营销策略。
   - 开始思考如何将国际最佳实践应用到本地市场。

第三年：战略思维与个人品牌建设

1. 发展战略思维：
   - 学习如何制定全面的营销策略，包括定位、品牌形象塑造、传播渠道选择等。
   - 参与公司更高层次的战略讨论，提出有价值的见解和建议。

2. 构建个人品牌：
   - 在LinkedIn或其他专业平台上分享行业洞见和个人作品，逐渐建立起个人影响力。
   - 考虑撰写博客或出版电子书，展示你的专业知识和独特视角。

3. 强化跨部门合作：
   - 增强与其他部门（如销售、客户服务、产品开发）的合作，确保营销活动能更好地支持公司的整体目标。

第四年：创新与突破

1. 探索新兴技术：
   - 密切关注AI、VR/AR等新技术的发展，并思考它们在营销中的应用可能性。
   - 实验新的营销模式或工具，为公司带来竞争优势。

2. 推动变革：
   - 提出并实施一些具有前瞻性的营销改革措施，比如优化工作流程、引入新指标体系等。
   - 鼓励团队成员接受挑战，共同尝试未曾做过的事情。

3. 持续自我提升：
   - 定期反思过去一年的成长路径，识别出需要改进的地方。
   - 根据最新的行业趋势和个人兴趣调整长期学习计划。

第五年：成为导师与领导者

1. 担任导师角色：
   - 为新人提供指导和支持，帮助他们快速适应工作环境并成长。
   - 分享自己的经验和知识，促进整个团队的专业水平提升。

2. 追求高级职位：
   - 如果条件允许，考虑申请更高层级的职位，如营销经理或总监，承担更大的责任。
   - 准备好迎接更复杂的业务挑战，展现你的领导才能。

3. 贡献于行业：
   - 成为行业会议或研讨会的演讲嘉宾，分享你对行业的深刻理解和最新洞察。
   - 参与制定行业标准或指南，为行业发展贡献力量。

通过以上五年内的规划，你可以有条不紊地朝着成为一名优秀营销策划专家的目标前进。记住，每个人的职业旅程都是独一无二的，所以请根据实际情况灵活调整这些建议。祝你在职业生涯中取得成功！

图 2-15 "细优化"生成结果截图

 **智能探索**

（1）向 DeepSeek 提问"如何成为一名优秀的营销策划专家？"

（2）尝试提炼关键词，优化指令，明确指令焦点，给出更明确、清晰的指令，获取更具实际应用价值的建议。

 职业素养

精准提问，高效沟通

通过有效提炼关键词，员工能够快速抓住问题的核心，提高工作效率。而构建合理的问题，则能够促进团队间的有效沟通，激发团队成员的创造力。此外，这一技能也有助于个人在解决问题时更加从容自信，展现出专业的态度和能力。通过不断练习和运用关键词提炼与问题构建的技巧，职场人士不仅能够提升自身的职业竞争力，还能在团队协作中发挥更重要的作用，成为不可或缺的一员。

单元 3　策略解码：获得高质量回答的策略与方法

 案例背景

小智对大模型对话技术已有基础认知，并且乐于以解决实际问题为目标，灵活运用各种技术手段来达成既定目标。小智注意到，每次老师批改作业都需要花费大量时间，这使得老师几乎没有多余的时间进行教学研究工作。为此，小智希望利用大模型技术帮助老师高效批改作业，以便老师能有更多时间投入到教学研究中，提升整体教学质量。

为了助力大模型高效、精准地批改作业，小智将继续学习获得高质量回答的策略与方法。

待批改的
学生作业

指令逻辑

1. 明确需求

使用清晰明确的指令将需求告诉大模型，即希望大模型完成的具体任务。【指令1】

2. 给模型足够的思考时间

（1）引导模型给出答案。让大模型自行找出问题的解决方案，避免依赖学生的解决方案，因为它可能不准确。【指令2】

（2）对比两者答案。引导大模型将自己的解决方案与学生的解决方案进行比较，评估学生的解决方案是否正确。【指令3】

（3）增加批注部分。如果学生犯了错误，引导大模型给出提示和建议，代替教师提供批注意见。【指令4】

3. 迭代开发，持续优化

在整个过程中，通过不断地迭代和优化，逐步提升问题解决的质量和效率。例如，实时查看 DeepSeek 中间推理过程，定位错误节点。【指令5】

获得高质量回答的策略与方法如图 2-16 所示。

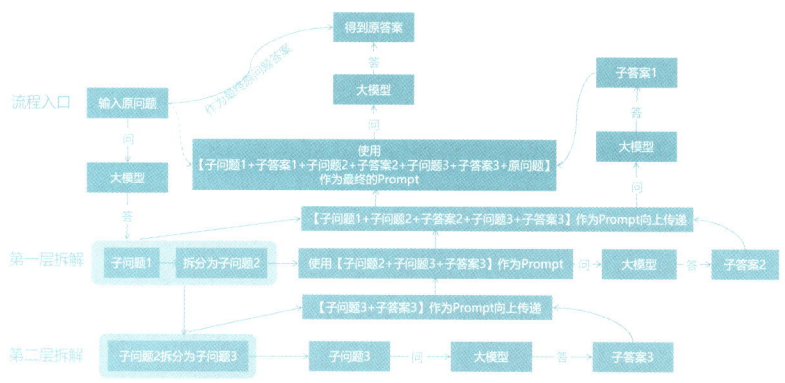

图 2-16　获得高质量回答的策略与方法

实践演练

第一步：通过提问让大模型判断案例中学生的解答是否正确。

【指令1】你的任务是判断确定学生的解答是否正确。无须计算过程，直接给出结论即可。

指令要点
（1）使用分隔符。
（2）指定输出格式。
（3）要求条件检查。
（4）给出提示样例。

根据【指令1】，大模型做出错误判断生成结果截图如图 2-17 所示。

> 学生的解答是正确。总成本为 $250a+200000$ 元，其中 a 代表餐馆的面积（平方米）。

图 2-17　大模型做出错误判断生成结果截图

第二步：优化【指令1】的表述，让大模型自己找出问题的解决方案。

【指令2】我正在筹备开一家餐馆，需要计算预算。每月房租是每平方米 100 元，装修费用是每平方米 200 元，雇佣厨师和服务员每年工资总计为 20 万元。请问第一年的总成本是多少？假设餐馆面积为 a 平方米，列出计算公式即可。

指令要点
（1）指定完成任务所需步骤。
（2）先让模型给出答案。

根据【指令 2】，引导模型给出答案生成结果截图如图 2-18 所示。

> 第一年的总成本计算公式为：
>
> 总成本 = 房租 + 装修费用 + 工资 = 100a + 200a + 200,000 = 300a + 200,000

图 2-18　引导模型给出答案生成结果截图

第三步：优化【指令 2】的表述，让大模型给出自己解决问题的方法后，将大模型的解决方案与学生的解决方案进行比较，并评估学生的解决方案是否正确。注意在完成问题之前，不要判断学生的解决方案是否正确。

> 【指令 3】请根据问题描述判断学生的答案是否正确。假设餐馆面积为 a 平方米。在判断答案是否正确之前，请先自行分析问题，计算第一年的总成本，并列出计算过程。随后，将你的答案与学生的答案进行对比，若两者一致，则表明学生的答案正确；若不一致，则学生的答案错误。

根据【指令 3】，大模型对比两者答案生成结果截图如图 2-19 所示。

> **问题分析及计算过程：**
>
> 我们需要计算第一年的总成本，包括房租、装修费用和员工工资。
>
> 1. **房租**：每平方米 100 元，面积 a 平方米
>
> $$房租 = 100 \times a = 100a$$
>
> 2. **装修费用**：每平方米 200 元，面积 a 平方米
>
> $$装修费用 = 200 \times a = 200a$$
>
> 3. **员工工资**：固定每年 200,000 元
>
> $$工资 = 200,000$$
>
> 4. **总成本** = 房租 + 装修费用 + 工资
>
> $$总成本 = 100a + 200a + 200,000 = 300a + 200,000$$
>
> **对比学生答案**
>
> - 学生的解答：
>
> $$100a + 200a + 200,000 = 250a + 200,000$$
>
> （错误：系数计算错误，应该是 300a 而非 250a。）
>
> - 正确答案：
>
> $$300a + 200,000$$
>
> **结论**
>
> 学生的解答**不正确**，正确的总成本应为 **300a + 200,000**。

图 2-19　大模型对比两者答案生成结果截图

第四步：进一步优化【指令3】的表述，为学生增加批注意见的内容，使学生知道自己应该注意的地方。

> 【指令4】请根据问题描述判断学生的答案是否正确。假设餐馆面积为 a 平方米。在判断答案是否正确之前：
> （1）先自行分析问题，计算第一年的总成本，并列出计算过程。
> （2）将你的答案与学生的答案进行对比，若两者一致，则表明学生的答案正确；若不一致，则学生的答案错误。
> （3）如果学生答案有误，请确定你可以在不给出答案的情况下给学生什么提示。

根据【指令4】，大模型增加批注部分生成结果截图如图2-20所示。

```
(1) 自行分析问题并计算第一年的总成本
给定条件：
  • 房租 = 100 元/平方米
  • 装修费用 = 200 元/平方米
  • 员工工资 = 200,000 元/年
  • 餐馆面积 = a 平方米

计算过程：
  1. 房租费用 = 单价 × 面积 = 100 × a = 100a
  2. 装修费用 = 单价 × 面积 = 200 × a = 200a
  3. 员工工资 = 200,000（固定成本）

总成本 = 房租 + 装修费用 + 工资
```

$$总成本 = 100a + 200a + 200{,}000 = 300a + 200{,}000$$

```
(2) 对比学生答案
  • 学生答案：
```

$$100a + 200a + 200{,}000 = 250a + 200{,}000$$

（错误：系数计算错误，应该是 300a 而非 250a。）
  • 正确答案：

$$300a + 200{,}000$$

结论：学生的解答**不正确**。

(3) 如何在不直接给出答案的情况下提示学生？
可以这样提示学生：

  • "请检查房租和装修费用的系数相加是否正确。"
  • "总成本的计算涉及三个部分，其中两项都与面积 a 相关，它们的系数相加是否有误？"
  • "房租是 100a，装修是 200a，它们的和是多少？再检查一下计算过程。"

这样能引导学生发现自己的计算错误，而不直接告诉正确答案。

图2-20　大模型增加批注部分生成结果截图

知识链接

提示语策略差异

通用大模型在提示语的补偿能力方面存在不足，若无明确的引导，可能会遗漏关键的逻辑推理步骤。相比之下，推理大模型已内化推理逻辑，能够自主生成结构化的推理过程，因此在提示语方面可以更为简洁，只需明确指定任务目标和需求。

第五步：围绕案例信息，持续优化调整指令，给出明确、清晰的指令，帮助老师完成作业批改。

【指令5】假设餐馆面积为 a 平方米，请按步骤完成以下任务：

（1）自行分析问题，计算第一年的总成本，列出计算过程，并用三重引号（"""）括起计算过程。

（2）将你的答案与学生的答案进行对比，若两者一致，则表明学生的答案正确；若不一致，则学生的答案错误。请使用三重引号将对比过程括起来。

（3）如果学生答案有误，请确定你可以在不给出答案的情况下给学生什么提示，并用三重引号括起你为此步骤所做的所有工作。

（4）向学生提供上一步的提示（三重引号外）。不要写"第4步—…"，而是写"提示："。

指令要点
（1）独立分析验证。
（2）答案比对诊断。
（3）生成教学提示。
（4）反馈输出规范。

根据【指令5】，大模型持续优化生成结果截图如图2-21所示。

```
(1) 计算过程：
"""
房租成本 = 100元/㎡ × a㎡ = 100a元
装修成本 = 200元/㎡ × a㎡ = 200a元
人工成本 = 200,000元
第一年总成本 = 100a + 200a + 200,000 = 300a + 200,000元
"""

(2) 答案对比：
"""
学生答案：250a + 200,000
正确答案：300a + 200,000
对比结果：学生将100a+200a错误计算为250a，实际应为300a
结论：学生答案错误
"""

(3) 提示准备：
"""
可提供的提示选项：
 1. "请重新计算100加200等于多少？"
 2. "检查房租和装修费用中a的系数相加是否正确"
 3. "建议把100a和200a分开计算后再相加"
    最终选择最直接的提示："请重新计算100加200等于多少？"
"""

提示：请重新计算100加200等于多少？
```

智能探索

（1）使用DeepSeek批改案例中的学生作业，判断学生作答是否正确。

（2）尝试提炼关键词，优化指令，给出正确的答案，并且代替教师对学生作业中的错误或需注意之处进行批注。

图 2-21　持续优化生成结果截图

职业素养

创新担当，助力教学与个人成长

小智利用大模型技术帮助老师批改作业，不仅减轻了老师的负担，还提升了教学质量和学生的学习效果。这一实践体现了新时代青年学子的责任担当与创新精神。通过不断优化提问策略，我们不仅提高了工作效率，还培养了精益求精的职业态度。这不仅有助于个人职业发展，也为社会的进步贡献了一份力量。未来，我们应该继续发扬这种勇于探索的精神，将所学知识应用于实际工作中，不断提升自我，为实现中华民族伟大复兴贡献力量。

即学即用

任务 1　新产品发布会策划

假设你是公司的项目经理，正在筹备一次新产品发布会。你需要与 DeepSeek 合作策划这次活动。请根据以下四个方面设计具体问题，并向 DeepSeek 寻求支持。

（1）活动主题：向 DeepSeek 提问，收集关于新产品发布会主题的创意。

（2）活动内容：策划核心活动环节，并向 DeepSeek 询问如何提升这些活动的趣味性。

（3）宣传策略：向 DeepSeek 询求有效的宣传手段，确保活动能够吸引更多关注。

（4）后勤保障：向 DeepSeek 询问如何妥善安排场地、物资及其他后勤事宜，以保障活动顺利开展。

任务 2　智能家居设备开发

你是一名产品经理，正在开发一款基于 AI 的智能家居设备。请针对以下方面设计问题，并思考如何提炼关键词，构建清晰的问题。

（1）用户需求：如何通过 AI 技术满足用户对智能家居设备的需求。

（2）功能设计：如何利用 AI 技术设计智能家居设备的创新功能。

（3）市场定位：如何利用 AI 技术分析市场趋势，为产品定位提供数据支持。

任务 3　市场趋势分析

你是一名市场分析师，希望利用 DeepSeek 辅助进行市场趋势分析。请按照以下简化步骤设计指令，以确保 DeepSeek 能够准确处理信息并生成有价值的答案。

（1）任务设定：清晰传达你的具体需求。

（2）独立思考：让 DeepSeek 自行找出问题的解决方案。

（3）对比分析：引导 DeepSeek 将自己得出的结果与其他公开信息进行比较。

（4）改进建议：指导 DeepSeek 给出提示和改进建议。

（5）成果展示：要求 DeepSeek 将最终分析结果整理成易于理解的形式。

模块三

文员智助：
大模型在文员工作中的应用

模块导学

在现代职场中，文员负责处理日常文书、安排会议、协调事务，是公司运营的幕后英雄。然而，传统的工作方式往往效率低下且容易出错。随着人工智能技术的发展，文员工作正从重复性事务处理转向智能化协作。本模块将探讨大模型如何帮助文员在多个方面提高工作效率，包括简历优化、文案创作、文书拟写、商务旅行规划、薪酬数据分析、图像创作及视频生成等。掌握这些技能，你将能够更高效地完成任务，提升工作质量。

职业目标

掌握运用AI工具提升文员工作效率的核心技能，能够运用大模型技术进行简历优化、文案创作、文书拟写、商务旅行规划、薪酬数据分析、图像创作及视频生成，培养创新意识和解决问题的能力。同时，理解AI辅助决策的边界，培养对机器生成内容的审核判断能力，保护数据安全和隐私，形成严谨的工作态度与职业道德意识。

模块三 文员智助：大模型在文员工作中的应用

 知识导航

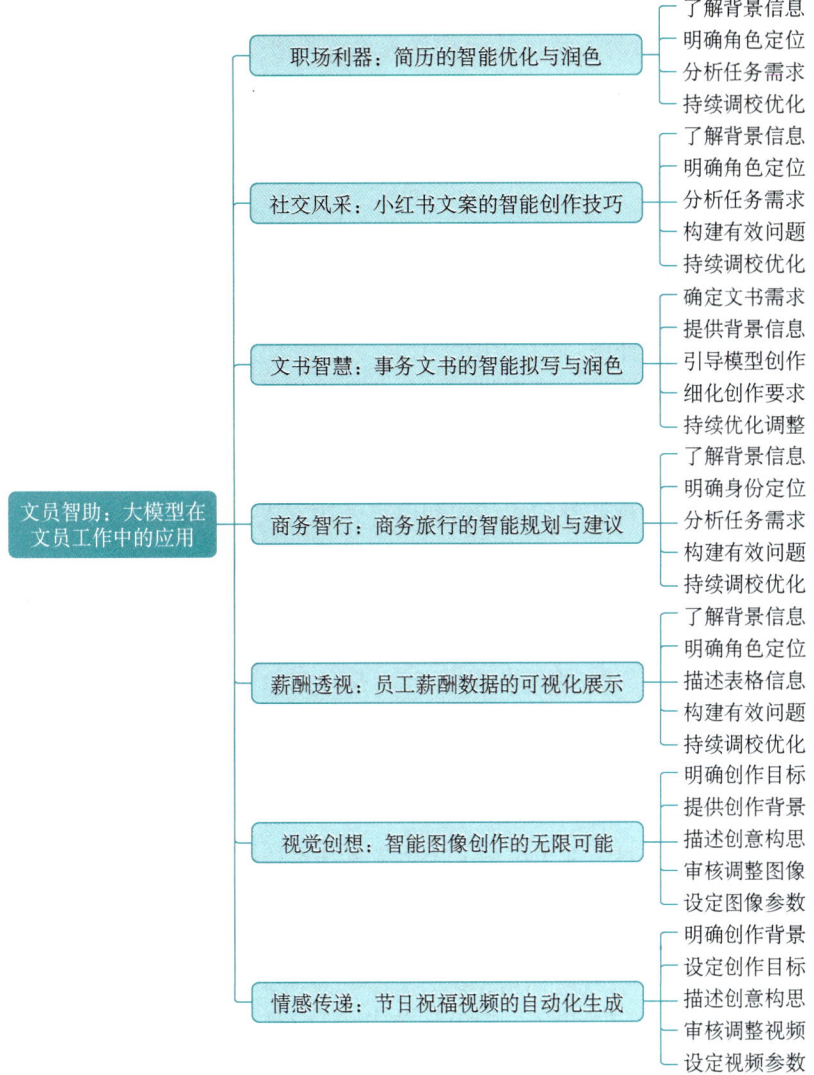

单元 1　职场利器：简历的智能优化与润色

案例背景

在竞争激烈的就业市场中，作为一名应届毕业生，小智多次投递简历，却始终没有收

061

到理想回应。小智意识到，问题可能在于现有简历未能充分展示自身优势。为了打破这一困境，小智决定借助大模型精准优化简历，通过精练的专业表述提升核心竞争力，确保简历脱颖而出，赢得雇主青睐。

为了帮助小智优化简历，请选择一种你认为适用的模型，在不改变原有信息的前提下，对小智的简历进行深度提炼和优化，重点聚焦实习经历、在校经历及自我评价，确保简历逻辑严谨、亮点突出，迅速打动潜在雇主，提高录用机会。

指令逻辑

（1）了解背景信息。下达与背景信息相关的指令，包括小智的基本信息及求职意愿等，让大模型更好地了解任务目标。【指令1】

（2）明确角色定位。明确大模型代表的角色身份和具备的相关技能，让其更好地匹配回答内容。【指令2】

（3）分析任务需求。提炼关键词，分析任务需求，以便大模型针对小智的实际情况，精准提炼其核心优势，合理调整叙述结构和语言表达方式，实现简历内容的专业化、个性化，全面提升吸引力。【指令3】

（4）持续调校优化。在指令依次发布的过程中，根据大模型的回答结果不断调校和优化。根据回答结果修改指令、补充信息、调整表达方式，以确保回答得更好以满足用户需求，提高简历的质量及匹配度。【指令4】

小智现有简历及求职意向岗位说明

实践演练

第一步：基于案例背景，向大模型下达"了解基本信息"指令，提炼简历关键信息。

【指令1】请基于小智现有简历，结合其求职意向，提取关键基础信息及专业相关经历。确保涵盖小智的个人基本信息（如姓名、联系方式、学历、专业等）、教育背景中的核心课程与成果、审计及相关领域的工作或实习经历、专业技能、意向岗位相关奖项或成果。

指令要点
（1）清除过往信息干扰。
（2）明确个人和求职信息。
（3）提炼岗位相关内容。

根据【指令1】，了解背景信息生成结果截图如图3-1所示。

模块三　文员智助：大模型在文员工作中的应用

```
以下是根据小智的现有简历信息整理的关键点：
个人基本信息
    • 姓名：小智
    • 联系电话：12345678910
    • 电子邮箱：xiaozhi@zhengbaoedu.com
    • 性别：男
    • 年龄：18
教育背景
    • 学校：正保财经中等专业学校
    • 专业：会计事务
    • 学历：中职
    • 主修课程：企业会计实务、税费计算与智能申报、成本核算与管理、财务数据分析、电子票据技术应用、财税代理服务、会计信息系统应用、财务机器人应用等
    • 获奖情况：校级奖学金两次、市优秀学生干部、优秀团员证书
专业技能
    • 证书：智能财税职业技能等级证书（初级）
    • 财务软件操作：熟练
    • 语言能力：普通话二级甲等
    • 计算机能力：通过全国计算机等级考试，熟练掌握日常办公软件
工作/实习经历
    • 审计助理 ｜ XXX 会计师事务所（特殊普通合伙）武汉分所 ｜ 2023.12-2024.1
        • 审计资料整理、底稿填写、银行询证函工作
        • 审计资料归档
        • 现场监盘和数据记录
    • 财务实习生 ｜ 武汉 XXXX 信息技术有限公司 ｜ 2023.7-2023.8
        • 会计业务操作（记账凭证、账簿登记、报表汇总）
        • 原始凭证核对
        • 文件资料归档和扫描
在校经历
    • 团支书 ｜ 会计系第三团支部 ｜ 2021.9 至今
        • 团员管理、档案维护、团费管理
        • 会议组织、资料汇编
    • 市场调研 ｜ 创新创业训练计划项目 ｜ 2023.4-2023.5
        • 市场分析、商业计划书撰写
自我评价
    • 良好的统筹管理能力和沟通能力
    • 熟悉会计和税务工作流程
    • 强烈的责任心，能够监督活动全程
以上信息可用于撰写简历或准备面试，确保突出小智的专业技能和实习经验，以及与求职意向岗位相关的能力和成就。
```

图 3-1　了解背景信息生成结果截图

第二步：向大模型下达"智能简历优化顾问"角色定位指令，明确大模型的角色身份。

【指令 2】作为智能简历优化顾问，你将扮演资深 HR 角色，深度解读求职者的教育背景、经历和自我评价。根据岗位需求，灵活运用简历构建策略，个性化定制和优化简历内容。你已成功助力众多求职者提升简历品质，显著提高面试邀约率，尤其在挖掘个人优势、塑造核心竞争力方面表现卓越。你明白了吗？

指令要点

（1）大模型代表的角色身份。
（2）希望大模型具备的知识技能。
（3）为大模型设定的过往经历背景。
（4）强化任务相关要求。

根据【指令 2】，明确角色定位生成结果截图如图 3-2 所示。

> 明白了。作为你的智能简历优化顾问,我会利用我的专业知识和技能来帮助你打造一份专业的、针对性强的简历。这包括:
>
> 1. **分析目标岗位**:了解你所申请职位的具体要求,包括所需的技能、经验和资格证书等。
> 2. **评估现有简历**:审查你的当前简历,找出可以改进的地方,如格式、内容结构、关键词使用等。
> 3. **突出个人优势**:根据你的背景和目标职位的要求,强调你在教育、工作经历和个人技能方面的优势。
> 4. **定制化内容**:为每个职位调整简历内容,确保它与招聘广告中的关键要求相匹配。
> 5. **优化布局**:设计一个清晰、易读且吸引人的简历格式,使重要信息一目了然。
> 6. **自我评价精炼**:协助你撰写一段简洁有力的自我评价,展示出你的核心竞争力和个人品牌。
> 7. **增加说服力**:通过具体的成就和量化的结果来证明你的能力,让雇主看到选择你的价值。
> 8. **检查错误**:最后,仔细校对以避免任何拼写或语法上的失误,保持专业形象。
>
> 如果你有具体的简历需要优化或者想要针对某个特定职位获取建议,请提供更多信息给我,我将为你提供详细的指导和帮助。

图 3-2 明确角色定位生成结果截图

 知识链接

潜在语义分析

潜在语义分析(latent semantic analysis, LSA)是一种无监督学习方法,主要用于文本的话题分析,通过矩阵分解发现文本与单词之间的基于话题的语义关系。在简历优化过程中,DeepSeek 可以利用 LSA 技术更好地理解和提炼求职者的经历和技能描述。例如,当处理一份包含大量信息的简历时,LSA 可以帮助识别出哪些关键词和短语最能代表求职者的核心能力,同时找出不同段落之间的语义联系。这不仅有助于去除冗余信息,还能确保简历内容更加聚焦于关键技能和成就,提高其对招聘方的吸引力。

第三步:围绕业务场景,向大模型下达"优化要求"指令,对简历进行优化。

【指令3】接下来,请你按以下规范梳理并优化小智的简历资料。

(1)任务简述:深度优化小智的简历,确保经历量化、精确、有关联、限时且可衡量。提炼关键信息,详述实际操作与成就,强调实践与技能匹配度。自我评价要真实反映个人特质、职业素养与职业规划,融入目标岗位看重的价值观和软技能。

(2)经历优化:针对工作经验,对接岗位要求,简洁阐述角色、行动和成效。在校实践部分紧密结合岗位核心技能,挑选代表性活动与成果,展示与目标职位相关的

指令要点
(1)明晰任务目的。
(2)确定关键信息。
(3)识别优化方向。
(4)把握职位要求。

成长历程。

（3）自我评价：引导小智深度分析自我，结合岗位需求提炼优势与潜力。要求文字诚恳务实，避免空泛描述，突出性格特质、职业素养、团队协作能力及职业发展规划。展现个人特色，呼应岗位要求，增强简历吸引力与说服力。

（4）职位匹配：根据岗位工作职责与任职资格，有针对性地重塑小智的工作经历、实践经历及自我评价，为其定制简历，提升面试机会。

（5）篇幅要求：简历应精简至一页A4纸，内容紧凑，突出重点，删减冗余信息，让阅读者快速了解小智与目标职位的匹配度及优势。

根据【指令3】，大模型分析任务需求，首次输出简历生成结果截图如图3-3所示。

图3-3　首次输出简历生成结果截图

第四步：结合目标需求向大模型下达"进一步调校优化"指令，进一步优化小智的简历。

【指令4】

（1）详细描述一份应届毕业生优秀简历应具备的特点，并指出小智现有简历存在的问题。

（2）结合优秀简历的特点，进一步优化小智的简历。

（3）在描述实习经历后补充每项实习内容的价值和成就。

（4）结合小智过往经历，依据岗位要求，在自我评价中突出小智应聘该岗位的优势及核心竞争力。

指令要点

（1）持续沟通。
（2）验证改进。
（3）评价反馈。

根据【指令4】，大模型持续调校优化，精准优化简历生成结果截图如图3-4所示。

图3-4　精准优化简历生成结果截图

请结合上述指令，梳理出一份用于"简历优化与润色"的指令模板，便于后续同类任务快速有效输出。

职业素养

大模型与诚信智慧

在探究大模型在简历撰写中的应用时，我们应当认识到，在求职过程中，诚信和实力才是最根本的竞争力。大模型可以辅助我们优化简历，但不能替代我们的真实能力。我们应当注重培养自身的专业素养和专业技能，以诚信为本，用实力说话，这样才能在职场竞争中脱颖而出。

单元 2　社交风采：小红书文案的智能创作技巧

案例背景

小红书作为一款深受年轻人喜爱的生活分享平台，汇聚了众多领域的知识与资讯，拥有丰富的内容资源和活跃的用户群体。小智是一名会计行业的求职博主，他希望通过自己的专业知识和求职经验，在小红书上分享实用的行业资讯及求职策略，帮助和引导其他有志于从事会计行业的学生了解行业发展，更好地规划个人职业生涯。为了实现这一目标，小智计划运用大模型技术辅助内容创作，提高文案品质与吸引力，从而更好地与粉丝互动，提升内容的影响力和价值。

请选择一种你认为适用的模型，撰写一篇小红书文案，介绍会计事务专业毕业生的就业方向，帮助用户了解行业资讯、明确职业方向，实现高质量就业。

指令逻辑

（1）了解背景信息。向大模型提供与任务相关的背景信息，帮助其深入理解任务目标，输出优质文案。【指令 1】

（2）明确角色定位。向大模型明确其代表的角色身份和具备的相关技能，以便大模型更准确地匹配相关信息，进行有效回答。【指令 2】

（3）分析任务需求。提炼关键词，明确文案的撰写目的、主题、核心内容、目标用户、语言风格和表达方式等要素。确保文案内容的精确性和针对性。【指令 3】

（4）构建有效问题。根据需求分析结果，构建具体问题表述，包括但不限于文案的主题、关键词、目标受众等核心要素，以便大模型能够提供更准确、更具针对性的回答。【指令4】

（5）持续调校优化。根据大模型的回答结果，进行调校和优化，确保回答得更好以满足用户需求，提高答案质量和实用性。【指令5】

实践演练

第一步：向大模型下达"小红书优质笔记特点"指令，获取优质笔记的参考样例。

【指令1】请详细描述小红书职业博主优质笔记的特点和文案风格。并以"中职会计事务专业毕业生的就业方向"为笔记主题，给出一个优质笔记的参考样例，包括职业岗位和薪资范围等信息。

指令要点
（1）背景信息具体清晰。
（2）提出案例以供参考。

根据【指令1】，大模型了解背景信息，描述小红书职业博主优质笔记特点和文案风格生成结果截图如图3-5所示，给出"中职会计事务专业毕业生的就业方向"优质笔记参考样例生成结果截图如图3-6所示。

一、小红书职业博主优质笔记的特点

1. 醒目标题与首图吸引眼球
   ○ 标题需包含"矛盾感"或解决痛点的关键词，如"中职会计毕业生的逆袭之路！这些岗位月入6K+"，激发用户点击欲 ③ ⑥。
   ○ 首图需高清、简洁、美观，比例3:4，内容与主题强关联（如职业场景对比图或职业形象照）③ ⑦。

2. 口语化与情感共鸣的文案风格
   ○ 使用亲切的称呼（如"宝子们""姐妹们"）、网络流行语（如"逆袭""YYDS"）和表情符号（如 💼），营造闺蜜分享的氛围 ① ④。
   ○ 强调个人真实体验，如"亲身经历""踩坑总结"，增强信任感 ① ⑤。

3. 内容实用性与结构化表达
   ○ 聚焦细分领域，提供可落地的建议（如岗位名称、薪资范围、求职技巧）④ ⑩。
   ○ 采用分条列点、短句+表情符号的排版，便于快速阅读（例："✅出纳岗：月薪3-5K，适合新手！"）③ ⑦。

4. 结合热点与垂直领域
   ○ 蹭热点话题（如"会计证取消后的就业新方向"）或平台趋势（如"中式养生""职业成长"）提升流量 ③ ⑩。
   ○ 通过专业人设（如"会计学姐""职场导师"）增强权威性 ⑩。

5. 互动引导与数据优化
   ○ 结尾鼓励评论互动（如"你的理想岗位是哪个？"），提升算法推荐的曝光率 ⑦。
   ○ 控制文案在300字以内，关键词突出（如"中职会计""就业方向""薪资"），便于算法精准匹配 ⑦。

图3-5 描述小红书职业博主优质笔记特点和文案风格生成结果截图

模块三 文员智助：大模型在文员工作中的应用

二、优质笔记参考样例

标题："中职会计毕业生的逆袭之路！这些岗位月入6K+💰"

首图建议：

- **左侧**：学生时期课本堆叠的课桌；**右侧**：职场办公桌（电脑、计算器、财务报表），配文字"从课堂到职场，会计生也能闪闪发光✨"。

正文：

"宝子们！今天和你们掏心窝子聊聊中职会计毕业后的就业方向～学姐当年也是从月薪2.5K的出纳一步步逆袭到财务主管，踩过无数坑，总结出这些高性价比岗位！👇

⭐ **岗位推荐+薪资揭秘**

1. ☑**出纳岗**：月薪3-5K
   - 适合新手，工作内容简单（跑银行、登记流水），但积累经验超快！
   - *小tips*：考个初级会计证，薪资直接涨1K！
2. ☑**会计助理**：月薪4-6K
   - 协助账务处理，能接触全盘账，跳槽大公司的跳板！
   - *学姐说*：优先选制造业企业，学成本核算超吃香～
3. ☑**税务专员**：月薪5-8K
   - 专攻报税、税务筹划，需求量大！一线城市甚至可达10K+！
   - *必备技能*：Excel函数+税务软件操作（如金蝶）💼
4. ☑**审计助理**：月薪4-7K
   - 适合喜欢出差的同学，跟着项目组学实战，2年经验后薪资翻倍！

💡 **逆袭关键**

- **证书加持**：初级会计证是门槛，中级/CPA是加分项！
- **实习经验**：大二开始攒实习，校招时秒杀同龄人！
- **技能提升**：Excel、财务软件（用友/金蝶）、PPT汇报能力！

互动区👉 你的目标岗位是哪个？评论区许愿，学姐抽3位宝子送《会计面试话术秘籍》📚"

图 3-6 优质笔记参考样例生成结果截图

第二步：向大模型下达"财经领域求职博主"角色定位指令，明确大模型的角色身份。

> **指令要点**
> （1）明确角色身份。
> （2）具备知识技能。
> （3）过往文案内容。
> （4）写作目的意义。

【指令2】作为会计领域的求职博主，你具备扎实的专业知识、丰富的求职经验，了解行业趋势和市场需求。你熟悉不同会计岗位的工作和薪资，并能清晰表达财经概念。你在小红书上持续发布有关会计领域的优质笔记，包括行业概述、职业岗位、薪资范围、求职技巧等方面的内容，为用户提供实用、专业、有趣的信息，帮助他们规划职业道路。你明白了吗？

069

根据【指令2】，明确角色定位生成结果截图如图3-7所示。

```
收到！作为会计求职领域的专业博主，我会以下方式构建内容👇

【会计求职博主内容输出逻辑】
1 人设锚点
 • 身份标签：会计学姐/5年财务主管/CPA持证人
 • 核心价值：从月薪3k出纳到年薪20w财务经理的实战经验
 • 差异化：专注中职/专科背景逆袭路径，拒绝"唯学历论"焦虑

2 内容架构
● 行业趋势结合
 • 案例："金税四期上线，这3类会计岗位需求暴涨！"
 • 数据：引用税局/招聘平台数据（如"2023年审计岗招聘量同比+23%"）

● 岗位拆解公式
= 工作内容（白话解读）+ 薪资范围（城市分级）+ 适配人群（学历/证书/性格）
 • 例：
  "📊 总账会计 vs 成本会计怎么选？
  ☑ 总账：月薪8-12k（二线）| 对账+报表+税务 | 适合细心、想全面发展的姐妹
  ☑ 成本会计：月薪7-10k | 成本核算+降本分析 | 制造业刚需，适合数据敏感型宝子"

● 求职技巧干货
 • 简历：用STAR法则写财务实习经历（附模板）
 • 面试：高频10问拆解（如"三张表勾稽关系"回答技巧）
 • 谈薪：HR压价时的话术反杀（例："我的CPA通过3科，期望薪资上浮15%合理吗？"）

3 爆款元素融合
 • 冲突感标题：
  "会计应届生别做账！这3个新岗位薪资高50% 💰"
  "谁说中专会计没出路？我带的实习生转正后月入9k+"
 • 视觉锤设计：
  ▫薪资对比图（Excel柱状图+箭头标注涨幅）
  ▫证书/工具墙（CPA教材+金蝶软件界面+财务报表模板）
```

图3-7 明确角色定位生成结果截图

第三步： 围绕业务场景，向大模型下达"文案关键词提炼及核心内容概述"指令，确保文案内容精准且具有针对性。

> 指令要点
> （1）文案主题。
> （2）核心内容。
> （3）用户群体。
> （4）语言风格。
> （5）撰写目标。

【指令3】作为会计领域求职博主，你需要在小红书上撰写一篇关于中职会计事务专业毕业生求职方向的文案。适用于特定用户群体并包含以下核心信息。

（1）赛道领域：聚焦中职学生和职场新人，突出这两个群体在会计专业就业方面的关注点。

（2）文案主题：中职会计事务专业毕业生就业方向，解答用户对未来职业发展的疑惑。

（3）核心内容：详细列举就业领域、职业岗位、技能要求、就职企业、薪资范围等方面的信息，让用户全面了解就业前景。

（4）用户群体：中职会计毕业生和职场新人（新一线/二线城市）。

（5）文案风格：接地气，让用户能够轻松理解，同时保持理性表达，传递可靠信息。你清楚我的文案目标和核心内容了吗？

根据【指令3】，大模型分析任务需求，提炼文案关键词及核心内容生成结果截图如图3-8所示。

"中职会计毕业生的逆袭指南！这些岗位+技能让你轻松拿offer 📄 💼"

首图建议

左图：堆满课本的课桌+皱巴巴的简历；**右图**：工牌+Excel表格+银行卡；配文："学历不够？技能来凑！会计生也能月入8K+！"

正文内容

"宝子们！中职会计毕业只能当小出纳？学姐用亲身经历告诉你：选对方向+技能加持，照样能逆袭！今天手把手教你打破信息差，锁定高性价比岗位 💬"

一、中职会计生的就业领域

☑ **核心赛道**：
1. **企业财务**：中小企业、代账公司、商贸企业（刚需岗位多，门槛低）
2. **金融机构**：本地银行、保险公司（柜员/后台财务岗，稳定但需考证）
3. **公共服务**：事业单位/社区财务（竞争激烈但福利好） 5 12

💧 **隐藏机会**：
- **ERP实施顾问**：帮企业装财务软件，月薪6-10K（需懂金蝶/用友）
- **税务代理**：代开发票+报税，提成高（适合外向型选手） 10 13

二、高性价比岗位+薪资范围

岗位	工作内容	薪资（新一线/二线）	适配人群	
出纳	跑银行+登记流水	3-5K（新手友好）	细心、想快速入行	
会计助理	整理凭证+辅助做账	4-6K（积累全盘经验）	耐得住枯燥，计划考初级证	
成本会计	核算产品成本+降本分析	5-8K（制造业刚需）	数据敏感，想深耕行业	
审计助理	查账+底稿整理	4-7K（出差但涨薪快）	能熬夜、想跳槽事务所	1 5 13

三、逆袭必备技能清单

1. **硬技能**：
   - **证书**：初级会计证（必考！）+ 税务师（加分项） 11

○ 软件：Excel函数（VLOOKUP/数据透视表）＋ 金蝶/用友操作 ⑬
2. 软技能：
○ **沟通力**：和税务局/业务部门打交道（学会说"行话"）
○ **细节控**：贴发票都能贴出"零误差" ① ⑩

四、企业选择避坑指南
- **优先选**：
  ○ 制造业（成本核算经验值钱）
  ○ 代账公司（接触多行业账务，快速练手）
- **慎选**：
  ○ 初创公司（一人兼多岗，易背锅）
  ○ 家族企业（流程混乱，学不到东西） ⑩ ⑫

五、薪资谈判技巧

话术模板：
"我虽然学历普通，但已考取初级证＋熟练操作金蝶，实习期间独立完成XX家公司的报税工作，期望薪资5K~"

避雷点：
- 不提"愿意学习"（企业招人是来干活的！）
- 入职前确认五险一金缴纳比例！ ① ⑪

六、3年逆袭路线图
- **第1年**：出纳岗攒经验 ＋ 考初级证
- **第2年**：跳槽会计助理，学全盘账
- **第3年**：主攻成本/税务方向，薪资冲8K+ ⑩ ⑬

互动区
"你的职业卡点是什么？
A 学历低不敢投简历
B 缺实操经验
C 不会选行业
揪3位宝子送《中职会计求职避坑手册》 "

图3-8 提炼文案关键词及核心内容生成结果截图

知识链接

文本情感分析

文本情感分析（sentiment analysis）是一种自然语言处理技术，旨在识别和提取文本中的主观信息，判断其情感倾向，如正面、负面或中立。通过情感分析，可以更好地理解用户对特定话题的态度和情绪反应，这对社交媒体管理、品牌监控以及市场调研等领域尤为重要。在社交媒体内容创作场景中，深度学习驱动的文本情感分析可精准捕捉用户情感表达。例如，通过DeepSeek分析小红书评论，系统可识别隐含的情感极性（如"性价比超高"为积极，"服务差劲"为消极），并量化情感强度以优化文案，提高吸引力。进一步结合注意力机制（attention mechanism），DeepSeek能聚焦关键情感词（如"惊艳""踩雷"），忽略无关噪声，从而生成更符合用户情感偏好的内容。

模块三　文员智助：大模型在文员工作中的应用

第四步：向大模型下达"标题设计及文案撰写"指令，生成符合要求的小红书文案。

> **指令要点**
> （1）详细阐述需求。
> （2）涵盖核心内容。
> （3）遵守平台规则。

【**指令4**】请基于上述信息，以会计领域求职博主的身份，为我在小红书上写一篇介绍中职会计事务专业毕业生就业方向的文案并设置一个引人注意的标题，需要包括就业领域、职业岗位、技能要求、就职企业、薪资范围等核心内容，字数控制在1 000字内。需要让大家知道我很专业同时又接地气，让大部分人都能看懂，并且产生立即关注我的意愿。

根据【指令4】，大模型设计标题并撰写文案生成结果截图如图3-9所示。

"中职会计毕业别迷茫！这些高薪岗位+技能让你秒杀同龄人 ✨（附薪资表）"

首图建议
左半部分：散乱的课本+写满"焦虑"的便利贴；
右半部分：工位电脑（显示Excel表格）+初级会计证书+月薪8k的工资条；
大字标题："中专学历≠低薪！会计学姐教你弯道超车🚗"

正文内容
"宝子们！中职会计毕业只能端茶打杂？学姐当年中专毕业，从月薪2.5K的小出纳逆袭到财务主管，今天掏心窝子分享真实就业方向+搞钱秘籍！看完这篇，你也能少走3年弯路💪"

🔥 中职会计生4大就业领域
① 【企业财务】
- **适配企业**：中小型制造/贸易公司、代账机构
- **优势**：门槛低、岗位多，适合快速入行
- **避坑**：慎选家族企业（一人干三岗还背锅！）

② 【金融机构】
- **适配岗位**：银行柜员、保险内勤（需考银行从业资格证）
- **薪资**：4-6K+绩效，五险一金齐全但晋升慢

③ 【财税服务】
- **隐藏机遇**：ERP软件实施（月薪6-10K）、税务代理（提成高）
- **技能要求**：用友/金蝶操作+基础报税知识

④ 【公共服务】
- **推荐岗位**：社区财务、事业单位合同制会计
- **特点**：竞争激烈但稳定，适合求安稳的姐妹

💰 高性价比岗位薪资表（新一线/二线参考）

岗位	日常干啥	薪资范围	逆袭关键
出纳岗	跑银行+登记流水	3-5K	考初级证→转会计助理
会计助理	整理凭证+辅助做账	4-6K	死磕Excel函数+全盘账实操
成本会计	算产品成本+降本分析	5-8K	深耕制造业，学成本管控
审计助理	查账+整理底稿	4-7K	攒2年经验跳槽事务所

🎒 逆袭必备技能包
☑ 硬技能（直接涨薪！）

073

图 3-9 大模型设计标题并撰写文案生成结果截图

第五步：基于大模型的回答，结合目标需求向大模型下达"进一步调校优化"的指令，确保文案逻辑清晰、内容丰富且易于理解。

【指令 5】
（1）文案逻辑不是很清晰，请结合上述内容，按照就业领域进行分点列示，并在每个领域后说明可考虑的企业类型、应聘的职业岗位、对应的技能要求及薪资范围。
（2）请在文案中补充财务数字化转型相关的就业信息。
（3）请在每段文字前加入一些表情图标，使表述更生动形象。
（4）请选取与标题和正文强相关的标签放在文章末尾，需要蹭热点话题，使用爆款词汇，需要 3～5 个标签列示。

指令要点
（1）优化逻辑结构。
（2）补充新兴信息。
（3）增加表情符号。
（4）添加热门标签。

根据【指令 5】，大模型调校优化文案生成结果截图如图 3-10 所示。

"中职会计逆袭必看！5大高薪领域+薪资技能全解析 💰"

首图建议

左：课本+焦虑便利贴；**右**：工牌+工资条+Excel报表；大字："中专会计学姐：选对赛道，月入8K+很简单！"

正文

"中职会计毕业怕没出路？学姐从月薪2.5K逆袭到财务主管，总结5大高薪领域，闭眼抄作业 👇"

💼 **领域1：企业财务**

🔍 **岗位**：出纳（3-5K）、会计助理（4-6K）、成本会计（5-8K）

📋 **企业**：制造业/代账公司（门槛低，快速练手）

✦ **技能**：初级会计证+Excel函数（VLOOKUP/透视表）

🏦 **领域2：金融机构**

🔍 **岗位**：银行柜员（4-6K）、保险内勤（5-7K）

📋 **企业**：本地银行/保险公司（稳定但晋升慢）

✦ **技能**：银行从业证+基础报表解读

📊 **领域3：财税服务**

🔍 **岗位**：税务代理（5-9K）、ERP实施顾问（6-10K）

📋 **企业**：税务所/软件公司（提成高，出差多）

✦ **技能**：用友/金蝶操作+报税知识

💻 **领域4：财务数字化（新兴！）**

🔍 **岗位**：

- 财务数据分析师（8-12K，需Excel+Python）
- RPA机器人运维（7-10K，自动化流程优化）
    📋 **企业**：大集团财务共享中心/互联网公司

✅ **逆袭关键**

1. **证书**：初级会计证必考！
2. **技能**：Excel函数+财务软件（某宝50元教程自学）
3. **避坑**：远离家族企业/初创公司（易背锅）

🚀 **3年规划**

- **第1年**：出纳岗→考初级证
- **第2年**：跳槽会计助理→学全盘账
- **第3年**：主攻成本会计→月薪8K+

```
福利互动
"评论区扣【逆袭】，抽3人送：
1《中专生简历模板》
2《Excel财务函数大全》
3《面试反PUA话术》📩**

结尾钩子
"关注我，解锁更多：
√ 会计转行高薪岗位
√ 金税四期避坑指南
√ 0成本考证书单
下期：《中专会计如何进国企？》点主页马上追更！💧"

爆款标签
#中专逆袭 #会计高薪 #金税四期 #零基础学会计 #职场干货

（全文580字，信息密度高+重点突出 ✨）
```

图3-10 大模型调校优化文案生成结果截图

智能探索

请结合上述指令内容，梳理出一份用于"创作优质小红书文案"的指令模板，便于后续同类文案快速有效撰写。

职业素养

提升职场竞争力的关键技能

在现代职场中，掌握高效的内容创作技巧是提升个人竞争力的重要途径，利用大模型技术创作高质量的小红书文案，对从事内容创作和市场营销的从业人员尤为重要。小智通过明确需求、提供背景信息、细化创作要求和持续优化，展示了专业的工作态度和细致入微的职业素养。

模块三　文员智助：大模型在文员工作中的应用

文书智慧：事务文书的智能拟写与润色

案例背景

经过对简历的精心打磨，小智成功地获得了一份行政助理的职位。该职位要求拟写大量事务文书，如邀请函、招聘启事、意向书、产品说明书等。由于任务繁重且时间紧迫，小智时常感受到巨大的工作压力。为了提升工作效率和文书品质，小智决定借助大模型技术来辅助他的文书工作。

请选择一种你认为适用的模型，以拟写邀请函为例，协助小智利用大模型进行高效、精确的文书拟写与润色工作。

指令逻辑

（1）确定文书需求。向大模型传达具体文书任务需求，确保指令清晰、明确，以便大模型准确理解任务。【指令1】

（2）提供背景信息。向大模型提供活动的详细信息，包括活动时间、地点、目的以及受邀人员等。【指令2】

（3）引导模型创作。引导大模型进入特定的角色和场景，以助其生成更加贴合需求的文书内容。【指令3】

（4）细化创作要求。向大模型详细说明其回答需要注意的事项，或期望的回复形式。【指令4】

（5）持续优化调整。对大模型生成的文书进行内容审查、格式核对和语言润色，根据实际需求进行调整和优化，逐步提升文书质量。【指令5】

实践演练

第一步：向大模型下达"拟写事务文书的具体需求"指令。

【指令1】你的任务是协助我草拟一份公司年会邀请函。请确保邀请函内容完整、格式规范、语言正式且友好。

指令要点
（1）明确任务目标
（2）确保指令清晰
（3）指定文书类型
（4）强调质量要求

根据【指令1】，确定文书需求生成结果截图如图3-11所示。

> 尊敬的 [受邀人姓名]：
>
> 您好！
>
> 值此年终岁尾之际，为了回顾过去一年我们共同经历的点点滴滴，展望未来的发展蓝图，并进一步加强团队之间的沟通与合作，[公司全称]特此举办年度盛会。现诚挚地邀请您出席此次年会，与我们一同分享喜悦、共谋发展。
>
> 【年会详情】
> - **主题**：[年会主题]
> - **时间**：[具体日期]，下午 [开始时间] 至 [结束时间]
> - **地点**：[详细地址]
> - **着装要求**：[着装风格，如商务正装/休闲装等]
>
> 【活动亮点】
> - 年度总结与表彰大会
> - 丰富多彩的文艺表演
> - 互动游戏与抽奖环节
> - 丰盛的晚宴及自由交流时段
>
> 请您务必于 [回复截止日期] 前通过以下方式确认您的出席：
> - 邮件回复至 [联系邮箱]
> - 电话告知 [联系人姓名]，联系电话 [联系电话]
>
> 若您有任何疑问或需要帮助，请随时联系我们。我们非常期待您的到来，相信这将是一个充满欢笑与收获的美好夜晚！
>
> 祝工作顺利，生活愉快！
>
> 此致
> 敬礼！

图 3-11　确定文书需求生成结果截图

第二步：向大模型提供活动的详细信息。

> 【指令2】公司年会将于2025年12月31日晚上6点在湖滨酒店宴会厅举行。此次活动的目的是表彰优秀员工，增强团队凝聚力。受邀人员包括公司全体员工及部分重要客户。

指令要点
（1）活动时间地点。
（2）说明活动目的。
（3）列出受邀人员。
（4）其他相关信息。

根据【指令2】，提供背景信息生成结果截图如图 3-12 所示。

> **XXX公司2025年度盛典邀请函**
> 主题：同心同行·共铸辉煌
>
> 尊敬的各位同事及合作伙伴：
>
> 您好！
>
> 2025年即将圆满收官，为答谢全体员工的辛勤付出及合作伙伴的鼎力支持，诚邀您共聚「同心同行·共铸辉煌——XXX公司2025年度庆典」。本次活动将聚焦优秀表彰与团队共融，期待与您共享荣耀，携手展望新征程！
>
> **│活动详情**
> - **时间**：2025年12月31日（星期三）18:00
> - **地点**：湖滨酒店宴会厅
> - **地址**：XX市XX区XX路XX号（附导航二维码，便于定位）
>
> **│核心环节**
> √ **荣耀时刻**：2025年度杰出员工/团队颁奖典礼
> √ **凝心聚力**：跨部门协作主题互动与团队挑战赛
> √ **盛宴同享**：定制晚宴及幸运大抽奖（特设合作伙伴答谢礼品）
> √ **未来展望**：2026年战略合作意向交流专区
>
> **│参与须知**
> 1. **全员出席**：请全体员工提前协调工作时间，确保准时到场；
> 2. **嘉宾邀请**：合作伙伴请于12月20日前反馈出席名单至行政部；
> 3. **着装建议**：男士商务正装/女士晚礼服，契合庆典氛围。
>
> **│联络确认**
> - 行政统筹：张XX经理
> - 电话：+86-138-XXXX-XXXX
> - 邮箱：events@xxxcompany.com
>
> 您的到来将为盛会增添非凡意义！让我们以欢笑与掌声为2025年画上句点，以热忱与信念开启2026新华章！
>
> 此致
> 敬礼
>
> XXX公司人力资源部 & 客户关系部
> 2025年12月1日

图 3-12 提供背景信息生成结果截图

第三步：引导大模型进入专业文员角色，理解拟写场景。

> **指令要点**
> （1）明确角色定位。
> （2）提供具体场景。
> （3）强调任务要求。
> （4）提供参考模板（可选）。

【指令3】请以行政助理身份，根据上述信息，拟写一份正式且温馨的公司年会邀请函。

根据【指令3】，引导模型创作生成结果截图如图 3-13 所示。

> XX公司2025年度年会邀请函
> 主题：同心同行·共启新章
>
> 尊敬的各位同事及合作伙伴：
>
> 您好！
>
> 岁末将至，万象更新。为感谢全体同仁一年来的辛勤耕耘与合作伙伴的鼎力支持，我们诚挚邀请您参加「XX公司2025年度年会」。诚盼与您共聚一堂，见证荣耀时刻，畅叙情谊，携手迈向新征程！
>
> **│ 活动详情**
> - 时间：2025年12月31日（星期三）18:00-22:00
> - 地点：湖滨酒店宴会厅
> - 地址：XX市XX区XX路XX号（附导航二维码，扫码一键抵达）
>
> **│ 活动亮点**
> - 荣耀盛典：2025年度优秀员工/团队颁奖仪式
> - 凝心聚力：趣味团队挑战赛、跨部门协作互动
> - 惊喜盛宴：定制晚宴、幸运抽奖及合作伙伴专属答谢礼
> - 未来之声：2026年战略规划发布与自由交流
>
> **│ 参与提醒**
> 1. 全员参与：请全体同事协调工作安排，确保准时出席；
> 2. 嘉宾回执：特邀合作伙伴请于12月25日前邮件确认出席信息；
> 3. 着装要求：男士建议商务正装，女士建议晚礼服或典雅套装；
> 4. 温馨互动：欢迎携带才艺或故事，共享欢乐时光。
>
> **│ 联络咨询**
> - 联系人：行政部 李XX
> - 电话：+86-159-XXXX-XXXX
> - 邮箱：hr-event@xxcompany.com
>
> 您的到来，是我们最珍视的节日礼物！
> 让我们以欢笑与掌声告别2025，用热情与信念点亮2026！
>
> 此致
> 敬礼
>
> XX公司行政部
> 2025年12月1日
>
> 附：贴心服务
> - 酒店地下停车场免费开放（限号XX-XXXX车辆）；
> - 活动当晚提供市区班车接送（需提前登记）。

图 3-13　引导模型创作生成结果截图

第四步：根据实际需求，向大模型下达"细化创作要求"指令，包含格式规范、语言风格、关键信息等。

> 【指令4】请确保邀请函中包含活动的具体时间、地点、目的、受邀嘉宾名单、着装要求以及回复确认的方式等必要信息。语言要正式且亲切，格式规范。

指令要点
（1）明确内容要素。
（2）指定格式要求。
（3）强调语言风格。
（4）提供具体细节。
（5）明确字数限制（可选）。

根据【指令4】，细化创作要求生成结果截图如图 3-14 所示。

XX公司2025年度年会邀请函
主题：同心同行·共启新章

尊敬的全体员工及合作伙伴：

您好！

岁月不居，时节如流。为表彰过去一年全体员工的卓越贡献，增进团队凝聚力，并答谢合作伙伴的鼎力支持，我们诚挚邀请您出席「XX公司2025年度年会」。诚盼与您共享荣耀，共叙情谊，携手擘画未来新篇章！

活动基本信息

- **时间**：2025年12月31日（星期三）18:00-22:00
- **地点**：湖滨酒店宴会厅
- **地址**：XX市XX区XX路XX号
  （导航二维码：扫码一键直达 | 停车场：B2层A区免费开放）

受邀嘉宾

- **全体员工**：全体在职员工（含分支机构）
- **特邀嘉宾**：战略合作伙伴代表、年度优秀供应商

活动流程亮点

- ☑ **荣耀表彰**：2025年度优秀员工/团队颁奖典礼
- ☑ **凝心聚力**：跨部门趣味协作挑战赛
- ☑ **盛宴同欢**：定制晚宴、幸运抽奖（特设合作伙伴答谢礼品）
- ☑ **未来展望**：2026年公司战略发布与自由交流

参与须知

1. **着装要求**：
   - 男士：商务正装（建议深色西装）
   - 女士：晚礼服或典雅套装
2. **确认出席**：
   - 全体员工：无需回复，默认全员出席
   - 合作伙伴：请于**2025年12月25日**前邮件回复至行政部
3. **温馨提示**：
   - 活动设签到环节，请提前15分钟到场；
   - 需携带嘉宾入场券（电子版将于活动前3日发送）。

联络咨询

- **负责人**：行政部 王XX
- **电话**：+86-139-XXXX-XXXX
- **邮箱**：annual2025@xxcompany.com

您的莅临，是我们最珍贵的节日礼赞！
让我们以欢笑珍藏2025的辉煌，用热忱共启2026的华章！

此致
敬礼

XX公司行政部
2025年12月1日

附：后勤支持

- **班车服务**：17:00-17:40 市区各办公点至酒店（需提前登记）；
- **紧急联络**：活动当日服务热线 +86-159-XXXX-XXXX。

图 3-14　细化创作要求生成结果截图

知识链接

语义一致性校验

语义一致性是指文档中各个部分在意义上的一致性和连贯性，确保信息传达的准确性和读者理解的顺畅性。在事务文书撰写过程中，保持语义一致性尤为重要。DeepSeek 能够自动检测并修正文档中的语义不一致问题。例如，在一封邀请函中提到活动时间为"晚上 6 点"，而在另一处却写成"下午 5 点"，DeepSeek 可以识别这种时间上的冲突并提示用户进行修正。此外，DeepSeek 还能基于上下文理解当前段落的意义，并建议相应的调整以确保整体逻辑连贯。通过提取和匹配关键词，DeepSeek 确保关键信息在整个文档中的一致性，从而提升文档的专业性和可靠性。

第五步：基于大模型的回答，结合目标需求向大模型下达"进一步优化调整"指令。

指令要点
（1）内容审查。
（2）格式核对。
（3）语言润色。
（4）调整优化。
（5）多次迭代（可选）。

【指令 5】
（1）请检查邀请函中是否包含了所有必要的信息。
（2）请确保邀请函的格式规范，包括标题、正文、落款等部分的排版。
（3）请对邀请函的语言进行润色，确保正式且友好，没有语法错误。
（4）请根据我的反馈，对邀请函作进一步的调整和优化，使其更加符合实际需求。

根据【指令 5】，大模型优化调整邀请函生成结果截图如图 3-15 所示。

以下是按照您的要求进行全面检查、优化后的正式邀请函，已标注调整说明：

XX公司2025年度年会邀请函
主题：同心聚力·共启新程

尊敬的全体员工及合作伙伴：

您好！

日月其迈，岁律更新。为表彰全体同仁的卓越贡献，深化团队协作精神，并向长期支持我们的合作伙伴致以诚挚谢意，特诚邀您出席「XX公司2025年度年会」。让我们共襄盛典，见证荣耀，同绘未来发展蓝图！

一、活动基本信息
- **时间**：2025年12月31日（星期三）18:00-22:00
- **地点**：湖滨酒店宴会厅（导航定位见文末二维码）
- **地址**：XX市XX区XX路XX号
- **活动目的**：表彰先进、凝聚团队、答谢合作

二、受邀嘉宾

- **全体员工**：总部及各地分支机构在职人员
- **特邀嘉宾**：战略合作伙伴代表、年度优秀供应商（每家限2人）

三、活动流程

- ⭐ **荣耀时刻**：2025年度优秀员工/团队颁奖典礼
- ⭐ **同心挑战**：跨部门协作趣味竞赛（胜队获定制奖品）
- 🎉 **盛宴同庆**：中西合璧主题晚宴、幸运抽奖（含合作伙伴特别答谢环节）
- ⭐ **未来之声**：2026年战略发布暨自由交流酒会

四、参与须知

1. **着装要求**：
   - 男士：商务正装（建议深色西装/领带）
   - 女士：晚礼服或商务套装（建议色调典雅）
2. **确认方式**：
   - 员工：默认全员出席，请假需提前3日报部门主管
   - 合作伙伴：请于**2025年12月25日**前发送确认邮件至行政部（模板见附件）
3. **温馨提示**：
   - 签到时间：17:30-18:00（凭电子邀请函扫码入场）
   - 交通支持：免费代驾服务（需提前预约）

五、联络信息

- **负责人**：行政部 周XX
- **联系电话**：+86-139-1234-5678（工作日9:00-18:00）
- **确认邮箱**：annual@xxcompany.com
- **紧急联络**：+86-159-8765-4321（活动当日专用）

您的莅临，是对我们最深情的肯定！

期待与您共度星光璀璨之夜，以温暖告别旧岁，以激情启幕新章！

此致

敬礼

XX公司行政事务部
2025年12月1日

附：便捷服务

1. **交通导航**：

   [导航二维码]
   - 停车场：B2层A区（免费，出示邀请函）
   - 班车路线：17:00-17:40 人民广场/科技园发车（登记链接：xxx）
2. **住宿安排**：协议酒店享专属折扣（详情咨询行政部）

图 3-15 大模型优化调整邀请函生成结果截图

智能探索

请结合上述指令内容,梳理出一份用于"拟写优质邀请函"的指令模板,便于后续同类文书快速有效撰写。

职业素养

智写润色,德才兼备

文员应具备严谨细致的工作态度,确保文书内容的准确性和规范性;同时,要重视语言表达的得体,体现良好的商务礼仪。在运用 AI 拟写、润色事务文书的过程中,文员需不断学习新知识,提升自身专业技能,以满足信息化时代的发展需求。此外,文员还应树立责任意识,对文书质量负责,为公司形象和沟通效率贡献力量。

单元 4 商务智行:商务旅行的智能规划与建议

案例背景

随着公司业务扩展,小智经常需要陪同领导或客户进行商务旅行。然而,面对复杂的行程规划、机酒预订、费用预算等事务,小智感到有些应接不暇。一次,公司安排小智陪同总经理前往上海参加一场重要的行业会议。小智需要负责整个行程的统筹规划,包括预订往返机票、安排住宿、规划会议期间的交通和餐饮,以及制订合理的费用预算。此外,小智还需兼顾会议期间的商务礼仪和可能的突发事件。

为了确保商务旅行的顺利进行,请选择一种你认为适用的模型,撰写一份详尽的商务旅行计划,并以表格的形式列示行程安排、费用预算等关键信息,帮助小智提高工作效率,确保行程的周密性和舒适性。

指令逻辑

(1)了解背景信息。向大模型提供商务旅行的背景信息,帮助大模型理解任务目标,输出符合要求的商旅计划。【指令 1】

(2)明确身份定位。明确大模型在此次任务中的角色,如智能旅行规划师或商务助手,并告知其具备的相关技能,如行程规划、预算制订、应急处理等,以便大模型准确匹配相关信息,进行有效规划与建议。【指令 2】

（3）分析任务需求。明确商务旅行的具体需求，包括行程安排、费用预算、商务礼仪、突发事件应对等，确保旅行计划内容精准、有针对性。【指令3】

（4）构建有效问题。根据需求分析结果，构建具体指令表述，包括但不限于旅行目的地、往返时间、会议日程、预算限制、输出形式等核心要素，以便大模型能够提供更准确、更有针对性的回答。【指令4】

（5）持续调校优化。接收大模型生成的商务旅行计划初稿，进行内容审查、格式核对和预算验证，根据实际需要调整优化，确保旅行计划的周密性、舒适性，以及预算合理性。【指令5】

知识链接

多源数据融合技术

多源数据融合技术是指将来自多个不同来源的数据进行整合和分析，以生成更全面、准确的信息。在商务旅行规划中，这一技术通过集成航班信息、酒店预订、交通状况及天气预报等多种数据源，为用户提供最优的行程安排方案。

实践演练

第一步：向大模型提供本次商务旅行的详细信息。

【指令1】公司业务扩展，我作为行政助理，需要陪同领导进行商务旅行。此次任务是陪同总经理前往上海参加重要行业会议，我负责整个行程的规划。会议时间为2025年10月15日至10月17日，同行人员包括总经理和我自己。此次会议对公司发展至关重要，需要确保一切安排周到、顺利。

指令要点
（1）任务背景与职责。
（2）会议时间与地点。
（3）同行人员与要求。

根据【指令1】，了解背景信息生成结果截图如图3-16所示。

1. 行前准备
- **资料准备**：提前收集并打印会议相关资料，如会议议程、参会人员名单、演讲材料等。
- **名片准备**：确保总经理有足够的个人名片，以及公司宣传册或产品手册等资料。
- **着装建议**：了解会议的着装要求，提醒总经理准备合适的商务正装。
- **健康与安全**：检查是否携带了必要的药物和个人护理用品，了解目的地的医疗资源。

2. 交通安排
- **机票预订**：选择直飞航班以节省时间，尽量选择早晨或上午的航班，以便到达后有充足的时间调整状态。
- **机场接送**：预订从机场到酒店的专车服务，保证出行舒适便捷。
- **市内交通**：了解上海的公共交通情况，可以下载地图和交通应用，如高德地图，以便快速查找路线。

> 3. 酒店预订
> - 位置选择：选择靠近会议地点的酒店，减少通勤时间。
> - 设施确认：确保酒店提供免费Wi-Fi、洗衣服务等便利设施。
> - 餐饮安排：了解酒店的早餐供应情况，确认是否有符合总经理饮食习惯的选项。
>
> 4. 会议期间
> - 日程管理：制定详细的每日行程表，包括会议时间、用餐时间和休息时间。
> - 会议资料：确保所有会议资料都已准备好，并在会议前一天晚上再次检查。
> - 紧急预案：准备一套应对突发情况的方案，比如交通延误、身体不适等。
>
> 5. 商务交流
> - 建立联系：利用会议机会，帮助总经理与其他行业领导者建立联系。
> - 后续跟进：记录下会议中认识的重要人物和潜在合作伙伴的信息，会后及时发送感谢邮件或短信。
>
> 6. 文化活动
> - 体验当地文化：如果时间允许，可以安排一次短暂的文化体验活动，比如参观上海博物馆或外滩，这不仅有助于放松心情，也能增进对当地文化的了解。
>
> 7. 安全与隐私
> - 信息安全：提醒总经理注意保护个人信息和商业机密，尤其是在使用公共网络时。
> - 个人安全：了解酒店的安全措施，如紧急出口位置、消防设备等。

图 3-16 了解背景信息生成结果截图

第二步：基于业务场景，向大模型下达"明确角色身份"指令。

> 【指令2】请以旅行规划师的身份，运用行程规划、预算编制、应急处理等专业技能，协助我完成此次商务旅行的周密规划。

指令要点
（1）角色定位。
（2）相关技能。
（3）任务目标。

根据【指令2】，明确身份定位生成结果截图如图 3-17 所示。

> 以下是基于旅行规划师专业视角的升级版商务旅行规划方案，整合行业标准与深度服务细节：
>
> **一、行程规划三维度优化**
>
> **1. 时空效率矩阵**
> - 建立「15分钟缓冲带」：每个行程节点预留弹性时间（如接送机增配30%时间预算应对上海拥堵）
> - 动线热力图规划：酒店-会场-餐厅形成三角闭环（浦东香格里拉→会议中心步行8分钟→国金中心餐饮区）
> - 时间折叠策略：接送机途中安排简报会议（车内配置折叠桌板+降噪模式）
>
> **2. 服务颗粒度升级**
> - 个性化服务档案：
>   - 总经理偏好库：威士忌品牌偏好（提前备好Macallan 12年迷你装）
>   - 生物钟适配：根据历史差旅数据设定7:20自然光唤醒
> - 智能装备箱：
>   - 多协议转换器（含Type-C/HDMI/雷电3）

◦ 移动保密柜（指纹解锁，内置4G热点）

3. 全流程接触点管理

- 关键节点体验设计：
  ◦ 抵店欢迎礼：定制总经理姓名篆刻印章（兼具商务礼物功能）
  ◦ 离店记忆点：行程影像日志（摄影师跟拍重要商务时刻）

二、动态预算编制模型（单位：CNY）

类别	明细项	总经理	助理	浮动储备
交通	往返商务舱	12,600	3,800	20%
	市内交通包车	4,200	4,200	
住宿	套房3晚	9,900	-	
	标准间3晚	-	3,600	
会务	VIP通行证	4,800	-	
	临时会议室租赁	2,400	-	
餐饮	商务宴请基金	6,000	-	15%
	日常餐饮	1,500	900	
应急	医疗备用金	1,200	-	
	技术保障金	800	800	
总计		43,400	13,300	8,500

预算控制机制：

- 采用「红黄绿」三色预警系统（费用达80%触发黄灯预警）
- 开发票时间轴管理表（标注各商户开票周期）
- 汇率波动对冲（若涉及外币支付提前锁定汇率）

三、五级应急响应体系

1. 风险预警雷达

- 实时监控：接入上海交通委数据平台+民航流量系统
- 预警阈值：航班延误>2小时/空气质量指数>150/酒店3公里内重大活动

2. 应急场景处置库

风险等级	场景	响应方案	资源调配
Ⅰ级	总经理突发疾病	启动瑞金医院国际部VIP通道	备用救护车+双语医疗翻译
Ⅱ级	核心文件丢失	启用区块链加密云备份	律师事务所远程公证支持
Ⅲ级	重大行程冲突	启动「Time Broker」计划	临时雇佣当地商务助理代参会
Ⅳ级	设备系统故障	切换华为云灾备系统	签约IT服务商2小时到场承诺
Ⅴ级	社交舆情风险	启动「黑匣子」沟通记录存档	公关团队待命

图 3-17　明确身份定位生成结果截图

第三步：基于业务场景，分析任务需求，向大模型下达"商旅计划制订"指令。

> **指令要点**
> （1）行程安排。
> （2）费用预算。
> （3）商务礼仪。
> （4）应急处理。

【指令3】以下是本次商务旅行的相关信息：
出行时间：10月14日—10月18日，5天4晚
出行预算：20 000元/人
出行人数：2男（分开入住）
出发地：武汉
目的地：上海
出行需求：参加重要行业会议
请参照上述信息制订本次商务旅行计划，并确保计划中包含以下要素。
（1）行程安排：往返机票、住宿、会议期间的交通和餐饮。
（2）费用预算：包括机票、酒店、交通、餐饮等各项费用的详细预算。
（3）商务礼仪：提供会议期间的商务礼仪建议。
（4）应急处理：提供应对可能突发事件的建议。

根据【指令3】，大模型分析任务需求，初步制订商旅计划生成结果截图如图3-18所示。

上海商务旅行规划方案（5天4晚）

出行时间：2025年10月14日-10月18日
出行人数：2位男性（分开入住）
总预算：40,000元（2人） | 人均预算：20,000元

一、行程安排

1. 交通规划

行程	时间/班次	说明
去程航班	10月14日 MU2507 08:30-10:10（武汉天河-上海虹桥）	商务舱1+经济舱1，含快速通道
返程高铁	10月18日 G598 15:00-18:30（上海虹桥-武汉站）	一等座*2，预留车上办公时间
市内交通	7座商务车包车（含司机）	覆盖机场/酒店/会场接送及日常出行

2. 住宿安排

酒店	房型	价格（4晚）	优势说明
主选：浦东嘉里大酒店	豪华大床房*2间	6,400元/人	步行5分钟到上海国际会议中心
备选：雅居乐万豪酒店	行政大床房*2间	5,200元/人	含行政酒廊，便于商务接待

3. 会议期间日程

10月15-17日（会议日）
- 07:30 酒店早餐（预留独立用餐区）
- 08:15 商务车送至会场（备车载咖啡机与简报文件）
- 12:30 工作午餐（预订会场周边餐厅包间，人均150元）
- 18:30 商务晚宴（推荐：浦东丽思卡尔顿中餐厅，预算800元/人）

4. 弹性时间利用
- 10月14日下午：会场踩点 + 设备调试
- 10月18日上午：行业伙伴拜访（预留2小时）

二、费用预算表

类别	明细项	单价（元）	数量	小计（元）	备注
机票	武汉-上海商务舱	2,800	1	2,800	东航早班优选
	武汉-上海经济舱	1,200	1	1,200	
高铁	上海-武汉一等座	600	2	1,200	返程选择高铁保障效率
住宿	嘉里大酒店	1,600/晚	4晚	12,800	含双早+会议室1小时/日
市内交通	商务车包车	800/天	5天	4,000	含司机+油费
餐饮	日常餐饮	150/餐	12餐	3,600	午餐+晚餐
	商务宴请	800/人	2次	3,200	重要客户接待
会议杂费	资料打印/临时设备	-	-	1,000	移动WiFi+紧急文印
应急储备	不可预见费用	-	-	4,200	按总预算10%预留
总计				35,000	人均17,500元，余5,000元弹性空间

三、商务礼仪建议

1. 着装规范
- **会议期间**：深色定制西装 + 纯色领带（备袖扣/丝巾等细节配饰）
- **商务宴请**：可根据餐厅档次调整（法餐需正装，本帮菜可商务休闲）

2. 交流礼仪
- 递名片时双手持卡，收到后默读对方职位再收纳入名片夹
- 避免在会议中接听电话，紧急情况需离席并致歉

3. 会议礼仪
- 提前10分钟到场调试设备，座位选择靠近出口便于临时离场
- 发言时先感谢主办方，数据引用需标注来源

4. 宴请礼仪
- 主宾座位面向包厢门或景观位，忌用筷子指人
- 点菜遵循"冷热荤素汤"搭配，避开动物内脏等争议食材

四、应急处理方案

1. 常见风险应对

风险类型	应对措施
航班延误	预购「延误险」，备选方案：高铁G1722（武汉-上海，4小时直达）
健康问题	随行医疗包（退烧药+胃药+口罩），签约「平安好医生」24小时电话问诊
文件丢失	重要文件加密上传至企业云盘，随身携带纸质文件防水袋
交通堵塞	实时监测高德地图拥堵指数，必要时改用地铁2号线（广兰路-陆家嘴，15分钟）
会议变更	提前与主办方建立单线联络，预留2小时应急响应窗口

2. 紧急联络清单
- **医疗支援**：上海瑞金医院总机 +86-21-64370045（提前报备身份）
- **车辆调度**：神州专车上海紧急热线 1010-1111
- **领事协助**：武汉驻沪办 021-6248-8866

图 3-18　初步制订商旅计划生成结果截图

第四步：基于上述信息，向大模型下达"Excel表格输出商旅计划"指令。

【指令4】请基于前述规划，根据以下信息，撰写一份详尽的商务旅行计划，并以Excel表格的形式输出旅行计划，列标题分别按照日期、行程安排、地点、费用预算等来进行设置。
旅行目的地：上海
往返时间：2025年10月14日至10月18日
会议日程：10月15日下午2点至6点，10月16日上午9点至下午5点，10月17日上午9点至中午12点
预算限制：20 000元/人
输出形式：Excel表格

指令要点
（1）输出形式。
（2）行程要素。
（3）预算限制。
（4）特殊考虑。

根据【指令4】，大模型输出旅行计划表及费用预算明细生成结果截图如图3-19所示。

以下是基于您需求的商务旅行计划Excel表格框架，实际使用时可直接复制到Excel中构建表格并填充数据：

商务旅行计划表（上海）

日期范围：2025年10月14日-10月18日
预算限制：20,000元/人

日期	时间	行程安排	地点	费用预算（元）	备注
10月14日	06:00-08:00	专车接载至武汉天河机场	武汉	200	含司机服务费
	08:30-10:10	航班MU2507（武汉→上海虹桥）	上海虹桥机场	4,000	商务舱1 (2,800) +经济舱 (1,200)
	10:30-11:30	商务车接机至酒店	浦东嘉里大酒店	200	7座商务车含司机
	12:00-14:00	酒店入住+午餐	酒店餐厅	150	简餐标准
	14:00-17:00	会场踩点+设备调试	上海国际会议中心	0	预留设备租赁押金1,000元（会后返还）
	19:00-21:00	商务晚餐	酒店行政酒廊	300	客户预对接
10月15日	07:30-08:30	早餐	酒店餐厅	0	酒店含早
	08:30-09:00	商务车送至会场	上海国际会议中心	100	单程车费
	09:00-12:00	会议准备/自由交流	会场	0	提前布置资料
	12:00-14:00	工作午餐	周边餐厅包间	150	人均标准
	14:00-18:00	正式会议（主办方日程）	会场	0	需佩戴VIP胸牌
	18:30-20:30	商务晚宴	浦东丽思卡尔顿	800	重要客户接待
10月16日	07:30-08:30	早餐	酒店餐厅	0	
	08:30-09:00	步行至会场	上海国际会议中心	0	备雨具

	09:00-12:00	上午会议	会场	0	需提交公司发言稿
	12:00-13:30	自助午餐	会场餐饮区	120	主办方提供
	13:30-17:00	下午会议+行业交流	会场	0	携带电子名片
	18:00-19:30	简餐	酒店客房服务	100	灵活安排
10月17日	07:30-08:30	早餐	酒店餐厅	0	
	08:30-09:00	商务车送至会场	上海国际会议中心	100	
	09:00-12:00	闭幕会议	会场	0	准备即时应答数据包
	12:00-13:30	午餐+退房	酒店餐厅	150	延迟退房至14:00
	14:00-15:00	行业伙伴拜访	陆家嘴金融大厦	300	礼品准备（计入杂费）
10月18日	08:00-12:00	自由活动/紧急事务处理	上海市区	200	备用交通费
	12:00-13:00	午餐	本地特色餐厅	100	
	13:00-14:00	商务车送站	上海虹桥站	200	
	15:00-18:30	高铁G598返程（上海→武汉）	高铁	600	一等座
	18:30-19:00	专车接站至公司/住所	武汉	150	

预算分类汇总表（附加在Excel中）

费用类别	明细项	人均费用（元）	说明
交通	往返机票+高铁	4,600	商务舱+经济舱组合，返程高铁
	市内交通包车	1,250	5天共计5,000元（2人平摊）
住宿	4晚酒店	6,400	嘉里大酒店豪华大床房
餐饮	日常餐饮+商务宴请	2,770	含2次高端宴请
杂费	资料打印/临时设备	500	移动WiFi+紧急文印
应急	不可预见费用	2,100	总预算10%
总计		17,620	剩余2,380元可用于弹性调整

Excel使用说明

1. 表格按日期纵向排列，横向字段包含时间、行程、地点、费用及备注
2. 费用预算列可添加公式自动计算分类汇总（如：**=SUM(D2:D25)**）
3. 高亮关键节点：航班/高铁时间用橙色标注，会议时间用蓝色标注
4. 插入超链接：酒店地址、会场导航链接等可直接跳转至地图

实际执行时，建议冻结首行以便滚动查看，并启用"数据验证"功能控制预算超支预警（如设置条件格式：当单日费用>2,000元时触发红色提示）。

图3-19 大模型输出旅行计划表及费用预算明细生成结果截图

第五步：基于大模型的回答，结合目标需求向大模型下达"准备行李清单"指令。

【指令5】请基于上述信息，按照类别以 Excel 表格的形式，为总经理制订一份详尽清晰的行李清单，包括携带物品及其数量。

指令要点
（1）任务目标。
（2）清单分类。
（3）详细信息。
（4）输出形式。

根据【指令5】，大模型输出行李清单生成结果截图如图3-20所示。

以下是专为总经理制定的商务旅行行李清单Excel表格模板，按功能分类整理关键物品：

总经理商务旅行行李清单

目的地：上海
行程时长：5天4晚（2025.10.14-10.18）

类别	物品名称	数量	备注
证件类	身份证/护照	1	原件+复印件分开放置
	商务名片盒	1	预留30张以上
	信用卡（公务卡）	2	Visa/MasterCard各1张
服装类	定制西装套装	2套	深色系（黑/藏青）
	衬衫	4件	白色2件+浅蓝2件
	正装皮鞋	1双	配便携鞋油套装
	商务休闲装	1套	备用非正式场合
	领带/袖扣	3+2	与西装配色搭配
电子设备类	笔记本电脑	1	含保密锁+电源适配器
	手机+充电宝	1+1	充电宝容量≤20,000mAh
	HDMI转接头	1	兼容4K投影
	加密U盘	2	分别存储通用资料/机密文件
	移动WiFi	1	提前开通企业级流量套餐
办公用品类	皮质笔记本	1	配品牌签字笔
	公司宣传册	5份	中英双语版
	便携印章	1	法人章/签名章
个人护理类	剃须套装	1套	含电动剃须刀+须后水
	护肤品小样	1组	洁面+保湿+防晒（分装瓶）
	香水	1瓶	淡香型（30ml以内）
健康防护类	N95口罩	10只	独立包装
	消毒湿巾	20片	单片包装
	常备药盒	1	胃药/感冒药/褪黑素
	电子体温计	1	便携式
商务礼品类	公司定制礼品	2份	丝巾/签字笔套装（价值≤500元）
其他物品	折叠雨伞	1	酒店备用伞另计
	现金应急包	1	含2,000元新钞（50元面额）
	航空枕+眼罩	1套	真丝材质

模块三 文员智助：大模型在文员工作中的应用

```
Excel表格使用说明
1. 智能校验功能：在"数量"列设置数据验证（仅允许输入整数）
2. 状态标记：
   ○ 已完成：单元格填充绿色
   ○ 待补充：单元格填充黄色
   ○ 需采购：单元格填充红色
3. 分类筛选：启用筛选功能，按类别快速定位物品
4. 便携性优化：添加"行李分区"辅助列（标注：登机箱/托运箱/随身包）

重点物品准备指南
• 证件备份：扫描件加密存储至手机+云盘
• 服装管理：西装用防尘罩悬挂，衬衫加防皱衬纸
• 设备安检：提前72小时测试所有电子设备兼容性
• 药品合规：处方药携带医生证明（中英文版）

建议出发前24小时进行「双人交叉核对」（行政助理对照清单逐项检查确认）。
```

图 3-20　大模型输出行李清单生成结果截图

  智能探索

请结合上述发布的指令内容，梳理出一份用于"制订商务旅行计划"的指令模板，便于后续同类任务快速有效输出。

职业素养

精细规划，从容应对

在现代职场中，高效、细致的商务旅行规划能力是行政助理必备的职业素养。行政助理不仅要具备扎实的专业技能，还要具备高度的责任心和细致入微的工作态度，确保商务旅行安排周密、舒适；同时，要具备良好的成本控制意识，合理预算，体现节约美德。在规划过程中，需关注商务礼仪，展现公司形象；面对突发事件，要具备冷静应对的能力，确保行程安全。

单元 5　薪酬透视：员工薪酬数据的可视化展示

案例背景

作为行政助理，小智负责管理员工的薪酬数据。随着公司规模的扩大，员工人数不断

增加，薪酬结构也日趋复杂。每逢月末，小智均须向管理层提交一份详细的薪酬报告，内容包括各部门薪酬总额、平均薪酬以及薪酬分布状况等关键信息。然而，使用传统表格形式的报告进行数据解读不够直观，管理层难以快速把握薪酬状况。为了提高报告的直观性和易读性，小智决定采用数据可视化技术，将复杂的薪酬数据以图表形式呈现。

请你协助小智，利用大模型和数据分析工具，将员工的薪酬数据转化为清晰、直观的图表，以便管理层能够一目了然地了解公司的薪酬状况，发现潜在的薪酬问题，如薪酬差距、异常波动等，为管理层决策提供数据支持。

现有职工薪酬数据表

指令逻辑

（1）了解背景信息。向大模型提供员工薪酬数据管理的背景信息，帮助大模型理解任务目标。【指令1】

（2）明确角色定位。明确大模型在本次任务中的角色，如数据可视化专家或数据分析助手，并告知其具备的相关技能，如数据分析、图表制作、问题发现等。【指令2】

（3）描述表格信息。向大模型详细描述小智目前使用的薪酬数据表格的内容和结构，以及需要汇总和分析的关键数据点。【指令3】

（4）构建有效问题。明确任务的输出要求，构建具体指令表述，包括但不限于数据透视、数据汇总求和、可视化呈现、操作步骤等核心要素，以便大模型能够提供更精确、更有针对性的分析和可视化结果。【指令4】

（5）持续调校优化。接收大模型生成的薪酬数据可视化初稿，根据实际需要调整优化，确保结果清晰、直观、准确，满足管理层的决策需求。【指令5】

知识链接

数据脱敏

数据脱敏（data masking）是一种通过特定规则和算法对敏感信息进行变形处理的技术，旨在保护个人隐私和商业机密，同时确保数据在非生产环境中的可用性。在薪酬数据管理中，数据脱敏技术可以防止员工的工资、社保账号等敏感信息泄露。DeepSeek利用先进的算法，能够智能识别并自动对敏感字段进行脱敏处理，如将员工姓名替换为随机字符或将具体薪资数值模糊化。这不仅满足了合规性要求，还允许企业在不暴露个人隐私的情况下进行有效的数据分析与测试。

实践演练

第一步：向大模型提供员工薪酬数据管理的背景信息。

指令要点
（1）公司背景。
（2）任务目标。
（3）现有问题。
（4）解决方案。

【指令1】作为行政助理，我负责管理员工薪酬数据，每月须向管理层提交一份详细的薪酬报告，内容包括各部门薪酬总额、平均薪酬以及薪酬分布状况等关键信息。但目前使用的表格形式不够直观。请利用数据可视化技术，将薪酬数据以图表形式展示，提升报告的易读性和决策支持能力。

根据【指令1】，大模型了解背景信息，提供数据可视化方案初步设计生成结果截图如图3-21所示。

数据可视化方案设计

一、目标与需求分析

1. **目标**：
   - 提升薪酬报告的易读性。
   - 增强决策支持能力。
   - 通过图表直观展示薪酬数据。
2. **需求**：
   - 展示各部门薪酬总额。
   - 展示各部门平均薪酬。
   - 展示薪酬分布情况。
   - 可定制、灵活的图表样式。

二、数据源与数据处理

1. **数据源**：
   - 员工薪酬数据表（包括员工ID、姓名、部门、基本工资、奖金、津贴等）。
2. **数据处理**：
   - 数据清洗：确保数据准确性，处理缺失值、异常值。
   - 数据整合：按部门汇总薪酬数据。
   - 数据计算：计算各部门薪酬总额、平均薪酬。

三、可视化工具选择

1. **Excel**：基础图表制作，如柱状图、折线图、饼图等。
2. **Tableau**：高级数据可视化，支持复杂图表和交互式报告。
3. **Power BI**：商业智能工具，适用于数据分析和报告制作。

四、图表类型设计

1. **各部门薪酬总额**：
   - 柱状图：横轴为部门，纵轴为薪酬总额。
   - 可添加数据标签显示具体数值。
2. **各部门平均薪酬**：
   - 折线图：横轴为部门，纵轴为平均薪酬。
   - 可搭配柱状图同时展示。
3. **薪酬分布情况**：
   - 饼图：展示不同薪酬区间的员工占比。
   - 直方图：横轴为薪酬区间，纵轴为员工数量。

五、交互式报告设计

1. **筛选器**：允许用户按部门、时间等筛选数据。
2. **动态图表**：根据用户操作实时更新图表内容。
3. **详细数据查看**：点击图表可查看具体员工薪酬数据。

六、实施步骤

1. **数据准备**：整理和完善薪酬数据表。
2. **工具选择与学习**：根据需求选择合适的可视化工具并学习使用。
3. **图表制作**：根据设计制作各类图表。
4. **报告整合**：将图表整合成完整的报告，添加必要的文字说明。
5. **测试与反馈**：向管理层展示报告，收集反馈并进行调整。

图3-21 提供数据可视化方案初步设计生成结果截图

第二步：明确大模型在本次任务中的角色和相关技能。

> **指令要点**
> （1）角色设定。
> （2）技能要求。

【指令2】你是一位 Excel 专家，具备 Excel 相关全部知识和技能，尤其是公式计算、数据透视表和图表可视化等方面的知识。你明白了吗？

根据【指令2】，明确角色定位生成结果截图如图3-22所示。

是的，我已经完全理解了您提供的"数据可视化方案设计"内容，并且作为一位Excel专家，我具备以下方面的全部知识和技能：

1. 公式计算：
   - 熟练使用各种Excel公式，如SUM、AVERAGE、VLOOKUP、HLOOKUP、INDEX、MATCH等。
   - 能够编写复杂公式进行数据计算、汇总和分析。

2. 数据透视表：
   - 精通数据透视表的创建、配置和优化。
   - 能够使用数据透视表进行数据分组、筛选、排序和计算。

3. 图表可视化：
   - 熟练制作各种Excel图表，如柱状图、折线图、饼图、直方图等。
   - 能够根据数据特点选择合适的图表类型，并进行美化与优化。

4. 交互式报告：
   - 能够在Excel中实现基本的交互功能，如使用筛选器、动态图表等。
   - 熟悉Excel中的控件使用，如按钮、下拉列表等，以增强报告的交互性。

5. 数据处理与清洗：
   - 熟练进行数据清洗，处理缺失值、异常值等。
   - 能够高效地进行数据整合、转换和格式化。

6. 报告整合与呈现：
   - 能够将多个图表和数据分析结果整合成完整的报告。
   - 添加必要的文字说明、注释和标题，使报告更加清晰易懂。

基于这些技能，我将能够协助您实现薪酬数据的有效可视化，提升报告的易读性和决策支持能力。如果您有任何具体问题或需要进一步的帮助，请随时告知。

图3-22　明确角色定位生成结果截图

第三步：向大模型详细描述薪酬数据表格的内容和结构，以及需要汇总和分析的关键数据点。

> **指令要点**
> （1）表格结构。
> （2）数据样本。
> （3）关键数据。

【指令3】现在有一份公司2025年11月的职工薪酬数据表格，A列是序号、B列是员工姓名、C列是部门、D列是职位、E列是应付工资、F列是基本工资、G列是奖金、H列是津贴、I列是养老保险、J列是医疗保险、K列是失业保险、L列是住房公积金、M列是个人所得税、N列是实发工资。你听懂了吗？

根据【指令3】，描述表格信息生成结果截图如图3-23所示。

是的，我已经听懂了您对职工薪酬数据表格的描述。根据您提供的信息，该表格包含以下列：

- A列：序号
- B列：员工姓名
- C列：部门
- D列：职位
- E列：应付工资
- F列：基本工资
- G列：奖金
- H列：津贴
- I列：养老保险
- J列：医疗保险
- K列：失业保险
- L列：住房公积金
- M列：个人所得税
- N列：实发工资

这些数据将为制作薪酬报告提供基础。接下来，我将使用Excel的相关功能，如公式计算、数据透视表和图表可视化等，来处理这些数据并创建可视化报告。

如果您需要我进行特定的数据处理或制作特定的图表，请提供具体的要求，我将根据您的需求进行操作。

图3-23 描述表格信息生成结果截图

第四步：基于上述信息，向大模型下达"利用Excel表格数据透视等功能进行可视化呈现"指令。

指令要点
（1）分析要求。
（2）呈现形式。
（3）操作步骤。
（4）输出标准。

【指令4】请根据以下信息，生成一份详细的薪酬报告，并以图表形式展示：

（1）数据透视：按部门进行数据透视，计算各部门的薪酬总额和平均薪酬。

（2）数据汇总求和：汇总各部门的总薪酬。

（3）使用以下图表类型进行可视化呈现：①柱状图（各部门薪酬总额）。②折线图（平均薪酬趋势）。③饼图（薪酬分布情况）。

（4）操作步骤：请以Excel表格的形式输出报告，确保图表清晰、直观。

大模型生成薪酬报告的过程代码

根据【指令4】，大模型生成职工薪酬可视化图表初稿如图3-24所示。

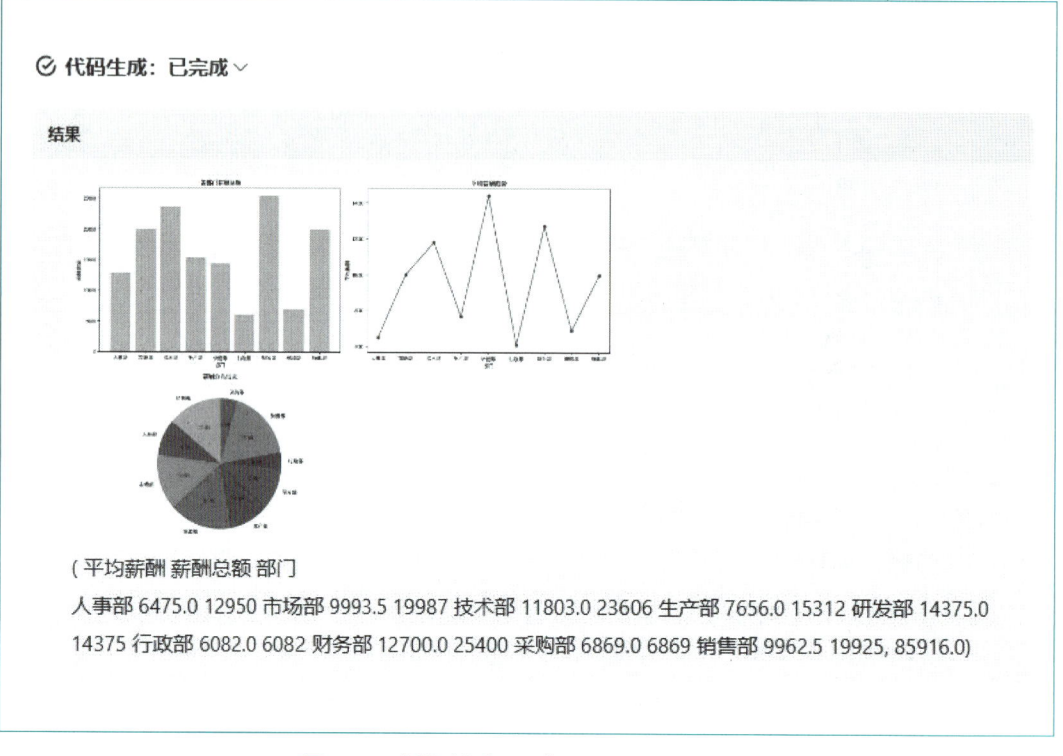

图3-24　大模型生成职工薪酬可视化图表初稿

第五步：接收大模型生成的薪酬数据可视化初稿，根据实际需要调整优化。

【指令5】
（1）请检查报告中是否包含了所有必要的信息。
（2）请确保图表的格式规范，包括标题、图例、数据标签等。
（3）请核实数据的准确性和完整性，确保图表真实反映情况。
（4）请在完成以上3步后，导出最终生成的分析图表。

指令要点
（1）内容审查。
（2）图表核对。
（3）数据验证。
（4）输出结果。

根据【指令5】，大模型校验后的职工薪酬可视化图表如图3-25所示。

数据分布 “实发工资”

约80%的实发工资集中在[5K,12K]区间

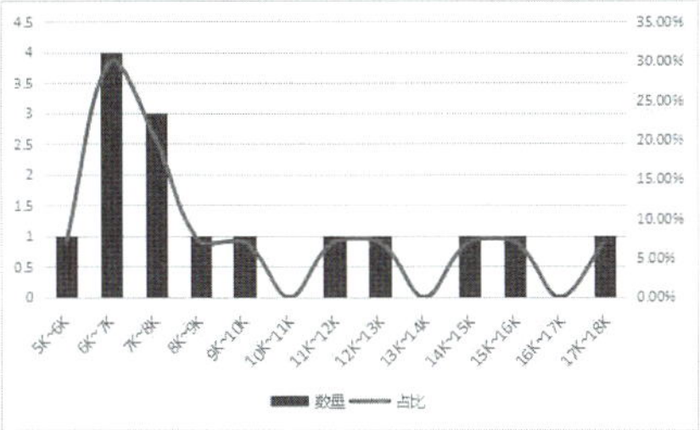

实发工资	数量	占比
5K~6K	1	7.00%
6K~7K	4	30%
7K~8K	3	20%
8K~9K	1	7.00%
9K~10K	1	7.00%
10K~11K	0	0%
11K~12K	1	7.00%
12K~13K	1	7.00%
13K~14K	0	0%
14K~15K	1	7.00%
15K~16K	1	7.00%
16K~17K	0	0%
17K~18K	1	7.00%

构成分析 “实发工资”

各实发工资区间段中，**6K~7K**的占比占比第一

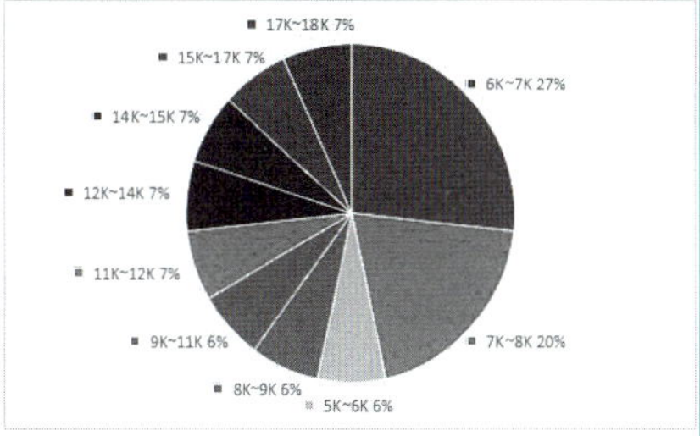

实发工资	数量
6K~7K	4
7K~8K	3
5K~6K	1
8K~9K	1
9K~11K	1
11K~12K	1
12K~14K	1
14K~15K	1
15K~17K	1
17K~18K	1

比较分析 “部门” “实发工资”

实发工资平均值达9546，9个部门中，排名前三的是**研发部**、**财务部**、**技术部**，分别为1.4万、1.27万、1.2万

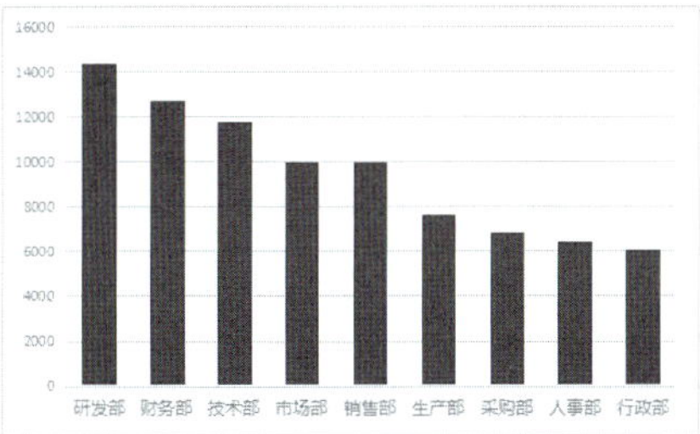

部门	研发部	财务部	技术部	市场部	销售部	生产部	采购部	人事部	行政部
平均值("实	14375	12700	11803	9993.5	9962.5	7656	6869	6475	6082

图 3-25　大模型校验后的职工薪酬可视化图表

智能探索

请结合上述发布的指令内容，梳理出一份用于“员工薪酬数据可视化展示”的指令模板，便于后续同类任务快速有效输出。

职业素养

数据洞察，诚信担当

行政助理除了要妥善完成文书撰写、行程规划等日常工作外，还应具备一定的数据敏感度和分析技能，准确地反映员工薪酬情况，并在数据呈现过程中坚持真实、客观的原则，恪守职业道德，维护员工的隐私权益，体现了对企业和社会的责任感。

单元 6　视觉创想：智能图像创作的无限可能

案例背景

除了日常的行政工作，小智还负责公司的宣传和市场推广任务。随着公司业务的拓展，需要更多富有创意的视觉内容来提升品牌形象并吸引客户。然而，小智在图像设计和创意方面缺乏专业技能，这成为他工作中的一个瓶颈。为了提高工作效率和创意水平，小智决定利用大模型技术进行智能图像创作。他希望通过大模型生成高质量的图像，如宣传海报、产品图片、社交媒体配图等，从而更好地支持公司的市场推广活动。

目前，即梦 AI、通义万相等多模态大模型已经具备了文本生成图像的功能，能够通过扩散模型生成符合商业需求的高质量图像，分辨率可达 4K 级别。请选择一种你认为适用的模型，协助小智实现从创意构思到图像生成的全过程，为公司的市场推广活动提供更多的创意支持。

知识链接

扩散模型

扩散模型（diffusion models）通过逐步添加噪声来学习数据分布，并能够逆向生成新的高质量图像。在智能图像创作中，扩散模型能够基于简单的草图或描述生成复杂且细节丰富的图像内容。DeepSeek 结合即梦平台，利用扩散模型的强大能力，不仅可以快速生成初稿，还能根据反馈进行精细调整，确保最终作品符合创意要求。扩散模型的优势在于其生成的图像不仅逼真且富有创意，同时还能保持高度的灵活性和多样性，满足不同应用场景的需求，极大地提升了图像创作的效率与质量。

指令逻辑

（1）明确创作目标。向大模型明确图像创作的目标和应用场景。【指令1】

（2）提供创作背景。向大模型提供创作的背景信息，包括公司的业务特点、目标受众和市场推广的需求。【指令2】

（3）描述创意构思。向大模型详细描述创意构思，包括图像的主题、风格、色彩、布局等关键要素。【指令3】

（4）审核调整图像。接收大模型生成的图像初稿，进行内容审查、格式核对和细节调整，确保图像符合创意要求。【指令4】

（5）设定图像参数。向大模型提供生成图像的具体参数，包括尺寸、分辨率等。将最终调整好的图像输出并保存，准备实际应用。【指令5】

模块三　文员智助：大模型在文员工作中的应用

第一步：以创作"新产品发布会宣传海报"为例，设定大模型在本次任务中的角色，并向其明确创作目标。

【指令1】作为一位富有想象力、画工精湛的平面设计师，请你设计一张宣传海报，用于星际科技公司的新产品发布会，旨在吸引潜在客户和技术爱好者，展示公司的最新科技成果。

指令要点
（1）创作目标。
（2）应用场景。
（3）产品焦点。
（4）受众定位。

根据【指令1】，明确创作目标生成结果截图如图3-26所示。

> 为了设计一张能够吸引潜在客户和技术爱好者的宣传海报，我们需要考虑一些关键的设计元素和信息。以下是我对这张海报的设计概念：
>
> **主题：未来科技，今日实现**
>
> **1. 色彩方案：**
> - 使用深邃的宇宙蓝作为背景色，象征着无限可能和探索精神。
> - 点缀以亮银色和白色线条，用于展示科技感和未来感。
>
> **2. 图形与图像：**
> - 中央位置放置一个3D渲染的星际飞船或先进的卫星模型，代表公司最新的科技成果。
> - 在产品的周围可以添加一些光束和粒子效果，增加动感和科技氛围。
>
> **3. 文字内容：**
> - 海报顶部用大号字体标明："星际科技新品发布会"，确保一眼就能抓住观众的注意力。
> - 正文部分简短介绍新产品的主要特点和创新点。
> - 在底部清晰地标明发布会的时间、地点，并加入公司的logo和联系方式。
>
> **4. 其他细节：**
> - 可以在海报边缘加上一些简洁的图标，如无线网络符号、地球图案等，进一步强调科技主题。
>
> 基于上述设计概念，我将尝试生成这样的一张宣传海报。

图3-26　明确创作目标生成结果截图

第二步：向大模型提供本次创作的公司背景信息。

指令要点
（1）公司业务。
（2）产品信息。
（3）推广需求。

【指令2】星际科技是一家专注于智能科技产品开发的高科技企业，主要面向年轻消费者和科技爱好者。本次发布会将推出一款全新的智能家居中心设备。该设备集成了最新的物联网技术和人工智能算法，能够实现家庭自动化管理。目标受众是对新技术充满好奇的年轻人，以及寻找高效生活方式的家庭用户，市场推广需求是突出产品创新性和时尚感。请根据上述背景信息，优化宣传海报的设计方案。

根据【指令 2】，提供创作背景生成结果截图如图 3-27 所示。

图 3-27　提供创作背景生成结果截图

第三步：向大模型详细描述你的创意构思。

指令要点
（1）整体风格。
（2）背景设计。
（3）产品展示。
（4）文案内容。

【指令 3】宣传海报应当充满科技感，主色调采用深蓝与银色，营造出未来科技的氛围。背景使用抽象电路板图案，中央位置展示新产品——智能家居中心设备，设备外观简洁时尚，周围有流动的光线效果。海报顶部用醒目的字体写上"掌控未来，从家开始"，底部附上发布会的时间、地点和公司 Logo。发布会时间为 2025 年 11 月 11 日，地点为星际科技公司大礼堂。

根据【指令 3】，大模型生成宣传海报初稿，其中存在文字乱码等问题，在"第四步"中继续调整。

宣传海报
初稿

第四步：审核并调整大模型生成的图像初稿。

> **指令要点**
> （1）图像内容审核。
> （2）技术参数确认。
> （3）优化调整建议。

【指令4】
（1）请检查图像中的产品是否清晰可见，背景是否与主题相符，文字是否易读。
（2）请确认图像的分辨率是否为1920×1080像素，文件格式是否为PNG。
（3）如果产品周围的光线效果不够明显，请适当增加亮度；如果文字不易阅读，请调整字体大小和颜色。

根据【指令4】，大模型审核调整海报图像。

第五步：向大模型提供生成图像的具体参数，输出并保存图像。

审核调整海报图像

【指令5】生成图像的尺寸为1920×1080像素、分辨率为600 dpi，格式为PNG。确保图像清晰度高，适合在大型LED显示屏和社交媒体平台上展示。

> **指令要点**
> （1）图像尺寸。
> （2）应用场景。
> （3）质量要求。

根据【指令5】，大模型最终生成海报图像。

最终生成海报图像

智能探索

请结合上述发布的指令内容，梳理出一份用于"图像创作"的指令模板，便于后续同类任务快速有效输出。

职业素养

创意与责任并重

文员需具备一定的创新思维和审美素养，通过智能图像创作来体现公司文化和社会价值观。在创作过程中，应坚持传播正能量，维护知识产权，尊重原创精神，体现对企业的责任感。同时，应不断提升个人的创意和技术能力，并在图像创作中贯彻正确的价值导向，为公司的品牌建设作出贡献。

单元 7 情感传递：节日祝福视频的自动化生成

案例背景

春节将至，公司计划制作一系列节日祝福视频，以增强员工凝聚力，同时也向客户表达诚挚的祝福和感谢。然而，手动制作视频不仅耗时耗力，而且难以满足个性化需求。为了提高效率和创意，小智提议使用智能视频生成技术来自动化制作节日祝福视频。公司领导非常支持这一想法，决定让小智负责这个项目。

请选择一种你认为适用的模型，协助小智完成节日祝福视频的自动化生成，为公司开启全新的节日祝福方式。

指令逻辑

（1）明确创作背景。明确大模型在此次任务中的角色定位，并提供公司背景信息，以确保视频内容与公司文化和品牌形象保持一致。【指令1】

（2）设定创作目标。告知大模型视频创作的节日主题和目标受众，以便大模型准确把握任务的具体要求。【指令2】

（3）描述创意构思。详细描述视频的基本构架和风格要求，明确视频中的关键元素和情感导向，涵盖主题、风格、色彩、布局等方面。【指令3】

（4）审核调整视频。接收大模型生成的视频初稿，进行审查并做出相应调整，直至视频内容完全符合创意要求。【指令4】

（5）设定视频参数。向大模型提供生成视频所需的具体技术参数，包括尺寸、时长、分辨率、帧率和文件格式，以确保视频质量满足实际应用需求。【指令5】

实践演练

第一步：明确角色定位和公司背景，帮助大模型理解公司文化和品牌形象。

指令要点
（1）角色定位。
（2）公司背景。
（3）内容要求。

【指令1】作为智能视频生成专家，你的任务是辅助创作团队生成高质量的节日祝福视频。创作团队所在公司是一家专注于智能科技产品开发的高科技公司，主要面向年轻消费者和科技爱好者，注重创新、时尚和科技感。生成的视频内容须与公司文化和品牌形象相符，传递温暖和真诚的情感。

根据【指令1】，明确创作背景生成结果截图如图 3-28 所示。

> 为了创作一个与贵公司文化和品牌形象相符的高质量节日祝福视频，我们可以遵循以下步骤和建议来确保视频既能够传递温暖和真诚的情感，又能体现创新、时尚和科技感：
>
> **1. 视频主题确定**
> - **融合品牌元素**：以"智能科技连接你我，共享美好时光"为主题，强调通过智能技术让人们的联系更加紧密，生活更加便捷。
> - **节日氛围营造**：根据不同的节日（如春节、圣诞节等），融入相应的传统元素，同时保持现代科技风格。
>
> **2. 内容创意设计**
> - **开场震撼**：使用高科技视觉效果作为开场，比如3D动画展示公司的标志性产品或logo，迅速吸引观众注意。
> - **故事叙述**：讲述一个简短但感人至深的故事，可以通过虚拟角色或真实用户案例展现如何通过公司的产品拉近了人与人之间的距离。
> - **情感共鸣**：在视频中加入一些温馨的瞬间，比如家人团聚、朋友间分享快乐时刻的画面，增强观众的情感共鸣。
> - **未来展望**：结尾部分可以是对未来的憧憬，表达出公司致力于创造更美好的明天，以及对观众的美好祝愿。
>
> **3. 视觉风格和技术应用**
> - **视觉效果**：采用高清晰度、流畅的转场效果，以及富有科技感的颜色搭配（如蓝色、银色）。
> - **互动体验**：如果条件允许，可以考虑加入AR/VR等互动元素，让观众有更加沉浸式的观看体验。
> - **音乐与音效**：选择节奏明快且具有节日气氛的背景音乐，并适当添加一些科技感十足的音效，如机器启动声、数据流声音等。
>
> **4. 分享与推广策略**
> - 制作完成后，除了在公司官网、社交媒体平台发布外，还可以考虑与知名科技博主合作，进行联合推广。
> - 鼓励员工及早分享视频给亲朋好友，扩大影响力。
>
> 通过上述步骤，相信可以制作出既符合公司形象又充满温情的节日祝福视频。希望这些建议能帮助到您！

图 3-28　明确创作背景生成结果截图

第二步：设定创作目标，确定视频的节日主题和目标受众。

指令要点
（1）节日主题。
（2）目标受众。
（3）核心信息。
（4）应用场景。

【指令2】视频的节日主题是春节，目标受众是公司员工、客户和合作伙伴。主要传达节日祝福，增强团队凝聚力，传递公司文化和价值观。应用场景包括公司内部活动、客户关系维护和社交媒体分享。视频需体现春节的喜庆氛围和公司的诚挚祝福，同时满足受众的观赏习惯和情感需求。

根据【指令2】，设定创作目标生成结果截图如图 3-29 所示。

> 针对春节这一特定节日主题，面向公司员工、客户和合作伙伴制作的节日祝福视频，可以按照以下构思来打造：
>
> 1. 视频开场
>   - **科技感与春节元素结合**：以一段富有科技感的动画开场，比如使用公司的标志性产品或logo作为起点，逐渐演变成传统的春节图案（如红包、福字、鞭炮等），巧妙地将现代科技与传统佳节融合在一起。
>
> 2. 内容设计
>   - **团队风采展示**：通过剪辑展示公司内部丰富多彩的活动场景，包括但不限于年会、团队建设等，强调团队凝聚力和积极向上的企业文化。
>   - **真诚祝福传递**：由公司高层领导及各部门代表出镜，送上对全体员工、尊贵客户以及合作伙伴的新春祝福。这部分内容应注重情感的真实流露，让观众感受到来自公司的诚挚心意。
>   - **回顾与展望**：简短回顾过去一年的成绩，并对未来的发展表达美好的期待。可以通过数据可视化的方式呈现公司的成长，同时加入一些激励人心的话语。
>
> 3. 春节特色融入
>   - **传统文化表现**：在视频中适当穿插一些春节的传统习俗，如写春联、贴窗花、包饺子等，既增添了节日气氛，又能让观众感受到浓厚的文化底蕴。
>   - **红色为主色调**：利用红色作为主色调，因为在中国文化中，红色象征着好运和繁荣，非常适合用来庆祝春节。
>
> 4. 结尾部分
>   - **互动邀请**：鼓励观看者在评论区留言分享自己的新年愿望或者对公司未来的期望，增加互动性。
>   - **社交媒体扩散**：提醒观众关注公司的官方社交媒体账号，以便获取更多关于春节的精彩内容和后续活动信息。
>
> 5. 分发策略
>   - **多渠道发布**：除了在公司官网和社交媒体平台上发布外，还可以通过电子邮件直接发送给客户和合作伙伴，增强个人化触达。
>   - **定制化版本**：根据不同受众群体的特点，准备几个版本的视频（例如针对员工的版本可以更加轻松活泼；而面向客户的版本则更侧重于专业性和合作诚意）。
>
> 这样一部充满春节喜庆氛围且体现了公司文化和价值观的视频，不仅能够有效传达节日祝福，还能加深员工之间的情感联系，增进与客户和合作伙伴的关系。

图3-29 设定创作目标生成结果截图

第三步：构架视频内容，向大模型描述视频的风格、色彩、布局和情感导向。

> 【指令3】视频构架包括热闹的开场白、温馨的春节祝福语、公司过去一年的成就展示和充满希望的结尾寄语，整体风格为现代且富有科技感，色彩以红色和金色为主，突出春节元素和公司产品，情感导向为温暖、感恩和展望未来，营造浓厚的春节氛围。

指令要点
（1）视频构架。
（2）风格色彩。
（3）布局规划。
（4）情感导向。

根据【指令3】，大模型生成视频初稿。

第四步：审查视频初稿，提出调整意见。

【指令4】请优化春节元素的呈现，确保视频背景与春节主题相符，文字易读且字体大小和颜色合适，并适当增加亮度。

指令要点
（1）内容审核。
（2）调整建议。

视频初稿

根据【指令4】，大模型调整视频初稿。

第五步：向大模型确定视频的技术参数和格式，输出并保存视频。

【指令5】视频尺寸为1 920×1 080像素，时长为6秒，分辨率为1 080 p，帧率为30 fps，文件格式为MP4，确保导出后的视频质量优良，适合在各种平台上展示。

指令要点
（1）技术参数。
（2）文件格式。
（3）导出质量。

根据【指令5】，大模型最终输出节日祝福视频。

节日祝福视频

 知识链接

文本到视频生成技术

文本到视频生成技术是一种利用自然语言处理和计算机视觉技术，将文字描述转化为动态视频内容的前沿科技。这种技术通过分析输入的文本信息，自动创建出与之匹配的高质量视频片段，极大地提升了内容创作的效率和创意性。在节日祝福视频的自动化生成中，文本到视频生成技术能够根据用户提供的具体场景描述、情感导向以及设计元素，快速生成符合预期效果的视频作品。以DeepSeek和即梦AI协作为例：DeepSeek通过先进的自然语言处理能力，解析并理解用户的创意构思和具体需求，生成详细的视频制作提示语。这些提示语不仅包含了视频的主题、风格、色彩等关键要素，还涵盖了具体的视觉细节和过渡效果。接下来，即梦平台利用这些提示语，基于预训练的生成模型，自动生成高质量的视频片段。例如，在公司春节祝福视频的制作过程中，DeepSeek可以生成包含"热闹的开场白""温馨的春节祝福语""公司过去一年的成就展示"和"充满希望的结尾寄语"的详细提示语；而即梦平台则根据这些提示语，生成一个现代且富有科技感、以红色和金色为主色调、突出春节元素和公司产品的视频。

智能探索

请结合上述发布的指令内容，梳理出一份用于"生成节日祝福视频"的指令模板，便于后续同类任务快速有效输出。

职业素养

价值共创，传递温情

作为称职的行政助理，我们必须确立正确的职业道德观念，通过制作节日祝福视频传递温馨与真诚的情感，积极推广社会主义核心价值观。在创作过程中，我们应重视用户体验，确保视频内容与受众紧密相连，以增强情感上的共鸣。此外，我们还需持续提升自身的创意和技术水平，以确保视频作品的质量达到高标准，从而为公司和客户创造更大的价值。

即学即用

各任务背景资料

请以公司文员的身份，使用 DeepSeek 等模型完成以下工作任务。请自行选用 1~2 种你认为合适的模型，如选择使用推理模型完成任务，可根据实际需要略过角色定位相关步骤。

任务 1 优化个人简历

作为一名求职者，你希望借助大模型技术优化自己的简历。请根据以下步骤设计指令，优化简历。

（1）了解背景信息：向大模型提供你的详细信息及求职意愿。
（2）明确角色定位：为大模型设定一个具体的角色，如"资深 HR"。
（3）分析任务需求：指导大模型对简历进行全面梳理与优化升级。
（4）持续调校优化：根据回答结果不断调整指令，进一步优化简历。

任务 2 生成微博文案

你希望在微博上分享公司最新推出的环保产品系列。请根据以下步骤设计指令，生成微博文案。

（1）了解背景信息：向大模型介绍微博的特点和受众偏好。
（2）明确角色定位：为大模型设定一个具体的身份，如"环保产品推广专家"。
（3）分析任务需求：指导大模型提炼关键词并概述核心内容。
（4）构建有效问题：要求大模型撰写引人注意的微博文案。
（5）持续调校优化：根据回答结果不断调整指令，确保文案更符合需求。

任务 3 拟写招聘启事

你需要为公司拟写一份招聘启事，以吸引合适的候选人。请根据以下步骤设计指令，生成招聘启事。

（1）确定文书需求：向大模型传达具体的文书任务需求。
（2）提供背景信息：向大模型提供招聘相关的详细背景信息。
（3）引导模型创作：指导大模型进入特定的角色和场景。
（4）细化创作要求：向大模型详细说明其回答需要注意的事项。

（5）持续优化调整：基于回答结果进行内容审查、格式核对和语言润色。

任务 4　规划商务旅行计划

你需要为总经理规划一次前往深圳与重要客户洽谈的商务旅行。请根据以下步骤设计指令，生成详细的商旅计划。

（1）了解背景信息：向大模型提供商务旅行的背景信息。

（2）明确角色身份：为大模型设定一个具体的角色，如"智能旅行规划师"。

（3）商旅计划制订：指导大模型制订详细的商旅计划，包括具体的行程安排和相关信息。

（4）补充行程信息：提供详细的行程安排，确保所有活动都有条不紊地进行。

（5）Excel 表格输出：要求大模型以 Excel 表格形式输出旅行计划。

任务 5　薪酬数据可视化

你负责管理员工的薪酬数据。请根据以下步骤设计指令，生成薪酬数据可视化图表。

（1）了解背景信息：向大模型提供员工薪酬数据管理的背景信息。

（2）明确角色定位：为大模型设定一个具体的角色，如"数据可视化专家"。

（3）描述表格信息：向大模型详细描述薪酬数据表格的内容和结构。

（4）构建有效问题：要求大模型生成详细的薪酬报告，并以图表形式展示。

（5）持续调校优化：接收大模型生成的薪酬数据可视化初稿，根据实际需要调整优化。

任务 6　设计用户手册封面图像

你需要为公司即将推出的新产品设计一套用户手册封面。请根据以下步骤设计指令，生成用户手册封面图像。

（1）明确创作目标：向大模型明确图像创作的目标和应用场景。

（2）提供创作背景：向大模型提供创作的背景信息。

（3）描述创意构思：向大模型详细描述创意构思。

（4）审核调整图像：接收大模型生成的图像初稿，进行内容审查、格式核对和细节调整。

（5）设定图像参数：向大模型提供生成图像的具体参数。

任务 7　制作中秋节祝福视频

你需要制作一段中秋节祝福视频，以增强员工之间的凝聚力并向客户表达诚挚的祝福。请根据以下步骤设计指令，生成中秋节祝福视频。

（1）明确创作背景：明确大模型的角色定位，并提供公司背景信息。

（2）设定创作目标：向大模型明确指出视频创作的节日主题和目标受众。

（3）描述创意构思：详细描述视频的基本构架和风格要求。

（4）审核调整视频：接收大模型生成的视频初稿，进行审查并做出相应调整。

（5）设定视频参数：向大模型提供生成视频所需的具体技术参数。

模块四

高效办公：
大模型在日常办公中的应用

模块导学

在日常办公活动中，高效与精准是每个岗位追求的目标。然而，烦琐的事务性工作往往会占据大量时间，影响整体工作效率。随着人工智能技术的不断进步，日常事务性工作正从人工操作转向人机协同。本模块将系统介绍如何利用大模型优化日常工作流程，提升办公效率，内容涵盖撰写工作邮件、规划工作日程、安排会务工作、管理员工考勤、生成分析报告以及自动制作PPT等核心场景。通过学习本模块，你将掌握一系列工具和方法，助力高效工作。

职业目标

掌握大模型在日常办公中的高效应用，实现办公流程的智能化和自动化。培养能够灵活运用现代信息技术解决实际问题的复合型人才。提高工作效率，减少人为错误，提升职业竞争力。在实践中培养人机协作思维，掌握安全操作技能，形成严谨的工作态度。

模块四　高效办公：大模型在日常办公中的应用

 知识导航

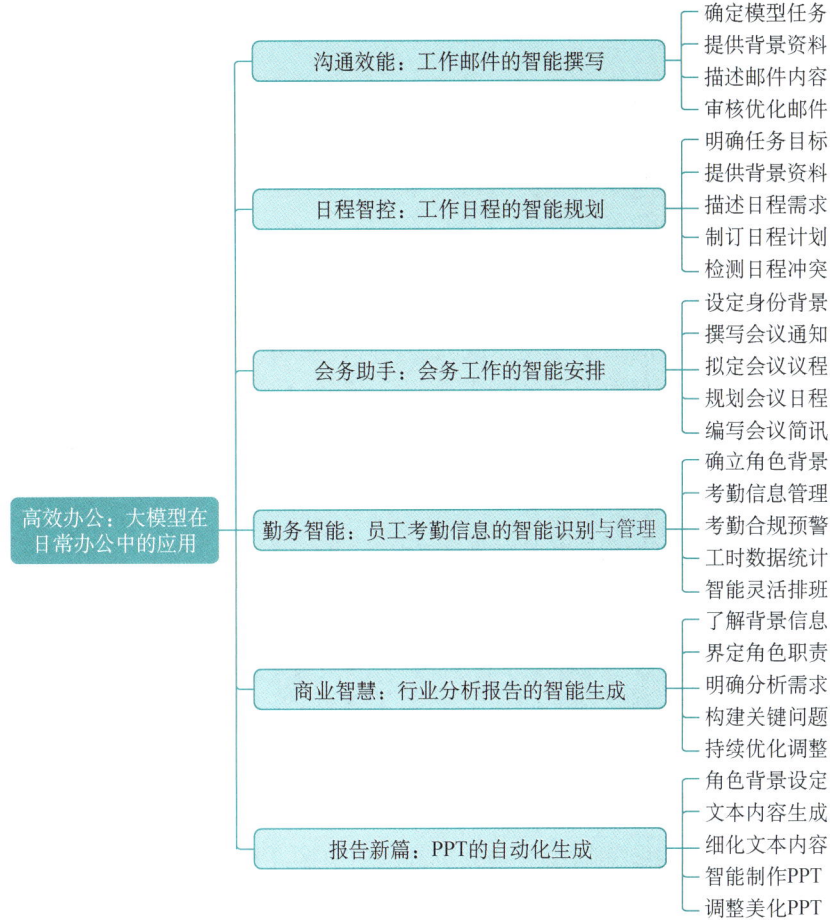

单元 1　沟通效能：工作邮件的智能撰写

案例背景

作为一名职场新人，小智每天都需要处理内部通知、会议安排、客户沟通等大量工作邮件。手动撰写邮件不仅耗费时间，而且容易出错，尤其是在处理大量邮件时，很难保证每封邮件都能符合公司的专业标准。为了提升工作效率和邮件质量，小智决定利用大模型技术来实现工作邮件的智能化撰写。

请选择一种你认为适用的模型，以撰写内部通知为例，协助小智高效完成邮件撰写任

111

务，确保邮件内容准确、专业，使小智能够从繁忙的日常工作中抽身出来。

指令逻辑

（1）确定模型任务。明确大模型在任务中的角色，如擅长撰写工作邮件的资深行政助理，并告知其任务是协助小智高效完成工作邮件撰写。【指令1】

（2）提供背景资料。向大模型提供相关背景资料，包括邮件类型、目的、接收对象等信息，确保大模型准确理解任务要求。【指令2】

（3）描述邮件内容。详细描述邮件的内容框架和风格要求，包括标题、正文、附件及签名等，并提供邮件内容要点，如会议时间、地点、参会人员等关键信息。【指令3】

（4）审核优化邮件。检查大模型生成的工作邮件初稿，确保信息准确、格式规范、附件完整，必要时进行适当修改，直至邮件内容完全符合要求。【指令4】

实践演练

第一步：明确大模型的角色及其工作任务。

【指令1】作为经验丰富的行政助理，你的任务是根据我提供的信息，高效撰写准确、专业的工作邮件。明白了吗？

指令要点
（1）角色定位。
（2）任务目标。
（3）内容要求。

根据【指令1】，确定模型任务生成结果截图如图4-1所示。

明白了。作为您的行政助理，我会根据您提供的信息，帮助您撰写专业、准确的工作邮件。请您告诉我邮件的具体要求和内容要点，我会尽力满足您的需求。比如收件人、主题、正文内容、期望达到的目的等信息。请随时告知我具体细节。

图4-1 确定模型任务生成结果截图

第二步：向大模型提供与工作邮件撰写相关的背景资料。

【指令2】本次邮件类型为内部通知，目的是通知员工参加季度总结会议，接收对象为公司全体员工。

指令要点
（1）邮件类型。
（2）邮件主题。
（3）接收对象。

根据【指令2】，大模型生成工作邮件草稿截图如图4-2所示。

模块四 高效办公：大模型在日常办公中的应用

> **主题：关于参加季度总结会议的重要通知**
>
> 公司全体员工：
>
> 大家好！
>
> 随着本季度的各项工作即将圆满结束，为了全面回顾总结本季度的成果与经验，明确下一步的工作方向和目标，公司决定召开季度总结会议。现将有关事项通知如下：
>
> **一、会议时间**
>
> XXXX年XX月XX日（星期X）上午9:00-11:30
>
> **二、会议地点**
>
> 公司大会议室（XXX楼XXX室）
>
> **三、参会人员**
>
> 公司全体员工
>
> **四、会议议程**
>
> 1. 各部门负责人汇报本季度工作完成情况及亮点成果；
> 2. 分析存在的问题与不足，提出改进措施；
> 3. 公司领导发表讲话，部署下一季度重点工作；
> 4. 互动交流环节，员工可提出建议和疑问。
>
> **五、相关要求**
>
> 1. 请各部门提前准备好本季度的总结报告，确保内容详实、数据准确；
> 2. 请全体员工准时参会，如有特殊情况无法参加，请提前向直属上级请假；
> 3. 会议期间请保持手机静音，积极参与讨论。
>
> 季度总结会议是公司重要的集体活动，也是我们共同学习、共同进步的重要平台。希望大家高度重视，积极参与，共同为公司的持续发展贡献力量。
>
> 感谢大家的支持与配合！
>
> 祝工作顺利！
>
> 行政部 XXXX年XX月XX日

图 4-2　大模型生成工作邮件草稿截图

第三步：向大模型详细描述邮件的内容框架和风格要求，并提供邮件内容要点。

> **指令要点**
> （1）会议详情。
> （2）注意事项。
> （3）风格要求。
> （4）联系方式。

【指令3】邮件标题：关于第四季度总结会议的通知

正文：会议定于2024年12月15日14:00—16:00，在公司大会议室举行，全体员工参加。议程包括总结本季度工作成果及讨论下季度计划。请准时参加，特殊情况须提前通知。

附件：会议议程详细文档

签名：小智，行政助理，联系电话：123-456-7890

邮箱：zhi@xingjiotech.com

根据【指令 3】，大模型重新生成工作邮件草稿截图如图 4-3 所示。

图 4-3　大模型重新生成工作邮件草稿截图

第四步：根据目标需求，向大模型下达"进一步调校优化"指令，优化工作邮件初稿。

> **指令要点**
> （1）信息准确。
> （2）格式规范。
> （3）附件齐全。
> （4）用语专业。

【指令 4】
（1）请确认会议时间、地点、议程等信息无误。
（2）确保邮件格式符合公司标准，包括标题、正文、附件及签名等部分。
（3）确认所有必要的附件已附上。
（4）确保邮件语言正式、专业，符合公司文化和标准。

根据【指令 4】，审核优化邮件生成结果截图如图 4-4 所示。

模块四　高效办公：大模型在日常办公中的应用

请再次确认以下几点：
1. **会议时间**：2024年12月15日 14:00-16:00
2. **会议地点**：公司大会议室
3. **会议议程**：已列出，包括开场、工作成果展示、工作计划讨论、互动交流等环节
4. **注意事项**：已明确要求准时参加及手机静音
5. **附件**：会议议程详细文档已附上（请确认实际附件是否已添加）
6. **邮件格式**：符合公司标准，包括标题、正文、附件及签名等部分
7. **语言风格**：正式、专业，符合公司文化和标准

如果一切无误，您可以直接发送这封邮件。如果有任何需要进一步调整的地方，请随时告知我。

图 4-4　审核优化邮件生成结果截图

 知识链接

自然语言生成技术

自然语言生成技术（natural language generation, NLG）通过编码器-解码器架构将结构化数据转化为自然语言文本。在邮件撰写场景中，该技术可解析用户输入的关键词（如"会议通知"），自动生成符合语法规范的完整句子。以 DeepSeek 为例：首先，DeepSeek 通过分析大量的历史邮件样本，学习不同类型邮件的语言模式和常用表达方式。其次，基于用户提出的具体要求，自动生成符合预期的高质量邮件草稿。最后，DeepSeek 还支持多轮迭代优化，用户可以根据反馈对生成的邮件进行微调，进一步提升邮件的质量和适用性。

 智能探索

请结合上述指令，梳理出一份用于"撰写工作邮件"的指令模板，便于后续同类任务快速有效输出。

职业素养

精准沟通，专业表达

职业人士需具备清晰、准确、高效的表达能力，确保信息传递无误。这要求我们注重邮件的格式规范、语言精炼和内容针对性，同时保持专业、礼貌的交流态度。通过不断提升撰写工作邮件的技能，我们能够有效提升沟通效率，减少误解，并树立良好的职业形象。精准沟通不仅体现了职业素养，更是职场成功的关键因素。

单元 2　日程智控：工作日程的智能规划

案例背景

小智负责协调公司内部会议安排、项目进度跟踪以及高管的日程管理。随着公司业务的不断扩展，小智需要处理的日程安排越来越多，手动管理日程不仅耗时耗力，还容易出现疏漏和冲突。在安排一次重要的客户会议时，小智未能留意到一位关键参与者的既定行程与会议时间冲突，影响了会议的进行。为了提高工作效率并减少错误，小智决定采用智能日程规划工具，利用大模型技术自动识别并解决日程冲突，优化日程安排。

请选择一种你认为适用的模型，以总经理的日程管理为例，协助小智更高效地管理日程，确保所有会议和活动都能顺利进行，减轻他的工作负担。

指令逻辑

（1）明确任务目标。明确大模型的角色是一位精通日程规划的资深秘书，其任务是协助小智高效管理总经理的日程，包括会议、商务活动、客户拜访等事项。同时明确总经理日程管理的核心目标，如优化时间分配、确保重要会议优先等。【指令1】

（2）提供背景资料。提供总经理日程安排的背景资料，包括常规会议类型、参与人员、常用时间段、地点、议程等详细信息。同时，告知总经理的个人工作习惯、优先级偏好和不可变动的时间段。【指令2】

（3）描述日程需求。详细描述具体日程需求，包括会议时间、地点、参与者、议程等关键信息。明确总经理的特殊需求，如预留决策时间、避免连续密集会议等。强调自动识别和解决日程冲突的需求，确保总经理的日程安排无冲突且合理。【指令3】

（4）制订日程计划。制订日程安排的计划，确保计划格式规范，信息详尽，并包含所有必要的细节。日程计划应包括所有已知的会议和活动，并符合总经理的工作习惯和优先级设置。【指令4】

（5）检测日程冲突。自动检测日程计划中可能存在的冲突，包括时间重叠、地点不可用、参与者无法参加等。提供解决方案，如调整会议时间、合并相关议题等，并优先确保关键日程的安排。【指令5】

实践演练

第一步：设定大模型角色并明确本次任务目标。

【指令1】作为资深秘书，你的任务是协助我高效管理张总的日程，包括会议、商务活动、客户拜访等事项。核心目标是优化时间分配，确保重要会议和商务活动优先安排。你明白了吗？

指令要点
（1）角色定位。
（2）主要任务。
（3）核心目标。

根据【指令1】，明确任务目标生成结果截图如图4-5所示。

> 明白了。作为您的助手，我将致力于帮助您高效地管理张总的时间，确保所有活动特别是重要会议和商务活动能够得到优先安排。为了更好地开展这项工作，请允许我了解一些基本信息：
>
> 1. 张总日常工作的主要时间段（比如是否偏好早起、午休习惯等）。
> 2. 需要特别注意的任何个人偏好或限制条件（例如对某些食物过敏，在特定时间需要避免安排会议等）。
> 3. 当前已经确定的重要会议、商务活动或是客户拜访的具体信息（包括日期、时间、地点及参与人员等）。
> 4. 与张总沟通的最佳方式是什么？是通过电子邮件、电话还是其他形式？
> 5. 是否有特定的工具或软件用于日程管理？如果没有，您是否有兴趣尝试使用特定的日程管理工具？
>
> 这些信息有助于我更准确地规划，并确保所做安排符合实际需求。当然，如果还有其他方面需要考虑的话，也请一并告知。

图4-5　明确任务目标生成结果截图

第二步：提供大模型所需基本信息，告知总经理的个人工作习惯、优先级偏好和不可变动的时间段。

指令要点
（1）基本信息。
（2）工作习惯。
（3）优先级别。
（4）固定安排。

【指令2】
（1）张总的日常工作时间为早上8点至晚上7点。但作为高层管理者，他经常需要应对紧急事务和参加国际会议，实际工作时间可能延长。
（2）张总通常不在周末安排正式会议或活动，确保休息和个人时间不受打扰。此外，周五下午尽量减少会议安排，便于团队成员整理本周工作，为下一周做好准备。
（3）本月重要事项包括：
每月第一个周一上午9:00—11:00，参加董事会例会。
每月第三个周三下午2:00—4:00，参加行业研讨会。
本月15日全天，计划访问上海主要合作伙伴。
（4）张总偏好高效会议，时间通常限制在1小时内。若议题多，建议分次讨论或采用站立会议加速决策。战略规划会议时间可适当延长。
（5）张总对不同活动有特定偏好。
内部会议：提倡开放讨论，促进部门合作；强调结果导向，避免形式主义。
外部商务洽谈：重视长期合作而非短期利益；关注对方文化背景和商业习惯。
客户拜访：优先面对面交流，理解客户需求；拜访后总结反馈给相关团队。

（6）张总重视个人健康与兴趣爱好。每天早晨7:00—8:00进行晨跑或其他形式的身体锻炼。每周至少保留一天晚上用于家庭活动或个人兴趣，如阅读、听音乐，维持工作生活平衡。你明白了吗？

根据【指令2】，提供背景资料生成结果截图如图4-6所示。

> 非常感谢您提供的详细信息，这将极大地帮助我为张总制定一个高效且平衡的日程安排。根据您的描述，我已经整理出以下几点来优化张总的日程管理：
>
> 1. 日常工作时间与偏好
> - **工作时间段**：8:00至19:00，考虑到可能的跨国沟通需求，实际工作时间可能会有所延长。
> - **个人时间**：每天7:00-8:00进行身体锻炼；每周至少保留一个晚上用于家庭活动或个人兴趣。
>
> 2. 会议安排原则
> - **避免周末及周五下午安排正式会议**，以保证休息和个人时间。
> - **会议时长控制在1小时内**，对于特别重要的战略规划类会议可适当放宽。
> - **鼓励开放性讨论**和跨部门协作，同时强调结果导向。
> - 对于外部商务洽谈，注重长期合作关系的建立，考虑对方的文化背景和商业习惯。
> - 客户拜访优先采用面对面交流方式，并确保每次访问后都有反馈总结。
>
> 3. 已知重要事项
> - 每月第一个星期一上午9:00-11:00，董事会例会。
> - 每月第三个星期三下午14:00-16:00，参加行业研讨会。
> - 本月15日全天，访问上海的主要合作伙伴。
>
> 4. 时间管理建议
> - **灵活调整非关键任务的时间安排**，确保不影响上述重要事项。
> - 在张总的工作日中穿插短暂休息时间，如午餐后的轻松散步等，有助于提高工作效率。
> - 利用高效的工具（例如Google Calendar、Microsoft Outlook等）来管理日程，设定提醒并保持更新。
> - 对于紧急事务或国际会议，尽量提前规划，预留足够缓冲时间处理不可预见的情况。
>
> 接下来，我们可以开始具体规划本月的日程了。请问是否有其他特定的日期或事项需要加入到日程中？或者我们是否可以直接基于以上信息开始制定详细的日程表呢？

图4-6 提供背景资料生成结果截图

第三步：列出需要大模型规划的具体行程信息，明确总经理的特殊需求，强调自动识别和解决日程冲突，确保日程安排合理无冲突。

【指令3】请根据我提供的行程资料，合理规划张总下周日程。确保每天有至少1小时的决策时间，避免安排连续三场以上的密集会议。同时，识别并妥善处理任何可能出现的日程冲突。

指令要点
（1）日程输入。
（2）信息整合。
（3）特殊需求。
（4）冲突识别。

模块四 高效办公：大模型在日常办公中的应用

根据【指令 3】，大模型初步规划日程安排生成结果截图如图 4-7 所示。

行程资料

```
张总下周日程安排
周一
• 07:00-08:00 晨跑/身体锻炼
• 08:00-09:00 决策时间/准备工作
• 09:00-11:00 董事会例会
• 11:00-12:00 决策时间/休息
• 12:00-13:00 午餐
• 13:00-14:00 休息/简短决策时间
• 14:00-15:30 产品路线图规划会议
• 15:30-16:00 茶歇/决策时间
• 16:00-17:00 与研发部门负责人一对一会谈
• 17:00-18:00 决策时间/处理紧急事务

周二
• 07:00-08:00 晨跑/身体锻炼
• 08:00-09:00 决策时间/准备工作
• 09:00-10:00 决策时间/处理紧急事务
• 10:00-11:00 与市场部负责人李经理讨论新品发布计划
• 11:00-12:00 决策时间/休息
• 12:00-13:00 午餐
• 13:00-14:00 休息/简短决策时间
• 14:00-15:00 跨部门协调会议
• 15:00-16:00 决策时间/处理紧急事务
• 16:00-17:00 与财务部门审查预算情况
• 17:00-18:00 决策时间/处理紧急事务

周三
• 07:00-08:00 晨跑/身体锻炼
• 08:00-09:00 决策时间/准备工作
• 09:00-10:30 客户访问
• 10:30-11:00 决策时间/休息
• 11:00-12:00 行业研讨会（线上会议）
• 12:00-13:00 午餐
• 13:00-14:00 休息/简短决策时间
• 14:00-15:00 决策时间/处理紧急事务

• 15:00-16:30 与销售团队讨论季度目标
• 16:30-17:00 决策时间/处理紧急事务
• 17:00-18:00 与人力资源部门讨论招聘计划

周四
• 07:00-08:00 晨跑/身体锻炼
• 08:00-09:00 决策时间/准备工作
• 09:00-10:30 决策时间/处理紧急事务
• 10:30-11:00 休息/简短准备
• 11:00-12:00 与重要客户王总进行商务洽谈
• 12:00-13:00 午餐
• 13:00-14:00 休息/简短决策时间
• 14:00-15:00 决策时间/处理紧急事务
• 15:00-16:00 处理紧急事务/准备上海访问
• 16:00-17:00 决策时间/处理紧急事务
• 17:00-18:00 处理紧急事务/准备上海访问

周五（15日）
• 07:00-08:00 晨跑/身体锻炼
• 08:00-09:00 决策时间/准备工作
• 09:00-18:00 全天访问位于上海的主要合作伙伴
• 18:00-19:00 返回途中/休息

周六
• 保留用于家庭活动或个人兴趣

周日
• 保留用于家庭活动或个人兴趣

注意事项：
1. 每天确保至少1小时的决策时间，用于处理紧急事务和重要决策。
2. 避免安排连续三场以上的密集会议，确保张总有足够的休息和思考时间。
3. 周五下午的重要视频会议已考虑在内，但由于周五全天已有安排，建议将该视频会议调整至其他时间或安排在下周。
4. 如有日程冲突或紧急事务，将及时调整并通知相关方。

请张总审阅此日程安排，如有任何需要调整或补充的地方，请随时告知。
```

图 4-7 大模型初步规划日程安排生成结果截图

第四步：基于背景资料和日程需求，自动生成符合格式要求的日程计划。

【指令 4】请根据需求，在妥善解决日程冲突的前提下，拟定日程安排。确保计划格式规范，信息详尽，并包含所有必要的细节，以 Excel 表格形式呈现日程安排。拟定的日程计划应涵盖所有已知的会议与活动，并符合总经理的工作习惯和优先级设置。

> **指令要点**
> （1）格式规范。
> （2）信息详尽。
> （3）逻辑清晰。
> （4）呈现形式。

119

以表格形式呈现的日程安排

> ### 知识链接
>
> **约束满足问题**
>
> 约束满足问题（constraint satisfaction problems, CSP）是一种用于解决需在满足特定约束条件下找到可行解的方法，广泛应用于智能日程规划中。通过定义一系列规则，如时间冲突、地点可用性及参与者的时间安排等，CSP能够自动找出符合所有约束的最佳解决方案。DeepSeek结合CSP算法，可以高效处理复杂的日程安排任务。首先系统收集所有相关背景信息和具体需求，其次构建一个详细的约束网络，最后使用优化算法寻找最佳日程安排方案。如果发现时间冲突，系统会提出调整建议，如更改会议时间或合并会议。这种技术不仅提高了效率，减少了人为错误，还使员工能更专注于核心业务工作，显著提升了整体办公效率。

第五步：检测日程计划中可能存在的冲突并提供解决方案。

> **指令要点**
> （1）自动检测冲突。
> （2）提供解决方案。
> （3）确保关键日程。

【指令5】请检查日程计划中可能存在的冲突，如时间重叠、地点不可用、参与者无法参加等，并提供解决方案，如调整会议时间、合并相关议题等，确保关键日程优先安排。具体检查点如下。
（1）无会议时间重叠，特别是关键会议。
（2）会议地点可用，确认公司会议室未被占用。
（3）所有参与者在指定时间均能参加，确认无其他安排。
（4）预留决策时间，避免连续密集会议。

根据【指令5】，检测日程冲突生成结果截图如图4-8所示。

> 为了确保日程计划中没有冲突，我们需要仔细检查以下几个方面，并提供相应的解决方案。基于您提供的信息，我们将逐一进行分析：
>
> **1. 确认没有会议时间重叠**
>
> 从目前的日程安排来看，所有会议和活动的时间段都没有重叠。但是，我们需要注意的是周五（15日）的全天行程，这天张总将访问上海的主要合作伙伴。因此，当天在上海的活动需要特别注意，以避免与本地其他安排发生冲突。
>
> **2. 确认会议地点可用**
>
> - **公司会议室**：假设总部会议室A至H均是可用的，但实际情况需要通过内部预订系统或直接询问行政人员来确认。
> - **客户访问及洽谈**：这些活动通常在外部场地进行，如客户办公室或餐厅，需提前与对方确认具体时间和地点。
> - **行业研讨会（线上）**：由于是在线会议，无需考虑实体会议室的可用性。
> - **视频会议**：同样为在线形式，不占用实体空间。
>
> 解决方案：
> - 对于公司内的会议，建议尽早通过公司的预定系统或联系相关负责人预留会议室。
> - 对于外部活动，尽快与客户沟通确定最终的地点和时间。

模块四　高效办公：大模型在日常办公中的应用

> **3. 确认所有参与者在指定时间均能参加**
>
> - 例如，周二上午10点与市场部负责人李经理讨论新品发布计划，需要确认李经理是否有空。
> - 周四上午11点与重要客户王总的商务洽谈，需要确认王总的时间是否合适。
> - 周五下午的重要视频会议，需要确认参与各方的时间安排。
>
> 解决方案：
>
> - 与各相关部门负责人提前沟通，确认他们的可用时间。
> - 如果发现某位关键人物有冲突，可以尝试调整会议时间或寻找替代方案。
> - 对于外部客户，应尽早发送邀请并请求确认。
>
> **4. 确保预留决策时间和避免连续密集会议**
>
> 当前的日程安排已经为每天预留了至少1小时的决策时间，并且尽量避免了连续三场以上的密集会议。这是非常重要的，因为它有助于保持张总的工作效率和精神状态。
>
> **冲突检测结果与解决方案**
>
> 根据以上分析，以下是可能存在的潜在问题及解决方法：
>
> - **周一**：产品路线图规划会议设定为1-2小时，如果确实需要2小时，那么可能会压缩到后续会议的时间。建议如果可以的话，将该会议限制在1小时内完成；否则，可以考虑将跨部门协调会议推迟到下午稍晚些时候进行。
> - **周三**：客户访问的具体时间未明确。如果访问时间较长，可能会影响到之后的会议安排。建议提前与客户确认访问的确切时间，并据此调整后续会议的时间。
> - **周五**：访问上海合作伙伴期间，需要确保上海那边的安排不会与任何其他远程会议产生冲突。特别是下午的重要视频会议，需要保证张总能够准时参加。
>
> **调整后的日程建议**
>
> - **周一**：如果产品路线图规划会议确实需要2小时，则将跨部门协调会议安排在15:00-16:00之间。
> - **周三**：与客户确认访问的确切时长后，相应调整后面的会议时间。
> - **周五**：确保上海访问行程与视频会议时间上没有冲突。如果有必要，可以考虑将视频会议时间微调。
>
> 请根据上述建议进一步确认具体的细节，并做出必要的调整。如果有更详细的信息或需要进一步的帮助，请随时告知。

图 4-8　检测日程冲突生成结果截图

 **智能探索**

请结合上述指令，梳理出一份用于"规划工作日程"的指令模板，便于后续同类任务快速有效地输出。

职业素养

智控时间，精耕效率

作为职业人士，我们要探索高效、有序的时间管理技巧，在繁忙的工作中保持冷静与专注，确保日程安排无误且合理。在规划日程时，要注重细节，兼顾各方需求，避免时间冲突，确保所有会议和活动都能顺利开展。同时，要学会灵活应对突发状况，及时调整日程安排，保持工作的连贯性和高效性。

单元 3 会务助手：会务工作的智能安排

案例背景

作为行政助理，小智负责公司内部会务工作，其工作内容涵盖撰写会议通知、拟定会议议程、规划会议日程，以及编写会议简讯。近期，在筹备一次重要的跨部门协调会议时，小智未能及时发布会议通知，导致部分关键参与者未能按时参会，影响了会议的顺利进行。在紧张的氛围中，会议议程与日程的安排也出现了混乱，导致会议效率低下。为了提高工作效率并确保会议的顺利进行，小智决定利用大模型技术来智能安排会务工作。

请选择一种你认为适用的模型，协助小智高效安排会务工作，提升会议质量和与会者的满意度。

指令逻辑

（1）设定身份背景。设定大模型为专业会务助手，负责协助小智安排公司会务工作，包括撰写会议通知、拟定议程、规划日程和编写简讯，确保会务工作无遗漏且合理。【指令1】

（2）撰写会议通知。提供主题、时间、地点、参会人员等会议信息，以及会议重要性和特殊要求，大模型基于信息生成会议通知草案。【指令2】

（3）拟定会议议程。提供会议主要议题、目标、预计讨论时间及其他要求，大模型基于信息拟定详细会议议程。确保会议议程结构清晰，时间分配合理，符合会议目标。【指令3】

（4）规划会议日程。提供参会人员的可用时间、会议的优先级和其他约束条件。大模型分析信息，规划会议日程，生成最优日程安排。确保会议日程合理，避免时间冲突，所有活动顺利进行。【指令4】

（5）编写会议简讯。会议结束后，大模型根据会议记录生成简讯，总结会议的主要内容和成果。确保简讯简洁明了，包含会议关键信息。【指令5】

实践演练

第一步：设定大模型角色为专业会务助手，明确其会务支持职责。

【指令1】作为专业会务助手，你的任务是协助我高效安排公司会务工作，包括撰写会议通知、拟定会议议程、规划会议日程和编写会议简讯。确保所有会务工作无遗漏且合理，提升会议质量和参与者满意度。你明白了吗？

指令要点
（1）角色定位。
（2）具体任务。
（3）核心目标。

模块四　高效办公：大模型在日常办公中的应用

根据【指令 1】，设定身份背景生成结果截图如图 4-9 所示。

> 明白了！我将作为您的专业会务助手，提供以下支持：
> **1. 精准文档生成**：根据会议类型、参会人员、核心目标等定制化输出内容，确保专业性与清晰度。
> **2. 全流程闭环管理**：覆盖会前通知、会中议程执行、会后总结的全周期，避免遗漏关键环节。
> **3. 效率工具嵌入**：提供结构化模板、时间规划模型和满意度提升技巧，优化会议体验。
>
> **请提供以下信息以便启动工作：**
> ‣ 会议类型（例会/项目会/决策会/培训等）
> ‣ 预计时间与时长
> ‣ 参会人员范围及人数
> ‣ 核心议题或目标
> ‣ 特殊需求（如线上会议支持、保密要求等）
>
> 我会根据您的需求分步骤输出成果，并提供优化建议。

图 4-9　设定身份背景生成结果截图

第二步：提供会议基本信息，生成正式会议通知草案。

指令要点
（1）提供基本信息。
（2）生成通知草案。
（3）确保格式规范。

【指令 2】请根据下列信息，生成一份清晰、正式的会议通知。
　　会议主题：跨部门协调会议
　　会议时间：2024 年 12 月 5 日，上午 9:00—12:00
　　会议地点：公司大会议室
　　参会人员：市场部、销售部、技术部、财务部主要负责人及项目组成员
　　会议目的：就跨部门合作中出现的问题进行讨论，并制定 2025 年年度战略规划
　　注意事项：请参会人员提前 10 分钟抵达会议室，并携带相关资料
　　重要性说明：请各部门负责人务必参加本次会议，讨论年度战略规划，不得缺席或替会

根据【指令 2】，撰写会议通知生成结果截图如图 4-10 所示。

> **会议通知**
>
> **至**：市场部、销售部、技术部、财务部的主要负责人及项目组成员
>
> **发件人**：小智 - 行政助理
>
> **日期**：2024年11月29日
>
> **主题**：跨部门协调会议通知
>
> 尊敬的同事们，
>
> 为了加强跨部门间的沟通与合作，解决当前工作中遇到的问题，并为即将到来的2025年度制定有效的战略规划，特此召开一次重要的跨部门协调会议。现将会议相关事宜通知如下：

> - **会议主题**：跨部门协调会议
> - **会议时间**：2024年12月5日（星期三），上午9:00-12:00
> - **会议地点**：星际科技大会议室
> - **参会人员**：市场部、销售部、技术部、财务部的主要负责人及项目组成员
> - **会议目的**：讨论跨部门合作中出现的具体问题，并共同制定2025年的战略规划。
> - **注意事项**：
>   ○ 请各位参会人员提前10分钟抵达会议室签到。
>   ○ 请携带与议题相关的资料或报告以备讨论使用。
>   ○ 鉴于此次会议对于公司未来发展的重大意义，请各部门负责人务必出席本次会议。
>
> 我们期待着您的积极参与和宝贵意见。相信通过大家的共同努力，我们可以更好地解决问题，推动公司向前发展。
>
> 如有任何疑问，请随时联系我。
>
> 祝好，
>
> 小智
>
> 行政助理
>
> 联系电话：123-456-7890
>
> 邮箱：zhi@xingjiotech.com

图 4-10　撰写会议通知生成结果截图

第三步：提供会议议题和目标，拟定详细的会议议程。

指令要点
（1）主要议题。
（2）会议目标。
（3）预计时间。
（4）其他要求。

> 【指令3】请拟定一份内容清晰、翔实，时间分配合理的会议议程。
> 　　主要议题包括项目进展汇报及跨部门合作问题讨论（60分钟）、市场部年度报告（20分钟）、销售部年度目标（20分钟）、技术部新产品研发进展（20分钟）、财务部年度预算分析（20分钟）、下一步行动计划制订（30分钟）。
> 　　目标是促进部门交流，明确项目状态，解决合作问题，制定年度战略。
> 　　每个议题讨论结束后，安排5分钟时间用于总结和答疑。

根据【指令3】，拟定会议议程生成结果截图如图 4-11 所示。

> **会议议程**
>
> **会议主题**：跨部门协调会议
>
> **会议时间**：2024年12月5日，上午9:00-12:00
>
> **会议地点**：星际科技大会议室
>
> **参会人员**：市场部、销售部、技术部、财务部的主要负责人及项目组成员
>
> **会议目标**：确保各部门充分交流，明确项目进展，解决合作中的问题，形成年度战略规划。

会议流程：

时间段	议题	主讲人/负责人	内容概述	备注
8:50-9:00	签到	小智	参会人员签到	提前10分钟到场
9:00-9:05	开场致辞	[您的姓名]	欢迎词及会议目的介绍	-
9:05-9:25	项目进展汇报	各项目负责人	汇报各项目的当前状态	-
9:25-9:30	总结与答疑	[您的姓名]	对项目进展的总结和答疑	-
9:30-9:50	跨部门合作问题讨论	各部门代表	讨论跨部门合作中存在的问题及解决方案	-
9:50-9:55	总结与答疑	[您的姓名]	对跨部门合作讨论的总结和答疑	-
9:55-10:15	市场部年度报告	市场部负责人	分享市场部本年度工作成果及未来展望	-
10:15-10:20	总结与答疑	[您的姓名]	对市场部报告的总结和答疑	-
10:20-10:40	销售部年度目标	销售部负责人	介绍销售部下一年度的目标设定	-
10:40-10:45	总结与答疑	[您的姓名]	对销售部目标的总结和答疑	-
10:45-11:05	技术部新产品研发进展	技术部负责人	介绍新产品的研发进度及预期成果	-
11:05-11:10	总结与答疑	[您的姓名]	对技术部汇报的总结和答疑	-
11:10-11:30	财务部年度预算分析	财务部负责人	分析公司年度预算执行情况及下一年度预算规划	-
11:30-11:35	总结与答疑	[您的姓名]	对财务部报告的总结和答疑	-
11:35-12:00	下一步行动计划制定	[您的姓名]	根据会议讨论结果，制定下一步的具体行动计划	-

备注：
- 每个议题结束后留有5分钟的时间用于总结和答疑。
- 请所有主讲人在会议开始前准备好相关资料，并确保内容清晰、重点突出。
- 为保证会议效率，请参会人员提前阅读相关材料并准备发言内容。
- 会议期间，请保持手机静音或关闭，以避免干扰会议进程。

希望这份详细的会议议程能够帮助您顺利地组织这次跨部门协调会议。如果有任何调整或其他需求，请随时告知。

图 4-11　拟定会议议程生成结果截图

第四步：提供参会人员的可用时间和约束条件，规划最优会议日程。

【指令4】请规划最优会议日程，考虑以下条件。
除销售部负责人10:00—11:00需接待客户外，其他负责人和项目组成员上午9:00—12:00均有空；跨部门协调会议优先级最高；会议需包含10分钟休息时间。

指令要点
（1）提供可用时间。
（2）明确优先级别。
（3）其他约束条件。
（4）规划最优日程。

根据【指令4】，规划会议日程生成结果截图如图4-12所示。

了解了参会人员的时间安排和会议的优先级后，我们可以对会议日程进行适当调整，以确保销售部负责人能够参与最重要的部分，并且考虑到会议过程中的休息时间。以下是优化后的会议日程安排：

会议议程

会议主题： 跨部门协调会议

会议时间： 2024年12月5日，上午9:00-12:00

会议地点： 星际科技大会议室

参会人员： 市场部、销售部、技术部、财务部的主要负责人及项目组成员

会议目标： 确保各部门充分交流，明确项目进展，解决合作中的问题，形成年度战略规划。

会议流程：

时间段	议题	主讲人/负责人	内容概述	备注
8:50-9:00	签到	小智	参会人员签到	提前10分钟到场
9:00-9:05	开场致辞	[您的姓名]	欢迎词及会议目的介绍	-
9:05-9:25	项目进展汇报	各项目负责人	汇报各项目的当前状态	-
9:25-9:30	总结与答疑	[您的姓名]	对项目进展的总结和答疑	-
9:30-9:50	跨部门合作问题讨论	各部门代表	讨论跨部门合作中存在的问题及解决方案	销售部负责人需参加
9:50-9:55	总结与答疑	[您的姓名]	对跨部门合作讨论的总结和答疑	-
9:55-10:00	休息时间	-	中间休息10分钟	-
10:00-10:15	市场部年度报告	市场部负责人	分享市场部本年度工作成果及未来展望	销售部负责人缺席
10:15-10:20	总结与答疑	[您的姓名]	对市场部报告的总结和答疑	-
10:20-10:40	技术部新产品研发进展	技术部负责人	介绍新产品的研发进度及预期成果	销售部负责人缺席
10:40-10:45	总结与答疑	[您的姓名]	对技术部汇报的总结和答疑	-
10:45-11:00	财务部年度预算分析	财务部负责人	分析公司年度预算执行情况及下一年度预算规划	销售部负责人缺席
11:00-11:05	总结与答疑	[您的姓名]	对财务部报告的总结和答疑	-
11:00-11:20	销售部年度目标	销售部负责人	介绍销售部下一年度的目标设定	销售部负责人返回
11:20-11:25	总结与答疑	[您的姓名]	对销售部目标的总结和答疑	-
11:25-12:00	下一步行动计划制定	[您的姓名]	根据会议讨论结果，制定下一步的具体行动计划	全体参与

备注：

- 为了确保销售部负责人能够参与关键的跨部门合作讨论环节，将该议题安排在9:30-9:50。

- 在9:55-10:00安排了10分钟的休息时间，以便参会者稍作休整。
- 销售部负责人的年度目标汇报被安排在11:00-11:20，以避开其接待客户的冲突时间。
- 每个议题结束后留有5分钟的时间用于总结和答疑。
- 请所有主讲人在会议开始前准备好相关资料，并确保内容清晰、重点突出。
- 为保证会议效率，请参会人员提前阅读相关材料并准备发言内容。
- 会议期间，请保持手机静音或关闭，以避免干扰会议进程。

这样安排可以最大化地利用参会人员的时间，同时确保销售部负责人能够参与到最关键的部分。如果有任何进一步的调整需求或其他问题，请随时告知。

图4-12　规划会议日程生成结果截图

知识链接

语音识别转写技术

语音识别转写技术通过深度神经网络解析声学特征与语言模型，将会议语音实时转化为文字记录。其核心技术采用 Transformer 架构，结合 connectionist temporal classification（CTC）损失函数对齐音素与文本。在会议场景中，该系统可基于声纹识别区分多说话者，自动标注发言者身份，并实时生成"决议项""待办事项"等结构化摘要。

第五步：根据会议记录，编写会议简讯，总结会议关键内容。

指令要点
（1）提供会议记录。
（2）总结主要内容。
（3）涵盖关键信息。

【指令5】请基于以下信息，编写一份简明扼要的会议简讯，供参会者回顾和执行会议决议。

（1）会议概览：2024年12月5日，上午9:00—12:00，公司大会议室，跨部门协调会议。

（2）主要议题讨论：
项目进展：项目正按既定计划推进，但存在一些技术难题。
跨部门合作问题：已明确若干核心问题，并提出初步解决方案。
下一步行动计划：制订具体行动计划，并指定相关责任人。

（3）行动项：
技术难题由研发部负责解决，两周内提交解决方案。
合作问题由各部门负责人跟进，一个月内完成整改。
行动计划由项目经理监督执行，每月汇报进度。

根据【指令5】，编写会议简讯生成结果截图如图4-13所示。

2025年度跨部门战略协调会议简讯

发文字号：会纪〔2024〕第12号
发布日期：2024年12月5日

一、会议概览

- **会议时间**：2024年12月5日 09:00-12:00
- **会议地点**：公司总部大会议室
- **参会范围**：4大部门负责人及项目组成员（共32人）
- **会议主持**：战略规划部总监 张XX

二、核心结论

议题维度	关键成果	决策依据
项目进展	整体进度达标率78%	PM系统数据截取
技术攻关	识别3项A级技术瓶颈	专家评估报告
协作效能	建立跨部门协作KPI体系（草案）	360度协作测评结果
战略规划	通过2025战略目标分解图谱	平衡计分卡工具输出

三、待执行行动项

▶ **优先级行动**
▸ **技术攻坚**（P0级）

- 责任方：研发中心王XX团队
- 交付物：《XX技术难题解决方案》
- 节点：12月19日前提交可行性报告

⚠ **整改类行动**
▸ **协作机制优化**（P1级）

- 责任方：各部门第一负责人
- 交付物：《部门协作SOP 2.0》
- 节点：2025年1月5日前完成试点运行

🔧 **常规类行动**
▸ **战略落地监控**（P2级）

- 责任方：战略部李XX + 项目经理
- 交付物：双周滚动执行看板
- 节点：每月5/20日同步进展

四、决议执行保障

1. **数字化监控**：所有行动项已录入OA督办系统（路径：协同平台>我的任务）
2. **联席督导组**：由CEO办公室、运营中心、内控部组成跨部门监督小组
3. **里程碑考核**：2025年Q1绩效考核增设"战略执行系数"（权重15%）

五、资料获取通道

- 会议纪要全文：OA公告栏>2024会议专区
- 行动项模板：知识库>模板中心>TZ-2025
- 数据支持：BI系统>战略看板>年度规划视图

会务联络：
王秘书 010-XXXXXXX | 战略部邮箱 strategy@company.com

图4-13 编写会议简讯生成结果截图

 **智能探索**

请结合上述指令，梳理出一份用于"安排会务工作"的指令模板，便于后续同类任务快速有效输出。

 **职业素养**

精准组织，高效沟通

会务工作者需要具备高度的组织协调能力，能够精准把握会议需求，灵活安排会务细节。同时，注重沟通与反馈，确保信息畅通无阻。在会务安排过程中，应熟练运用各种技术工具，提高会务效率。保持严谨细致的工作态度，对会议流程进行周密规划，确保各环节之间无缝衔接。通过不断优化会务工作，展现专业素养，为会议的顺利进行提供有力保障。

单元 4 勤务智能：员工考勤信息的智能识别与管理

 **案例背景**

近期，公司人力资源部门在整理月度考勤报表时发现，人工录入错误导致多名员工的考勤记录出现偏差，影响工资发放和绩效评估。同时，员工请假、加班、出差申请需要人工审核记录，这无疑增加了工作量。尤其在业务高峰期，人员频繁调动和临时排班调整使得考勤管理变得更加复杂。

鉴于小智在大模型应用方面的出色表现，人力资源部门向公司高层汇报后，公司领导决定由小智协助人力资源专员，利用大模型技术智能管理员工考勤信息，提升工作效率并确保数据精确。

请选择一种你认为适用的模型，协助小智高效管理和优化员工考勤信息。

指令逻辑

（1）确立角色背景。明确大模型作为专业勤务助手的职责是负责协助人力资源专员管理和优化员工考勤信息，包括考勤管理、合规预警、工时统计、灵活排班等。【指令1】

（2）考勤信息管理。提供员工基本信息、考勤数据样本、公司工作日历和特殊日期安

排,详细描述考勤管理需求,强调需要自动识别和处理员工请假、加班、出差等申请。【指令2】

(3)考勤合规预警。提供公司考勤政策,包括标准工作时间、加班规定、请假流程等;明确合规预警需求,包括需要检测的异常情况(如超时加班、未打卡、异常请假等),要求大模型自动检测考勤异常并生成预警报告。【指令3】

(4)工时数据统计。说明工时计算方法和规则,描述工时数据统计需求,要求大模型统计员工工时、计算加班和休假时间,并输出工时统计报告。【指令4】

(5)智能灵活排班。提供排班计划和历史数据,详细描述排班需求,包括人员、工作和休息时间等,强调在业务高峰期需要灵活调整排班的需求,要求大模型生成初步排班方案,确保排班计划合理,避免时间冲突和混乱。【指令5】

实践演练

第一步:明确大模型作为专业勤务助手的职责,为考勤信息管理做好准备。

【指令1】作为专业勤务助手,你的职责是协助人力资源专员高效管理和优化员工考勤信息,包括考勤管理、合规预警、工时统计、灵活排班等。请确保你已了解并准备好执行这些任务。

指令要点
(1)角色定位。
(2)具体职责。
(3)核心目标。

根据【指令1】,确立角色背景生成结果截图如图4-14所示。

非常高兴能够担任这样一位专业的勤务助手角色,来帮助人力资源专员高效管理与优化员工的考勤信息。基于您提到的任务范围,这里是我将如何协助的具体方面:

1. **考勤管理**:我能够帮助设置和维护电子化的考勤系统,确保每位员工的打卡记录准确无误。这包括处理迟到、早退、缺勤等特殊情况,并提供相应的报告。

2. **合规预警**:通过监控考勤数据,我可以识别出可能违反公司政策或劳动法律法规的情况(如超时工作未支付加班费),并及时发出警告,以避免潜在的风险。

3. **工时统计**:根据收集到的数据自动计算每个员工的实际工作时间,包括正常工作时间、加班时间等,并生成详细的工时报表,以便于薪酬结算及绩效评估。

4. **灵活排班**:支持根据业务需求制定合理的排班计划,考虑到员工个人偏好、技能匹配度等因素,同时保证符合相关法律法规要求。还可以快速调整现有班次安排,应对突发情况。

5. **数据分析与报告**:利用大数据分析技术深入挖掘考勤数据背后的信息,比如员工出勤率趋势分析、高峰期识别等,为管理层提供决策支持。

6. **沟通协调**:作为桥梁连接员工与管理层之间的沟通渠道,对于考勤相关的任何疑问或争议提供解答和支持,促进良好的工作氛围。

7. **持续优化建议**:定期回顾整个考勤管理体系的表现,提出改进建议,不断寻找提升效率和服务质量的方法。

请告诉我具体需要从哪个方面开始着手,或者是否有特定的问题想要解决?我随时准备着为您提供更进一步的帮助。

图4-14 确立角色背景生成结果截图

第二步:整合员工信息、考勤数据及工作日历,自动识别与处理考勤信息。

模块四　高效办公：大模型在日常办公中的应用

【指令2】请接收并整合以下信息：员工基本信息表、现有考勤数据、公司工作日历和特殊日期安排。

你的任务是自动识别和处理员工请假、加班、出差等申请，确保考勤信息的准确及时。

指令要点
（1）整合考勤信息。
（2）自动识别信息。
（3）处理各项申请。
（4）生成总结报告。

员工考勤信息相关资料

根据【指令2】，考勤信息管理生成结果截图如图4-15所示。

根据提供的员工信息、考勤数据及公司日程安排，以下是考勤整合与自动化处理方案：

一、数据整合与异常处理

1. 考勤状态自动分类

姓名	异常类型	日期	处理逻辑	合规校验
李娜	迟到10分钟	11/7	标记迟到，触发HR提醒邮件	连续3次迟到需书面警告
李娜	早退30分钟	11/28	扣除0.5天工资，主管确认原因	需提交早退说明
李娜	事假1天	11/29	扣除当日工资，剩余年假余额：**4天**	关联请假审批记录
赵丽	病假1天	11/15	按80%工资发放，需补交医院证明	3日内未提交转为事假
刘洋	出差3天	11/20-22	标记为正常出勤，补贴200元/天	关联差旅申请单号
周涛	加班3小时	11/17	按1.5倍计算加班费	需确认是否预审批
黄勇	加班2小时	11/10	按1.5倍计算加班费	关联技术分享会活动
江波	加班4小时	11/21	超出3小时部分按2倍计算	触发超时预警（单日工时13小时）

2. 特殊日期联动规则

- 双十一（11/11）：
  - 市场部、销售部员工若参与促销，加班按**2倍**计算，需标记"活动支援"类别。
  - 其他部门员工加班按常规规则处理。
- 团建建日（11/25）：
  - 参与员工标记为"带薪活动"，未参与者需正常打卡。

二、自动化处理流程

1. 请假与加班审批

- 系统自动匹配：

- 将考勤数据中的请假/加班记录与审批系统比对（如无审批，标记为"**待补流程**"）。
- 示例：何佳年假已审批，自动扣减年假余额；李娜事假需补交主管签字。

- 实时更新看板：
- 考勤状态看板

2. 出差与外部活动

- 智能标记：
  - 刘洋、林晓出差自动关联"外勤打卡"，豁免地点限制。
  - 金玲外部会议标记为"公务外出"，需补交通记录（如高铁票）。

3. 合规预警

- 高风险个案：
  - 李娜：11月累计**2次迟到**+**1次早退**，触发黄色预警，建议主管面谈。
  - 江波：11月21日单日工时13小时，触发红色预警，强制安排次日调休。

三、输出结果

1. 月度考勤汇总表（节选）

姓名	部门	正常工时	加班时长	请假天数	异常次数	备注
李娜	市场营销部	160h	0h	1.5天	3	需绩效跟进
周涛	销售部	176h	3h	0	0	加班费待发放
刘洋	行政管理部	176h	0h	0	0	差旅补贴已核算

2. 待办事项清单

1. 李娜：补交11/28早退说明（剩余24小时）。
2. 赵丽：上传11/15病假医疗证明。
3. 江波：强制调休11月22日（系统已锁定打卡权限）。

四、后续优化建议

1. 审批流程自动化：将钉钉/企业微信审批直接对接考勤系统，减少手动补录。
2. 弹性工时设置：针对双十一等特殊日，提前配置部门级加班规则。
3. 员工自助端：开通移动端异常申诉功能（如误打卡修正）。

请确认是否需要生成**个人考勤明细报告**或**部门合规分析图表**。

图4-15　考勤信息管理生成结果截图

知识链接

大数据分析

大数据分析通过分析处理海量数据集，提取有价值的信息，提升考勤管理的效率和准确性。在员工考勤中，大数据分析可以自动处理复杂的考勤记录、请假申请和加班情

况等多维度数据,快速识别异常模式并提供预警。例如,DeepSeek 可以通过分析历史考勤数据,发现频繁迟到或未打卡情况,并提前预警,帮助人力资源部门及时采取措施。大数据分析还能优化排班计划,根据历史数据和员工的工作习惯预测未来需求,生成合理排班方案,确保业务高峰期有足够人员支持,同时兼顾员工的工作生活平衡。在工时统计和绩效评估方面,大数据分析能精确计算每位员工的正常工作时间、加班时间和休假时间,自动生成工时统计报告,确保工资核算和绩效评估的公平性和透明度。

第三步:依据考勤政策,自动检测异常情况并生成合规预警报告。

指令要点
(1)考勤政策依据。
(2)异常类型识别。
(3)生成预警报告。

公司考勤政策

【指令3】请根据我提供的公司考勤政策,检测考勤数据中的异常情况(如超时加班、未打卡、异常请假等),并生成预警报告。

根据【指令3】,考勤合规预警生成结果截图如图 4-16 所示。

图 4-16 考勤合规预警生成结果截图

第四步：按照工时计算规则，统计员工工时并输出工时统计报告。

> **指令要点**
> （1）工时计算规则。
> （2）统计工时数据。
> （3）计算休假数据。
> （4）工时统计报告。

【指令4】请按照我提供的工时计算规则，执行以下操作：
（1）统计每位员工的工时，包括正常工作时间和加班时间。
（2）计算员工的休假时间，如年假、病假等。
（3）输出详细的工时统计报告，用于工资核算和绩效评估。

工时计算规则

根据【指令4】，工时数据统计生成结果截图如图4-17所示。

2024年11月员工工时统计报告

一、统计规则说明

1. 正常工时：每日8小时（扣除午休1小时），按实际打卡时间计算，迟到早退按规则扣除。
2. 加班费计算：
   - 平日加班：1.5倍工资
   - 法定假日加班：2倍工资（11月无法定假日）
   - 双十一活动（11/11）：市场部、销售部加班按2倍计算，需标记"活动支援"。
3. 请假处理：
   - 病假：需提交医生证明，否则转为事假。
   - 事假：未提前申请则全额扣除当日工资。

二、员工工时明细表

姓名	部门	正常工时	迟到早退扣除	实际正常工时	加班时长（1.5倍）	请假类型及天数	备注
张伟	技术研发部	176h	0h	176h	0h	无	全勤
李娜	市场营销部	160h	-1.17h（迟到10分钟+早退30分钟）	158.83h	0h	事假1天（未提前申请）	累计异常3次，需绩效面谈
王强	人力资源部	176h	0h	176h	0h	无	全勤
赵丽	客户服务部	168h	0h	168h	0h	病假1天（证明未提交）	按事假处理，扣100%工资
刘洋	行政管理部	176h	0h	176h	0h	出差3天（正常工时）	需补出差申请单
周涛	销售部	176h	0h	176h	3h（1.5倍）	无	加班费待发放
黄勇	物流部	176h	0h	176h	2h（1.5倍）	无	加班无关联技术分享会
江波	研发质量保证	176h	0h	176h	4h（超时1h按2倍）	无	触发强制调休（11/22）
朱莉	数据分析部	176h	0h	176h	1h（未审批，不计）	无	需补审批单
林晓	项目管理部	176h	0h	176h	0h	出差3天（正常工时）	需补出差申请单
金玲	企业关系部	176h	0h	176h	0h	外部会议（正常工时）	需补交通凭证

三、关键数据汇总

1. 正常工时总计：
   - 全公司：3,872小时（22人×176h）
   - 实际扣除后：3,870.83小时（李娜扣除1.17h）
2. 加班费计算：
   - 有效加班：9小时（周涛3h + 黄勇2h + 江波3h）
   - 金额估算：9h × [时薪] × 1.5倍 + 1h（江波超时） × [时薪] × 2倍
3. 请假扣款：
   - 李娜（事假1天）：扣除1天工资
   - 赵丽（病假转事假）：扣除1天工资

四、异常标记与待处理事项

1. 未审批加班：朱莉（1小时）需补流程，否则不计入薪资。
2. 证明缺失：赵丽（病假）、刘洋/林晓（出差申请单）、金玲（交通凭证）。
3. 强制调休：江波11月22日禁止打卡，系统已锁定。

五、工资核算参考表（节选）

姓名	基本工资	正常工时工资	加班费	扣款（迟到/请假）	应发工资
李娜	¥15,000	¥14,318	¥0	¥682（1天事假+迟到扣款）	¥13,636
周涛	¥18,000	¥18,000	¥675	¥0	¥18,675
江波	¥20,000	¥20,000	¥1,200	¥0	¥21,200

六、绩效评估备注

1. 高绩效员工：张伟、王强（全勤无异常）。
2. 需改进员工：
   - 李娜：迟到/早退频发，建议纳入绩效改进计划（PIP）。
   - 江波：超时加班，需优化工作分配。

七、输出文件

1. 点击下载完整工时统计表（Excel）
2. 部门工时分布图（PDF）

请确认数据准确性，或是否需要调整统计规则细节（如时薪基数）。

图4-17 工时数据统计生成结果截图

第五步：基于排班需求与历史排班数据，生成灵活排班计划。

员工排班需求及历史排班数据

【指令5】请根据员工排班需求及历史排班数据，初步制订夜间及周末值班排班表，确保排班计划合理，无时间冲突。在业务高峰期需要灵活调整排班。

指令要点
（1）员工排班需求。
（2）历史排班数据。
（3）生成排班方案。

根据【指令5】，智能灵活排班生成结果截图如图4-18所示。

图4-18 智能灵活排班生成结果截图

智能探索

请结合上述指令，梳理出一份用于"管理员工考勤信息"的指令模板，便于后续同类任务快速有效输出。

职业素养

精准合规，高效考勤

人力资源部门需确保考勤数据的精确和及时，以保障工资和绩效评估的公正。同时，应重视合规性，确保所有考勤管理活动遵循公司政策及法律法规。在处理员工请假、加班、出差等申请时，必须保持公正透明，确保审批流程顺畅。通过持续优化考勤管理方案，提高工作效率，为公司人力资源配置提供有力支持。

单元 5　商业智慧：行业分析报告的智能生成

案例背景

小智的同学小能最近应聘到一家大型零售企业的市场部工作。该企业在中国市场深耕多年，积累了大量业务数据。鉴于零售市场竞争日益加剧，企业迫切需要更精确地掌握市场动向、竞争态势、消费者行为以及未来发展趋势，以便制订更具针对性的营销策略。部门领导要求小能在一周内提交一份 3 000 字行业分析报告，帮助企业更好地了解市场环境，为业务决策提供参考。面对这一任务，小能感到无从着手，遂向小智求助。小智决定利用大模型技术，协助小能撰写一份行业分析报告。

请选择一种你认为适用的模型，协助小智快速完成一份结构清晰、内容翔实的零售行业分析报告。

指令逻辑

（1）了解背景信息。搜集并整理市场数据、历史报告、最新研究报告、行业新闻、竞争对手资讯等信息。明确报告的主要目标和受众，确保报告内容满足需求。【指令1】

（2）界定角色职责。将大模型定位为专业商业分析师，负责协助用户撰写高质量行业分析报告。职责包括数据分析和报告撰写，确保报告结构清晰、内容详尽。【指令2】

（3）明确分析需求。确定报告的主要内容和具体细节。详细描述各部分具体需求，确保报告内容全面且具有针对性。【指令3】

（4）构建关键问题。根据分析需求，构建关乎行业规模、市场份额、竞争者分析、消费者行为、未来趋势等关键维度的问题，引导大模型生成报告内容。【指令4】

（5）持续优化调整。生成行业分析报告初稿，并进行审阅，确保内容准确、结构合理、语言流畅。向用户和其他相关人员征求反馈意见，根据反馈调整优化。【指令5】

实践演练

第一步：搜集并整理行业背景资料，明确报告的主要目标和受众对象。

【指令 1】请提供中国零售行业的市场数据、历史报告、最新研究、行业新闻及主要竞争对手信息，以便我全面了解行业背景。

指令要点

（1）搜集背景资料。
（2）确定分析对象。
（3）明确报告目标。

根据【指令 1】，了解背景信息生成结果截图如图 4-19 所示。

一、市场数据概览

1. **总体规模与增长**
   - 2024年中国社会消费品零售总额达48.8万亿元，同比增长3.5% [1] [3]。
   - 预计到2031年，市场规模将增至15万亿元，年复合增长率超6% [6]。
2. **线上与线下表现**
   - 2025年线上消费占比预计达28.8%，线上零售额增速超5%（2024年线上销售同比增6.8%） [7]。
   - 传统零售业通过"胖东来模式"调改实现逆袭，部分门店日销增长8-15倍 [4] [10]。
3. **细分领域亮点**
   - **奢侈品**：中国为全球最大奢侈品市场，顶奢品牌（如爱马仕）2025年预计维持低单位数增长 [7]。
   - **运动服饰**：健康意识推动需求，耐克、安踏等品牌线上销售占比提升 [7]。
   - **银发经济与悦己消费**：老年消费市场及年轻群体情绪消费（如"谷子店"）成新兴增长点 [4] [10]。

二、历史报告与政策背景

1. **政策支持**
   - 商务部等七部门推出《零售业创新提升工程实施方案》，聚焦数字化、供应链升级等五大任务，目标2029年建成现代零售体系 [1] [8]。
   - 国家推动消费升级，鼓励绿色消费、跨境电商及下沉市场拓展 [6] [8]。
2. **关键历史趋势**
   - **电商冲击与融合**：2015年后电商崛起，倒逼线下零售转型，2025年线上线下全渠道融合成主流 [4] [6]。
   - **疫情后复苏**：2024年零售业景气指数（CRPI）回升至51.1%，标志行业进入扩张期 [5] [9]。

三、最新研究与行业动态

1. **2025年核心趋势**
   - **技术驱动**：AI、大数据应用深化，推动精准营销与供应链优化（如苏宁智慧零售） [6] [8]。
   - **体验经济**：购物中心向"沉浸式体验"转型（如郑州T10探十里客流破1500万） [4] [10]。
   - **竞争白热化**：会员制超市（如山姆、Costco）与本土品牌（如盒马）争夺中高端市场 [2] [10]。
2. **挑战与分化**
   - **消费信心承压**：房地产低迷、青年失业率高等因素抑制部分需求 [3]。
   - **行业冰火两重天**：头部企业（如丹尼斯百亿级单店）与中小商超（如永辉闭店）分化加剧 [4] [10]。

四、行业新闻与事件

1. **重大活动与并购**
   - **第十八届中国零售商大会**（2025年2月）：强调银发经济、国潮、绿色商场为未来方向 [1]。
   - **并购案例**：名创优品63亿元收购永辉超市，京东、阿里退出传统超市资产 [4] [10]。
2. **企业动态**
   - **山姆会员店**：2024年Q3在线销售额增25%，计划下沉市场扩张 [2]。
   - **胖东来模式**：引发全国超市调改潮，湖南步步高门店日销提升15倍 [4] [10]。

五、主要竞争对手分析

1. **电商巨头**
   - **阿里巴巴、京东、拼多多**：主导线上市场，2025年"双11"促销贡献零售增长50% [7] [8]。
2. **传统零售与外资品牌**
   - **山姆（沃尔玛）**：会员制龙头，续费率80%，聚焦高质商品与下沉市场 [2] [10]。
   - **Costco、ALDI**：外资品牌加速布局，挤压本土企业份额 [2] [8]。
   - **永辉、大润发**：受电商冲击，部分门店关闭，转型压力大 [4] [10]。
3. **新兴势力**
   - **胖东来**：以极致服务与高性价比成行业标杆，带动区域商超复兴 [4] [10]。
   - **零食赛道**：鸣鸣很忙（赵一鸣与零食很忙合并）开启"万店计划" [4]。

六、未来展望与策略建议

- **机遇**：银发经济、悦己消费、县域市场潜力释放 [1] [6] [10]。
- **挑战**：同质化竞争、成本上升、技术迭代压力 [8] [10]。
- **企业策略**：强化全渠道融合、深耕细分赛道（如宠物经济）、提升数字化能力 [6] [8]。

数据来源与深度报告

- 中国商业联合会《2024年零售业景气指数及趋势报告》 [1]。
- 标普全球《中国零售业2024回顾与2025展望》 [3]。
- 原创力文档《2025-2031年市场深度分析》 [6] [8]。

如需进一步细分领域数据或企业案例，可参考上述来源链接获取完整信息。

图 4-19　了解背景信息生成结果截图

第二步：向大模型下达"商业分析师"角色定位指令。

【指令 2】作为市场部商业分析师，你的主要职责是深入研究零售行业，运用分析工具和方法，提供企业发展战略和市场定位的专业建议。你需要具备市场调研、数据分析、报告撰写、战略规划和沟通能力。请确保清晰地理解你的职责。

指令要点

（1）角色定位。
（2）核心职责。
（3）能力要求。
（4）任务目标。

根据【指令 2】，界定角色职责生成结果截图如图 4-20 所示。

模块四　高效办公：大模型在日常办公中的应用

图4-20　界定角色职责生成结果截图

知识链接

文本挖掘技术

文本挖掘技术（text mining technology）利用自然语言处理和机器学习算法，从大量非结构化的文本数据中提取有价值的信息。在行业分析中，文本挖掘技术可以帮助快速获取并分析海量的行业报告、新闻文章及社交媒体评论，从而获得深刻的市场洞察。例如，在撰写零售行业分析报告时，DeepSeek可以通过文本挖掘技术自动抓取和分析不同来源的相关信息，识别出关键主题和趋势，并通过情感分析了解公众对特定品牌或产品的态度。这种自动化处理不仅节省时间，还提高了数据的全面性和准确性。

第三步：确定报告的主要内容和具体细节，向大模型下达"报告大纲及核心内容概述"指令。

【指令3】作为市场部商业分析师，请你撰写一份商超行业分析报告，包含以下核心信息。

（1）撰写目的：帮助企业了解市场环境，精准把握市场动态、竞争态势、消费者行为以及未来趋势，以制订针对性营销策略，为业务决策提供参考。

（2）报告主题：以"2024年商超行业分析报告"为主题撰写。

（3）核心内容：①市场概述。②竞争格局分析。③产业链分析。④消费者行为研究。⑤渠道分析。⑥政策和法规环境。⑦未来趋势预测。

（4）数据来源：包括但不限于市场调研、公开统计数据、行业协会报告、专家访谈等。

（5）语言风格：客观、简练、专业。

（6）表达方式：结合文字、图表、数据可视化等多种方式，提高报告的可读性和易理解性。

请结合上述要求，提供一份报告大纲。

> **指令要点**
> （1）撰写目的。
> （2）报告主题。
> （3）核心内容。
> （4）数据来源。
> （5）语言风格。
> （6）表达方式。

根据【指令3】，大模型分析用户需求，生成报告大纲生成结果截图如图4-21所示。

2024年中国商超行业分析报告大纲

一、撰写目的

帮助企业管理层全面掌握商超行业动态，识别市场机会与风险，优化资源配置，制定精准营销与战略规划，提升竞争力。

二、市场概述

1. 市场规模与增长
   - 2024年商超市场规模突破3万亿元，年增长率5%~8%，其中线上渗透率提升至28.8% [4][8]。
   - 区域分布：东部沿海地区占主导（60%），中西部及县域市场潜力凸显 [8]。
2. 业态演变
   - 传统综合超市占比下降，仓储会员店（山姆、Costco）、社区便利店、生鲜超市崛起 [6][8]。
   - 线下线上融合加速，O2O订单量增长显著 [5][6]。
3. 行业特征
   - 消费升级驱动商品结构优化（健康、有机品类占比提升）[5][8]。
   - 技术赋能智能化转型（自助支付、智能仓储渗透率超30%）[6][8]。

三、竞争格局分析

1. 主要竞争者
   - 外资巨头：山姆（会员制龙头，续费率80%）、Costco（下沉市场扩张）[1][6]。
   - 本土企业：永辉（调改后日销增长8-15倍）、胖东来（高性价比模式标杆）[1][6]。
   - 电商冲击：拼多多、京东通过社区团购抢占下沉市场 [2][6]。
2. 竞争焦点
   - 差异化会员体系：山姆付费会员制 vs 盒马X会员权益 [1][6]。
   - 并购重组：名创优品62.7亿元收购永辉29.4%股权，行业集中度提升 [1][2]。

四、产业链分析

1. 上游供应链
   - 供应链市场规模同比增长3.7%，中央厨房建设提升即食品类效率 [7]。
   - 绿色供应链趋势：环保包装、可追溯系统普及率超40% [7][8]。
2. 中游零售终端
   - 门店改造：永辉场景化布局、天虹体验式主题馆提升客单价 [6][8]。
3. 下游消费端
   - 全渠道服务能力（线上下单-线下自提）成核心竞争要素 [5][6]。

五、消费者行为研究

1. 偏好与习惯
   - 健康导向：64%消费者优先选择有机食品，生鲜品类线上销售增长25% [5][8]。
   - 情绪消费：盲盒、宠物用品搜索量增长294%，直播带货渗透率达38% [1][5]。

2. 决策特征
   - 计划性购物占比提升（70%消费者提前列清单），性价比敏感度增强 [5][8]。

六、渠道分析

1. 线上渠道
   - 电商平台贡献50%零售增长，直播电商GMV增速超40% [1][5]。
   - 私域流量运营（小程序+社群）降低获客成本30% [6]。
2. 线下渠道
   - 体验式改造：胖东来门店客流量增长15倍，郑州T10探十里年客流破1500万 [1][6]。
3. 全渠道协同
   - O2O订单履约成本优化20%，自提模式试点门店坪效提升12% [6][8]。

七、政策与法规环境

1. 支持政策
   - 《零售业创新提升工程实施方案》：2029年建成现代零售体系，聚焦数字化、绿色化 [1][4]。
   - 消费基础设施REITs上市：7支公募REITs总规模超200亿元，盘活优质商业资产 [1]。
2. 监管约束
   - 食品安全与环保标准趋严，倒逼供应链透明化 [4][8]。

八、未来趋势预测

1. 技术驱动
   - AI预测、智能仓储覆盖率超50%，供应链效率提升30% [7][8]。
2. 消费趋势
   - 银发经济（老年消费占比提升至20%）、宠物经济（市场规模破5000亿元）成新增长极 [1][8]。
3. 竞争深化
   - 会员制模式下沉至三四线城市，区域品牌通过并购整合突围 [2][6]。

九、数据可视化建议

- 图表1：2019—2024年商超市场规模及增长率曲线（引用网页4、8数据）。
- 图表2：竞争格局矩阵（外资/本土/电商三大阵营市场份额对比）。
- 图表3：消费者偏好雷达图（健康、便捷、情绪价值维度）。

十、数据来源

1. 国家统计局、商务部公开数据 [1][4]。
2. 行业协会报告（全联房地产商会、中国连锁经营协会）[1][7]。
3. 企业年报与专家访谈（永辉、胖东来、山姆）[1][6]。

注：完整数据与图表需结合企业内部数据补充，建议通过行业协会及第三方平台获取深度报告（如共研产业研究院《2025—2031年商超供应链报告》）[7]。

图4-21　生成报告大纲生成结果截图

第四步：根据分析需求，构建关键维度问题，向大模型下达"商超行业分析报告撰写"指令。

【指令4】请根据上述大纲，撰写一份约3 000字的商超行业分析报告，涵盖市场概述、竞争格局、产业链分析、消费者行为、渠道分析、政策和法规环境以及未来趋势预测等核心内容。报告需客观、简练、专业，并结合文字、图表、数据可视化等方式进行表述。

指令要点
（1）报告结构。
（2）报告要求。
（3）字数限制。

大模型生成的报告初稿

根据【指令4】，大模型生成报告初稿。

第五步：审阅报告初稿，进行必要的调整和优化，最终形成高质量报告。

【指令5】请结合实际情况生成模拟数据，完善报告分析，提高报告的准确性和实用性，实现精细化分析。

指令要点
（1）数据要求。
（2）数据用途。
（3）分析目标。

优化调整后的报告

根据【指令5】，大模型优化调整报告。

智能探索

请结合上述指令，梳理出一份用于"生成优质行业分析报告"的指令模板，便于后续同类任务快速有效输出。

职业素养

商业洞察，决策支持

商业分析师必须精通先进的数据处理技术与可视化手段，并应具备深刻的市场洞察力与逻辑思维能力，以确保分析成果精确、简洁、实用。同时，商业分析师应重视团队合作与沟通技巧，能够将复杂的数据信息转化为易于理解的文字或图表，为企业的决策过程提供有力支持，助力企业在竞争中保持优势地位。

单元 6 报告新篇：PPT 的自动化生成

案例背景

公司即将举办一场人工智能内部培训会议，主题定为"人工智能发展历程"。作为综合办公室的新晋员工，小智被赋予了一项重要任务——探究生成式 AI 如何助力提升办公效率。在此次会议上，小智将借助由大模型生成的 PPT，向公司员工全面展示人工智能的发展历程，并高效呈现人工智能发展进程中的关键信息及其应用领域。

目前，Kimi、智谱清言等国产大模型已集成多模态技术，能够根据用户提供的文本大纲自动生成 PPT。请选择一种你认为适用的模型，协助小智利用大模型制作 PPT。

指令逻辑

（1）角色背景设定。明确大模型的角色和任务，确保掌握 PPT 制作技能并理解主题。明确 PPT 的应用场景、目标受众及核心内容。【指令 1】

（2）文本内容生成。根据 PPT 主题，生成核心文本内容，确保内容结构清晰，包含制作 PPT 所需的关键信息。【指令 2】

（3）细化文本内容。基于初步生成的文本内容，进一步细化和优化，加入案例、图表和数据，提升说服力和直观性。确保语言表达简洁明了，符合目标受众的理解水平。【指令 3】

（4）智能制作 PPT。根据细化后的文本内容，自动生成包含标题页、目录页、内容页和总结页等关键元素的 PPT，确保信息呈现清晰易懂。【指令 4】

（5）调整美化 PPT。审阅并调整 PPT，确保视觉效果美观专业，统一字体、颜色和排版风格，适当添加动画和过渡效果，插入高质量图片、图标和图表，检查链接和多媒体元素，确保其正常运作。【指令 5】

实践演练

第一步：明确大模型的角色、任务、PPT 主题及目标受众。

【指令 1】作为专业 PPT 助手，你的任务是协助用户生成一份关于"人工智能发展历程"的 PPT。你需要具备的能力包括：PPT 制作技能、了解该主题的核心内容、明确 PPT 用于内部培训且目标受众为公司员工、确保 PPT 内容专业且易于理解。你明白了吗？

指令要点
（1）角色定位。
（2）技能要求。
（3）主题理解。
（4）受众场景。

根据【指令1】，大模型根据角色背景，初步生成PPT大纲生成结果截图如图4-22所示。

> 当然，我完全理解您的需求。作为一位专业的PPT助手，我将协助您制作一份关于"人工智能发展历程"的PPT，确保内容既专业又易于理解，适合用于公司内部培训会议。接下来，我将为您概述PPT的大纲和关键内容，以便您确认和提供反馈。
>
> **PPT大纲：**
>
> 1. 封面页
>   - 标题：人工智能发展历程
>   - 副标题：内部培训会议
>   - 公司logo和日期
> 2. 目录页
>   - 简要列出PPT的主要内容
> 3. 引言
>   - 人工智能的定义
>   - 人工智能的重要性
>   - 培训目的和概述
> 4. 人工智能的起源
>   - 早期概念和理论
>   - 关键人物和里程碑
> 5. 人工智能的发展阶段
>   - 20世纪50-70年代：萌芽期
>   - 20世纪80-90年代：发展期
>   - 21世纪初至今：爆发期
> 6. 关键技术进展
>   - 机器学习
>   - 深度学习
>   - 自然语言处理
>   - 计算机视觉等
> 7. 行业应用案例
>   - 金融、医疗、交通等行业的AI应用
> 8. 当前挑战与未来趋势
>   - 技术挑战
>   - 伦理和社会问题
>   - 未来发展方向
> 9. 公司内部AI实践
>   - 公司在AI领域的探索和实践
>   - 成功案例和经验分享
> 10. 总结与展望
>   - 回顾人工智能的发展历程
>   - 对公司未来AI发展的展望
> 11. 问答环节
>   - 邀请员工提问和讨论
> 12. 封底页
>   - 感谢致辞
>   - 联系信息和二维码（可选）
>
> **关键内容说明：**
>
> - **专业且易于理解**：将使用图表、时间线、案例研究等视觉元素来辅助解释复杂概念，确保内容易于理解。
> - **内部培训定位**：结合公司实际情况和员工需求，突出内部AI实践和成功案例。
> - **互动性**：设置问答环节，鼓励员工参与讨论。
>
> 请您确认这个大纲是否符合您的需求，或者提供任何修改建议。一旦大纲确定，我将开始制作PPT的详细内容。

图4-22 初步生成PPT大纲生成结果截图

第二步：创建 PPT 的核心文本框架，包括标题、目录和各章节关键信息。

【指令 2】请生成关于人工智能发展历程的核心文本内容，包括以下要点：
（1）人工智能的历史背景及发展阶段。
（2）关键技术和里程碑事件。
（3）当前应用领域和发展趋势。
（4）未来展望和潜在影响。

确保文本包含封面页、目录页及内容页，总页数控制在 15 至 20 页。封面页需标明主讲人小智。目录页列出内容框架。自第 3 页起，各页应按点展开，确保文本结构层次分明，发展脉络依时间顺序清晰呈现，包含所有重要信息，并适应 PPT 展示。

指令要点
（1）内容结构。
（2）页面布局。
（3）页数控制。
（4）展示方式。

根据【指令 2】，文本内容生成结果截图如图 4-23 所示。

- 达特茅斯会议 (1956)
  - 正式确立"人工智能"这一术语。

第七页：关键技术和里程碑事件（第2部分）
- 反向传播算法 (1986)
  - 加速了神经网络的发展，是深度学习的基础之一。
- IBM深蓝战胜国际象棋冠军 (1997)
  - 展示了AI在特定任务上的强大能力。

第八页：关键技术和里程碑事件（第3部分）
- AlphaGo击败围棋世界冠军 (2016)
  - 强化学习的成功案例，展示了AI在复杂决策中的潜力。
- GPT系列模型发布 (2018至今)
  - 自然语言处理领域的革命性进展。

第九页：当前的应用领域和发展趋势（第1部分）
- 自然语言处理
  - 聊天机器人、自动翻译、情感分析等。
- 计算机视觉
  - 图像识别、自动驾驶、安防监控等。

第十页：当前的应用领域和发展趋势（第2部分）
- 医疗健康
  - 疾病预测、个性化治疗方案、远程医疗服务。
- 智能制造
  - 工业自动化、质量控制、供应链优化。

第十一页：当前的应用领域和发展趋势（第3部分）
- 金融服务
  - 风险管理、欺诈检测、智能投顾。
- 教育科技
  - 自适应学习系统、虚拟助教。

第十二页：未来展望和潜在影响（第1部分）
- 技术进步
  - 更强大的计算资源、量子计算可能带来的变革。
- 伦理挑战
  - 数据隐私、算法偏见、就业结构变化。

第十三页：未来展望和潜在影响（第2部分）
- 社会影响
  - 改变工作方式和社会互动模式。
  - 提升生产力的同时也可能加剧不平等。
- 政策法规
  - 各国政府正在制定相关法律法规来规范AI的发展和使用。

第十四页：总结
- 回顾AI发展的主要阶段和技术突破。
- 强调AI对未来社会的深远影响及其重要性。
- 鼓励员工思考如何将AI融入自身工作中，并准备迎接未来的挑战。

第十五页：致谢页
- 感谢所有参与培训的同事。
- 提供主讲人的联系信息以便后续交流。
- 提醒参与者如有任何疑问或想法可以随时联系。

以上为PPT的大纲及内容概要，每一页的内容可以根据实际需要进行调整和扩展。确保每一页都包含适当的文字量，并利用图表、图片或者简短视频来辅助说明，使PPT既专业又易于理解。

图 4-23　文本内容生成结果截图

第三步：细化文本内容，加入案例、图表和数据。

【指令3】请细化初步文本内容。
（1）添加具体的人工智能发展案例和应用实例。
（2）插入相关的图表和数据，增强文本说服力和直观性。
（3）确保语言简洁明了，符合公司员工的理解水平。
（4）强调生成式AI提升办公效率的应用和优势。
确保内容丰富且具有说服力。

指令要点
（1）案例实例。
（2）图表数据。
（3）语言风格。
（4）内容质量。

根据【指令3】，细化文本内容生成结果截图如图4-24所示。

封面页
- 标题: 人工智能发展历程
- 副标题: 内部培训资料
- 主讲人: 小智
- 日期: 2024年12月
- 公司Logo

目录页
1. 人工智能的历史背景和发展阶段
2. 关键技术和里程碑事件
3. 当前的应用领域和发展趋势
4. 未来展望和潜在影响

第三页: 人工智能的历史背景和发展阶段（第1部分）
- 早期探索 (1950s - 1970s)
  - 案例: 图灵测试提出，定义了机器智能的标准。艾伦·图灵设想了一种测试来判断机器是否能够思考。
  - 图表: 插入一张展示AI概念起源的时间线图表。
- 第一次寒冬 (1970s - 1980s)
  - 数据: AI研究资金减少了约40%，反映了当时公众和投资者对AI的失望情绪。

第四页: 人工智能的历史背景和发展阶段（第2部分）
- 复苏与进步 (1980s - 1990s)
  - 案例: MYCIN专家系统用于医疗诊断，正确率高达94%。
  - 图表: 添加一张显示该时期硬件性能提升的数据图表。
- 第二次寒冬 (1990s - 2000s)
  - 应用实例: 虽然AI遭遇瓶颈，但语音识别技术如Dragon NaturallySpeaking开始商业化，开启了个人计算的新纪元。

第五页: 人工智能的历史背景和发展阶段（第3部分）
- 复兴与发展 (2000s - 至今)
  - 案例: Netflix Prize竞赛展示了机器学习在推荐系统的威力，最终提高了用户满意度和留存率。
  - 图表: 插入一张关于互联网数据量增长的图表，解释大数据如何推动AI的发展。

第六页: 关键技术和里程碑事件（第1部分）
- 图灵测试 (1950)
  - 案例: 智能聊天机器人Eugene Goostman在2014年通过了图灵测试，模拟了一个13岁的乌克兰男孩。
- 达特茅斯会议 (1956)
  - 应用实例: 这次会议奠定了AI的基础理论，参与者包括John McCarthy、Marvin Minsky等先驱者。

第七页: 关键技术和里程碑事件（第2部分）
- 反向传播算法 (1986)
  - 案例: 多层感知器使用此算法训练，成功解决了XOR问题，证明了神经网络的能力。
- IBM深蓝战胜国际象棋冠军 (1997)
  - 图表: 插入一张对比人类选手与计算机在不同游戏中的表现图表。

第八页：关键技术和里程碑事件（第3部分）

- AlphaGo击败围棋世界冠军（2016）
  - **应用实例**：AlphaGo不仅赢得了比赛，还引入了新颖的策略，启发了新的思维方式。
- GPT系列模型发布（2018至今）
  - **图表**：展示GPT模型参数数量的增长曲线，以及它们在自然语言处理任务上的优越性能。

第九页：当前的应用领域和发展趋势（第1部分）

- 自然语言处理
  - **案例**：Microsoft Translator可以实时翻译超过60种语言，促进了跨国交流。
  - **图表**：插入一张展示NLP技术应用领域的饼图。
- 计算机视觉
  - **应用实例**：Tesla的Autopilot系统利用CV技术实现半自动驾驶功能，提升了行车安全性。

第十页：当前的应用领域和发展趋势（第2部分）

- 医疗健康
  - **案例**：IBM Watson for Oncology帮助医生分析癌症病例，提供个性化的治疗建议。
  - **图表**：显示AI辅助诊断的速度和准确性相对于传统方法的优势。
- 智能制造
  - **应用实例**：Siemens采用AI优化生产流程，减少了废料并提高了效率。

第十一页：当前的应用领域和发展趋势（第3部分）

- 金融服务
  - **案例**：Ant Financial利用AI进行信用评估，快速决策贷款审批，降低了金融风险。
  - **图表**：插入一张展示AI在金融风险管理中作用的数据图。
- 教育科技
  - **应用实例**：Duolingo的语言学习平台运用AI调整课程难度，根据用户的学习进度提供个性化练习。

第十二页：生成式AI提升办公效率

- 实际应用和优势
  - **案例**：使用AI写作助手（如Qwen）自动生成报告草稿，大大缩短撰写时间。
  - **图表**：对比有无AI辅助下的工作效率差异，强调AI工具如何加速文档创作、数据分析等日常任务。
  - **说明**：解释生成式AI可以通过自动摘要、内容生成等功能提高员工的工作效率，使他们能够专注于更具创造性和战略性的工作。

第十三页：未来展望和潜在影响（第1部分）

- 技术进步
  - **预测**：预计到2030年，量子计算可能使AI模型的训练速度提高数万倍。
  - **图表**：插入一张预测AI技术发展路径的时间表。
- 伦理挑战
  - **讨论**：探讨AI在隐私保护、算法公正性等方面带来的新问题，并提及全球范围内的法规制定进展。

第十四页：未来展望和潜在影响（第2部分）

- 社会影响
  - **案例**：在某些行业，AI可能导致职位结构变化；例如，客服岗位可能会转向更复杂的客户服务角色。
  - **图表**：展示AI对不同职业的影响程度，引导员工思考自身技能的转型。
- 政策法规
  - **应用实例**：欧盟《通用数据保护条例》（GDPR）规定了AI系统中个人数据的处理规则，确保用户权益得到保护。

第十五页：总结

- **回顾**：简要重申AI发展的主要阶段和技术突破。
- **强调**：强调AI对未来工作和社会的重要意义，鼓励员工积极拥抱这项技术。
- **呼吁行动**：提议员工探索如何将AI融入日常工作流程，以提高生产力和个人竞争力。

第十六页：致谢页

- 感谢所有参与培训的同事。
- 提供主讲人的联系信息以便后续交流。
- 提醒参与者如有任何疑问或想法可以随时联系。

每一页的内容都经过精心设计，旨在确保信息既丰富又具有说服力，同时保持语言简洁明了，适合公司员工的理解水平。此外，通过具体案例、相关图表和数据的支持，增强了PPT的专业性和直观性。

图4-24 细化文本内容生成结果截图

> **知识链接**
>
> **数据可视化**
>
> 　　数据可视化能够将复杂的数据转化为直观的图表和图形，帮助用户更快地理解和吸收信息。在 PPT 制作中，数据可视化不仅能增强演示内容的吸引力，还能使复杂的概念和数据更加清晰明了。例如，在运用大模型生成 PPT 时，DeepSeek 结合 Kimi 可以将大量数据转化为时间轴图、折线图或柱状图，清晰展示信息。系统还可以生成交互式图表，如动态图表和可点击的地图，增强用户的参与度。通过高质量的图表和图标，确保每一页 PPT 都显得专业且富有吸引力。这种视觉化的呈现方式不仅提升了观众的理解能力，也为决策提供了有力支持。

第四步：生成包含标题页、目录页、内容页和总结页的 PPT，确保布局清晰合理。

> 【指令 4】请根据上述文本内容，生成一份包含以下关键元素的 PPT。
> 　　（1）标题页：会议主题、演讲者姓名及日期。
> 　　（2）目录页：列出主要章节和内容概要。
> 　　（3）内容页：每个主要内容点对应一张或多张幻灯片，图文并茂。
> 　　（4）总结页：总结会议要点和未来展望。
> 　　确保 PPT 清晰易懂，布局合理。

指令要点
（1）关键元素。
（2）信息呈现。

大模型生成的 PPT

根据【指令 4】，大模型智能生成 PPT。

第五步：审阅并优化 PPT 的视觉元素和动画效果，确保美观专业。

> 【指令 5】请对 PPT 进行以下调整，确保美观、专业，有效传达信息。
> 　　（1）统一字体、颜色和排版风格，保持整体一致性。
> 　　（2）适当添加动画和过渡效果，提升吸引力。
> 　　（3）插入高质量图片、图标和图表，提升视觉冲击力。
> 　　（4）检查所有链接和多媒体元素，确保功能正常。

指令要点
（1）风格统一。
（2）视觉元素。
（3）功能检查。
（4）最终效果。

美化后的 PPT

根据【指令 5】，大模型调整美化 PPT。

 **智能探索**

请结合上述指令，梳理出一份用于"自动生成PPT"的指令模板，便于后续同类任务快速有效输出。

职业素养

数字办公，创新效能

在数字化时代，员工必须精通智能工具的使用，能够迅速制作出专业的PPT，并且在内容质量上保持严格的标准。这种能力要求我们在追求工作效率的同时，不断研究和应用新技术，以提升专业性，优化并革新工作流程。通过培养高效办公与创新能力相结合的职业素养，我们能够更好地适应数字化办公环境，增强职业竞争力，为公司创造更大的价值。

即学即用

请以公司行政助理的身份，使用DeepSeek等模型完成以下工作任务。请自行选用1～2种你认为合适的模型，如选择使用推理模型完成任务，可根据实际需要略过角色定位相关步骤。

各任务背景资料

任务 1　撰写通知邮件

你需要为公司全体员工撰写一份关于年度团建活动的通知邮件。请根据以下步骤设计指令，生成工作邮件。

（1）确定模型任务：明确大模型的角色及其工作任务。

（2）提供背景资料：向大模型提供与工作邮件撰写相关的背景资料。

（3）描述邮件内容：详细描述邮件的内容框架和风格要求，并提供邮件内容要点。

（4）审核优化邮件：审阅大模型基于描述生成的工作邮件初稿，确保信息准确无误、格式规范、附件齐全，必要时进行适当修改。

任务 2　安排客户洽谈会

你需要根据财务总监的日程表，为他安排一次重要的客户洽谈会。请根据以下步骤设计指令，生成工作日程安排。

（1）设定角色目标：明确大模型的角色及其任务目标。

（2）提供背景资料：提供财务总监日程安排的背景资料。

（3）描述日程需求：详细描述具体的日程需求，包括会议的时间、地点、参与者、议程等关键信息。

（4）制订日程计划：根据提供的背景资料和日程需求，制订初步的日程安排。

（5）检测日程冲突：自动检测制订的日程计划中可能存在的冲突，并提供解决方案。

任务 3　筹备战略规划研讨会

你负责筹备一次重要的公司战略规划研讨会。请根据以下步骤设计指令，安排会务工作。

（1）设定身份背景：明确大模型的角色为一位专业的会务助手。
（2）撰写会议通知：提供会议的基本信息，生成正式的会议通知草案。
（3）拟定会议议程：提供会议的主要议题和目标，智能拟定详细的会议议程。
（4）规划会议日程：提供参会人员的可用时间和约束条件，规划最优会议日程。
（5）编写会议简讯：根据会议记录，生成会议简讯，总结会议关键内容。

任务 4　生成排班计划

你需要完成2025年1月的员工夜间值班排班表，请根据员工排班需求与历史排班数据设计指令，生成灵活排班计划。

任务 5　撰写市场分析报告

你需要为公司管理层撰写一份关于智能家居市场的趋势分析报告。请根据以下步骤设计指令，生成结构清晰、内容翔实的市场趋势分析报告。

（1）了解背景信息：搜集并整理相关行业的背景资料。
（2）界定角色职责：明确大模型的角色及其任务目标。
（3）明确分析需求：确定报告的主要内容和具体细节。
（4）构建关键问题：根据分析需求，构建关于市场规模、技术趋势、消费者行为、竞争者分析、政策法规和未来预测等关键维度的问题，引导大模型生成报告内容。
（5）持续优化调整：生成初步的市场趋势分析报告，并进行审阅，确保内容准确、结构合理、语言流畅。

任务 6　生成产品介绍PPT

你需要为公司即将推出的新智能家居产品制作一份用于内部培训和销售团队展示的产品介绍PPT。请根据以下步骤设计指令，自动生成产品介绍PPT。

（1）明确创作背景：向大模型提供创作的背景信息。
（2）设定角色任务：明确大模型的角色定位及其任务目标。
（3）创建PPT的核心文本框架：根据PPT主题，生成核心文本内容，确保文本结构条理清晰，包含制作PPT所需的关键信息。
（4）细化文本内容：基于初步生成的文本内容，进一步细化和优化各部分，添加具体案例、图表和数据，以提升内容的说服力和直观性，同时确保语言表达简洁明了，符合目标受众的理解水平。
（5）智能制作PPT：根据细化后的文本内容，自动生成PPT，确保PPT包含标题页、目录页、内容页和总结页等关键元素，并且信息呈现清晰易懂。
（6）调整美化PPT：对生成的PPT进行审阅和调整，确保视觉效果美观且专业，统一字体、颜色和排版风格，添加适当的动画和过渡效果，插入高质量的图片、图标和图表，检查所有链接和多媒体元素，确保其正常运作。

模块五

智能核算：
大模型在财务核算中的应用

模块导学

在财务核算领域，精确性和时效性是核心要求，然而传统手工核算方法往往耗时长且易出错。在数字化转型浪潮中，随着人工智能技术的快速发展，智能核算已成为提升财务工作效率的新动力。本模块将深入探讨大模型在财务核算中的多元应用，助力财务人员革新工作方式，提升专业能力，内容包括智能解答财务问题、高效处理财务数据、自动生成财务报表以及智能计算财务指标等关键环节。通过技术赋能，实现财务工作的智能化转型，为企业的财务管理和决策提供更加及时、可靠的数据支持。

职业目标

掌握智能核算技能，运用人工智能技术，如 DeepSeek 等平台，提升财务核算效率和数据精确度，实现从传统手工核算向智能财务管理的职业转型，为企业的财务管理和战略决策提供更有力的支持。适应财务智能化趋势，优化财务流程，培养创新思维，并通过提升个人在财务领域的专业素养，实现职业成长和晋升，为企业创造更大的价值。

知识导航

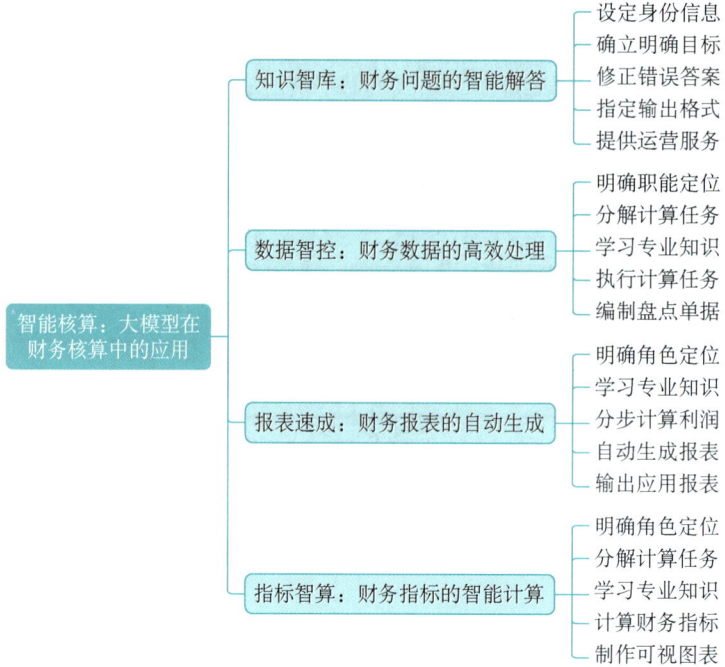

单元 1　知识智库：财务问题的智能解答

案例背景

经过轮岗，小智最终被分配到公司财务共享服务中心工作，目前他主要负责与客户沟通，解答客户的财务疑问。面对错综复杂的财务问题，他时常感到应对不暇。尽管小智具备扎实的财务基础知识，但在实际工作中，快速准确地解答各类财务问题、提供专业建议仍然是一大挑战。为了走出这一困境，小智急需一个能够智能解答财务问题的工具。

请选择一种你认为适用的模型，以财务基础理论知识为解答范例，协助小智生成初级知识答案，完善题库。

指令逻辑

（1）设定身份信息。明确大模型角色，确保其具备财务基础知识，理解财务咨询职责。【指令1】

（2）确立明确目标。设定具体工作目标，确保大模型有效协助用户完成工作任务，包括快速、准确地解答财务问题和提供专业建议。【指令2】

（3）修正错误答案。指出大模型生成的答案中的错误，大模型接收修正信息，并据此调整相应内容。【指令3】

（4）指定输出格式。确保大模型生成的答案结构清晰，易于理解和操作，适用于各类财务问题。【指令4】

（5）提供运营服务。利用优化后的大模型提供高效运营服务，确保财务咨询的响应速度和质量，并根据反馈持续优化回答策略。【指令5】

实践演练

第一步：明确大模型的角色定位及知识储备。

【指令1】作为资深会计师，请你协助我解答客户的财务咨询问题，迅速、准确地生成答案，并确保提供必要的支持与专业建议。

指令要点
（1）角色定位
（2）任务目标
（3）工作要求

根据【指令1】，设定身份信息生成结果截图如图5-1所示。

> 当然可以。作为一名具备扎实财务知识的资深会计师，我会尽力提供专业和准确的建议。请您提供具体的财务咨询问题，以便我能更有效地帮助您和您的客户。如果问题涉及到特定的会计准则、税务法规或财务报表分析等，也请一并告知相关的背景信息，这样我能够给出更加贴合实际情况的回答。
>
> 例如，客户可能询问有关以下方面的问题：
> - 财务报表的编制与解读
> - 税务筹划与合规
> - 成本控制与预算管理
> - 内部控制与风险管理
> - 投资决策与资本结构
> - 企业并购与重组
> - 国际财务报告准则（IFRS）或美国通用会计原则（GAAP）的应用
>
> 请告诉我具体的情况，我将根据提供的信息进行解答。

图5-1 设定身份信息生成结果截图

第二步：设定具体工作目标，即解答财务问题、提供专业建议。明确回答要求，确保答案与问题相关且准确。

指令要点
（1）问题类型
（2）解答依据
（3）参考标准
（4）附加要求

【指令2】请根据《企业会计准则》和助理会计师考试题库要求，完成我发给你的《初级会计实务》习题，并提供详细答案解析。

《初级会计实务》习题及参考答案

大模型生成的答案

根据【指令2】，大模型生成习题答案。

对比大模型生成的答案与参考答案，发现第3题答案存在错误，大模型生成的答案为ABCD，正确答案应为ABD。

第三步：指出并修正大模型生成的错误答案，将相关知识总结为参考文本。根据需要选择引用方式，短文本直接引用，长文本整理文档。

> **指令要点**
> （1）问题定位。
> （2）错误原因。
> （3）原理依据。
> （4）行动要求。

【指令3】第3题回答错误。根据会计恒等式"资产＝负债＋所有者权益"，任何经济业务发生后，该等式应仍然恒等。选项C中，"资产和所有者权益一增一减"，即等式左边增加，右边减少，导致等式不再恒等，因此选项C错误。你所举的例子"企业用现金购买固定资产"，实际上反映的是资产内部一增一减（即货币资金减少，固定资产增加），并非资产和所有者权益一增一减。请仔细研读上述信息，并重新作答。

根据【指令3】，修正错误答案生成结果截图如图5-2所示。

> 非常抱歉，我之前的回答中确实存在错误。感谢您的指正。
>
> **3. 某项经济业务的发生没有增加负债，也没有减少负债，则可能导致的结果有（ ）**
>
> **答案**：ABD
>
> **解析**：根据会计等式"资产＝负债＋所有者权益"，如果一项经济业务的发生没有增加负债，也没有减少负债，则可能导致以下几种结果：
>
> - **资产和所有者权益同时增加**：例如，企业收到投资者投入的现金或实物资产，导致资产和所有者权益同时增加。
> - **资产和所有者权益同时减少**：例如，企业用现金或实物资产进行捐赠，导致资产和所有者权益同时减少。
> - **资产内部一增一减**：例如，企业将现金存入银行，导致现金减少，银行存款增加，资产总额不变。
>
> 选项C"资产和所有者权益一增一减"是错误的，因为它会导致会计等式"资产＝负债＋所有者权益"失衡。
>
> 再次为之前的错误回答向您道歉，并感谢您的耐心指正。

图5-2 修正错误答案生成结果截图

第四步：确定答案呈现方式，根据需求调整答案格式。

> **指令要点**
> （1）基础任务。
> （2）文档格式。
> （3）内容要求。
> （4）结构要求。

【指令4】请更正第3题错误答案，并创建一份包含题干、答案、解析及相关知识点链接的docx文档，确保内容结构清晰易懂。

大模型重新生成的答案

根据【指令4】，大模型重新生成习题答案。

模块五　智能核算：大模型在财务核算中的应用

第五步：运用经过优化的大模型提供高效运营支持，并通过参考文本提供解答、咨询等服务。

【指令 5】请持续为我提供高效的财务咨询服务。并在每次咨询结束后询问我是否满意，并根据我的反馈优化你的回答策略。

指令要点
（1）服务性质。
（2）反馈机制。
（3）优化策略。

根据【指令 5】，提供运营服务生成结果截图如图 5-3 所示。

本次解答总结

您对本次解答满意吗？
如果有任何建议或需要进一步澄清的地方，请随时告诉我，我将根据您的反馈优化后续回答。

持续优化策略

1. **高效精准**
   - 答案优先标注核心结论，解析部分逻辑分层，重点加粗。
   - 复杂计算题提供分步推导，避免跳跃。
2. **反馈驱动改进**
   - 每次解答后询问满意度，收集您的具体需求（如"需要更简洁"或"更多案例"）。
   - 根据反馈动态调整解析深度、排版风格或扩展补充资料。
3. **个性化支持**
   - 针对薄弱环节（如坏账准备、金融资产等）提供专项练习题+思维导图。
   - 结合考试高频考点，推送《30天冲刺计划》或易错点合集。

请告诉我您对本次服务的评价，我将立即优化！
（ ☑ 满意 / ✗ 需改进，具体建议：＿＿＿＿＿＿）

图 5-3　提供运营服务生成结果截图

知识链接

知识图谱技术

知识图谱（knowledge graph）是一种用于表示知识的图形化结构，它通过节点和边来表示实体及其之间的关系。在财务咨询领域，知识图谱技术可以显著提升信息检索的效率和准确性，帮助财务人员快速找到相关法规、标准和案例，从而提供更精准的咨询服务。

在财务咨询中，知识图谱能够将复杂的财务数据和信息整合到一个统一的知识体系中。例如，DeepSeek 可以通过构建和利用财务知识图谱，将各种财务标准、法律法规、公司财务数据等信息进行关联，形成一张全面的知识网络。当用户提出具体的财务问题时，系统可以基于这张知识图谱迅速定位相关信息，并生成准确的答案。这种基于知识图谱的方法不仅提高了查询效率，还能确保答案的完整性和准确性。

智能探索

请自行选择2～3种大模型，针对上述《初级会计实务》习题进行提问，并与参考答案核对，统计无干扰情况下的题目正确率。

职业素养

精准高效，智能咨询

现代职场强调培养财务咨询人员精准、高效解答财务问题的能力。这不仅要求我们具备扎实的财务知识基础，还必须擅长运用智能工具进行快速、准确的信息检索与分析。注重细节，对每一个财务问题都力求提供专业、全面的解答。同时，保持持续学习的态度，密切关注财务领域的发展动态，不断提升自身专业素养，以更好地服务客户。

单元 2　数据智控：财务数据的高效处理

案例背景

在与客户沟通后，小智根据客户的具体需求，建立核算账套并进行账务处理。在处理客户购销存数据时，小智注意到存在多条商品名称相同的购销记录，这导致了人工处理的效率低下。为了提升工作效率，小智计划采用大模型来辅助数据处理工作，以期向客户提供优质服务。

请选择一种你认为适用的模型，协助小智处理购销存数据，自动计算本期入库数量、入库成本及出库数量，并结合专业知识指导大模型计算加权平均单位成本、结存数量及结存成本，完成盘存单的编制工作。盘存单如表5-1所示。

表 5-1 盘存单

金额单位：元
数量单位：件

商品	期初结存数量	期初结存成本	本期入库数量	本期入库成本	本期出库数量	本期结存数量	加权平均单位成本	本期结存成本
酸奶	6	270						
八宝粥	8	200						
花生油	10	1 150						
火腿肠	12	480						
醋	12	540						
酱油	12	600						
苏打饼干	11	280						
花生酱	10	260						
合计	81	3 780						

采购单、销售单资料

指令逻辑

（1）明确职能定位。设定大模型的职能，确保其能理解自身职责并处理财务数据。明确需要大模型辅助用户完成的任务类型和范围。【指令1】

（2）分解计算任务。将复杂的计算任务分解为具体子任务，确保步骤清晰明确。这有助于大模型有序执行复杂数据的处理。【指令2-1】【指令2-2】【指令2-3】

（3）学习专业知识。确保大模型掌握必要的财务知识，特别是与本任务相关的会计准则和计算方法，包括但不限于成本计算、库存管理等专业术语和公式。【指令3】

（4）执行计算任务。根据分解的任务步骤，执行计算操作，确保数据准确无误。大模型自动处理和验证数据，确保最终结果可靠。【指令4】

（5）编制盘点单据。根据计算结果，生成格式规范、内容完整的盘点单据。大模型输出符合标准的报表或文档，便于用户审核和使用。【指令5】

实践演练

第一步：设定大模型为资深成本会计，明确其在购销存数据处理中的职责。

> **指令要点**
> （1）角色定位。
> （2）技能要求。
> （3）知识领域。
> （4）工作目标。

【指令1】作为资深成本会计，你能够运用专业财务知识和实务经验，熟练处理和分析财务数据。你的主要任务是协助我处理客户购销存数据，包括计算本期入库数量、入库成本和出库数量，并在进一步学习专业知识后计算加权平均单位成本、结存数量和结存成本，编制盘存单。接下来，我将提供一系列财务数据表格，你将通过分析这些数据协助我完成上述工作，你明白了吗？

根据【指令1】，明确职能定位生成结果截图如图5-4所示。

图5-4　明确职能定位生成结果截图

第二步：按步骤分解计算任务，设计相应指令并逐一输入。

指令要点
（1）数据来源。
（2）具体任务。
（3）公式设置。
（4）注意事项。

【指令2-1】请根据采购单信息，填列表5-1盘存单的"本期入库数量"列。在"采购单"Sheet中，B列是"商品名称"，E列是"采购数量"。在"盘存单"Sheet的A2单元格填入"酸奶"，D2单元格填入酸奶的"本期入库数量"。注意，"采购单"的商品名称不是唯一标识，而"盘存单"的商品名称是唯一的。请设置D2单元格的公式，并用Excel完成盘存单的"本期入库数量"列填列。

根据【指令2-1】，填列"本期入库数量"列生成结果截图如图5-5所示。

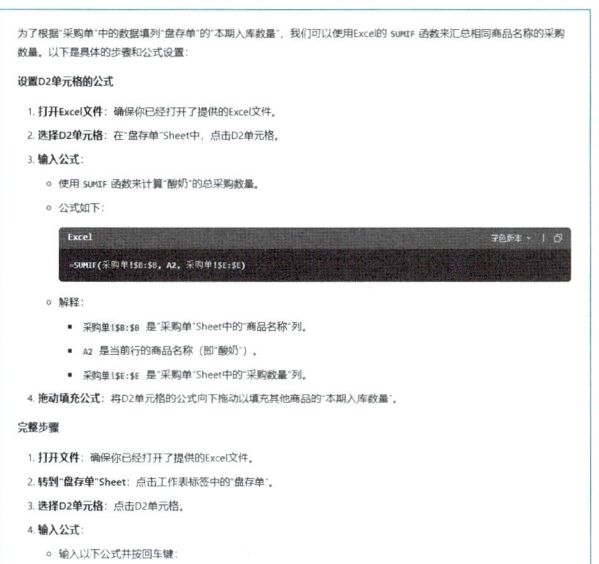
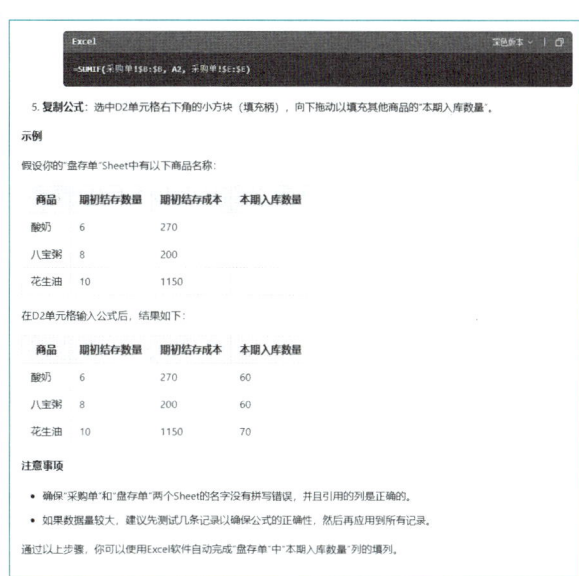

图 5-5　填列"本期入库数量"列生成结果截图

> 【指令 2-2】接着，请填列盘存单"本期入库金额"列。"采购单"Sheet 中，B 列是"商品名称"，G 列是"采购金额"。"盘存单"Sheet 的 A2 单元格是"酸奶"，E2 单元格需填酸奶的"本期入库金额"。"采购单"中商品名称可能重复，但"盘存单"中商品名称唯一。请设置 E2 单元格的公式，并用 Excel 完成"盘存单"的"本期入库金额"列填列。

根据【指令 2-2】，填列"本期入库金额"列生成结果截图如图 5-6 所示。

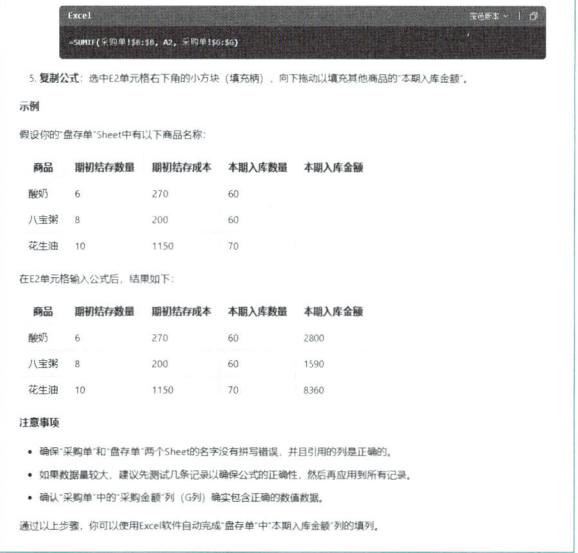

图 5-6　填列"本期入库金额"列生成结果截图

【指令 2-3】接着，请根据"销售单"信息，填列盘存单"本期出库数量"列。"销售单"Sheet 中，B 列是"商品名称"，E 列是"出库数量"。在"盘存单"Sheet 中，A2 单元格为商品"酸奶"，F2 单元格需填入酸奶的"本期出库数量"。"销售单"的商品名称列不是唯一标识，可能有重复；而"盘存单"的商品名称列是唯一的。请提供 F2 单元格的公式，并用 Excel 完成"盘存单"中"本期出库数量"的填列。

根据【指令 2-3】，填列"本期出库数量"列生成结果截图如图 5-7 所示。

图 5-7 填列"本期出库数量"列生成结果截图

填列"本期入库数量""本期入库金额""本期出库数量"后的盘存单如表 5-2 所示。

表 5-2 盘存单　　　　　　　　　　　　　　　　金额单位：元
　　　　　　　　　　　　　　　　　　　　　　　数量单位：件

商品	期初结存数量	期初结存成本	本期入库数量	本期入库成本	本期出库数量	本期结存数量	加权平均采购价格	本期结存成本
酸奶	6	270	60	2 800	35			
八宝粥	8	200	60	1 590	43			
花生油	10	1 150	70	8 360	40			
火腿肠	12	480	60	2 580	38			
醋	12	540	10	480	0			

（续表）

商品	期初结存数量	期初结存成本	本期入库数量	本期入库成本	本期出库数量	本期结存数量	加权平均采购价格	本期结存成本
酱油	12	600	30	1 560	20			
苏打饼干	11	280	20	520	16			
花生酱	10	260	45	1 300	25			
合计	81	3 780	355	19 190	217	0		0

第三步：输入成本计算等相关财务知识，确保大模型正确应用。

指令要点
（1）学习目标。
（2）学习内容。
（3）应用场景。

【指令3】请认真学习下列公式，以便继续完成"盘存单"中尚未填写的部分。

$$加权平均单位成本 = \frac{期初结存成本 + 本期入库成本}{期初结存数量 + 本期入库数量}$$

本期结存数量 = 期初结存数量 + 本期入库数量 − 本期出库数量

本期结存成本 = 本期结存数量 × 加权平均单位成本

根据【指令3】，学习专业知识生成结果截图如图5-8所示。

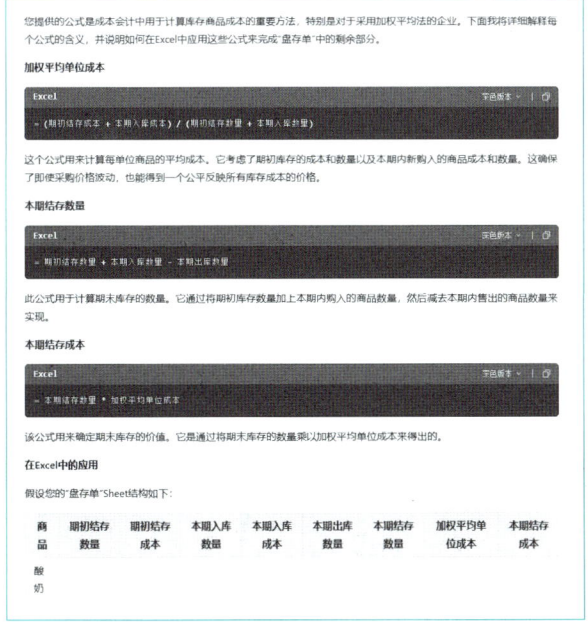
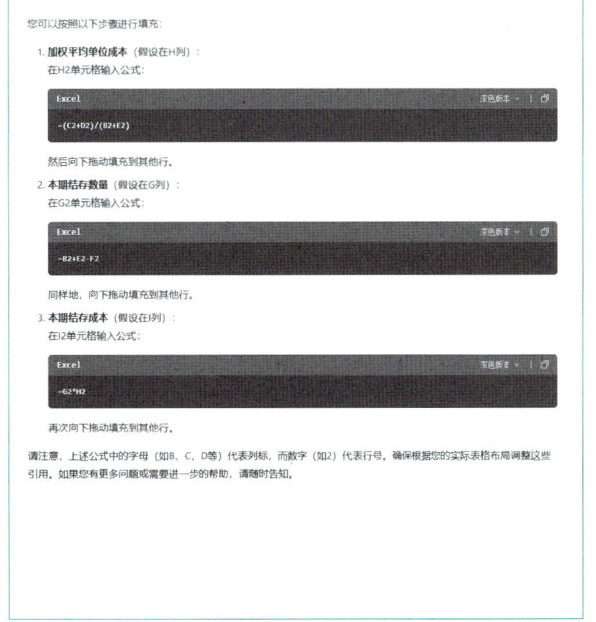

图5-8 学习专业知识生成结果截图

第四步：按照子任务顺序执行计算操作，并验证结果。

【指令4】请向我展示你的学习成果，根据上述公式，运用Excel完成"盘存单"中"本期结存数量""加权平均单位成本"和"本期结存成本"三列的填写，并举例说明这三列的公式设置方法。

指令要点
（1）具体操作。
（2）举例说明。
（3）验证结果。

根据【指令4】，执行计算任务生成结果截图如图5-9所示。

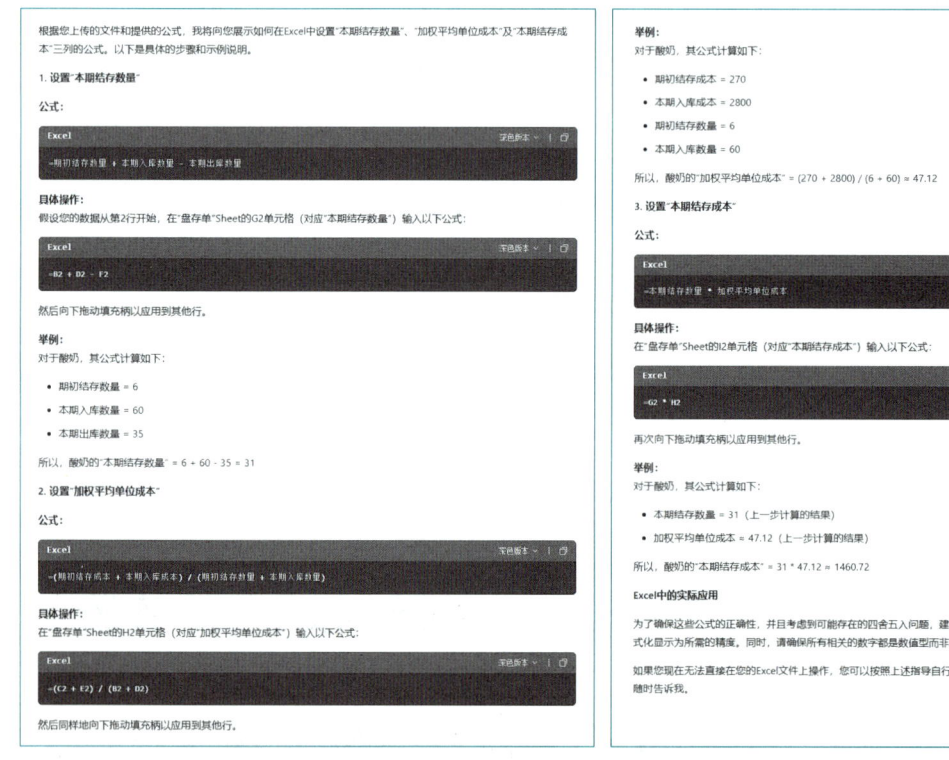

图5-9　执行计算任务生成结果截图

第五步：根据计算结果，生成格式规范、内容完整的盘存单。

【指令5】请根据上述信息，准确完成盘存单的填列，并以表格形式呈现。

指令要点
（1）填列内容。
（2）公式应用。
（3）成果呈现。

根据【指令5】，大模型填列盘存单如表5-3所示。

表 5-3　盘存单

金额单位：元
数量单位：件

商品	期初结存数量	期初结存成本	本期入库数量	本期入库成本	本期出库数量	本期结存数量	加权平均单位成本	本期结存成本
酸奶	6	270	60	2 800	35	31	46.52	1 441.97
八宝粥	8	200	60	1 590	43	25	26.32	658.09
花生油	10	1 150	70	8 360	40	40	118.88	4 755.00
火腿肠	12	480	60	2 580	38	34	42.50	1 445.00
醋	12	540	10	480	0	22	46.36	1 020.00
酱油	12	600	30	1 560	20	22	51.43	1 131.43
苏打饼干	11	280	20	520	16	15	25.81	387.10
花生酱	10	260	45	1 300	25	30	28.36	850.91
合计	81	3 780	355	19 190	217	219		11 689.49

知识链接

数据仓库

数据仓库（data warehouse）是一种集中存储和管理来自不同来源数据的技术，支持复杂的查询和分析。在财务数据分析中，数据仓库帮助企业整合多源异构数据，提高分析效率，并支持深入的业务洞察。数据仓库不仅存储当前数据，还保留历史数据，便于进行时间序列分析，识别财务趋势和评估业务绩效。通过支持复杂的 SQL 查询和多维分析，用户可以从不同角度对财务数据进行深入分析，如按产品线、地区、时间段等维度分析销售收入和利润率。结合实时数据更新机制，数据仓库还能实现对企业财务状况的实时监控和预警功能，帮助企业及时应对潜在风险。

智能探索

请尝试将【指令 2-1】【指令 2-2】【指令 2-3】整合为一个能够顺畅执行的指令。

> **职业素养**
>
> **数据洞察，精准掌控**
>
> 面对海量财务数据，财务人员必须具备严谨细致的工作态度，确保每一项数据准确无误；同时，掌握先进的数据处理工具和技巧，提升工作效率。这种专业素养要求我们在复杂的数据环境中保持冷静，运用逻辑思维和分析能力去洞察数据背后的规律，为决策提供有力支持。

单元 3　报表速成：财务报表的自动生成

案例背景

小智的同学小辉，毕业后在一家小型商贸企业担任财务助理，主要负责处理日常财务数据和编制报表。随着企业业务量的迅速增长，传统的手工编制财务报表方式已无法满足高效管理和决策的需求。面对海量的采购单、销售单和库存记录，小辉焦头烂额。小智告诉小辉，自己最近正在尝试使用大模型自动生成财务报表。这种方法不仅规避了额外的系统成本，还能利用大模型的强大计算能力和数据分析功能，确保报表的准确性和及时性。通过简洁高效的交互，小智能够在短时间内获得所需的财务报表，显著提升了工作效率，并为管理层提供了更加精准的数据支持。

请选择一种你认为适用的模型，以利润表为例，协助小辉生成财务报表，减轻他的工作负担。

指令逻辑

（1）明确角色定位。明确大模型作为财务助理的角色和职责，确保其具备处理财务数据的能力，能够快速准确地生成利润表。【指令 1】

（2）学习专业知识。确保大模型掌握必要的财务知识，特别是与利润表相关的会计准则和计算方法。【指令 2】

（3）分步计算利润。指导大模型逐步计算营业利润、利润总额和净利润。【指令 3】

（4）自动生成报表。向大模型提供标准利润表模板，大模型根据计算结果生成格式规范、内容完整、符合标准的利润表。【指令 4】

（5）输出应用报表。审核生成的报表，确认无误后，要求大模型按指定格式输出报表。【指令 5】

实践演练

第一步：设定大模型为财务助理，确保其能够处理财务数据并快速生成利润表。

【指令1】作为一位资深会计师，你的任务是根据我提供的财务数据和模板，快速准确地生成利润表。你是否清楚此任务要求？

指令要点
（1）角色定位。
（2）核心职责。
（3）任务确认。

根据【指令1】，明确角色定位生成结果截图如图5-10所示。

> 是的，我完全理解任务要求。作为专业财务人员，我将严格按照以下流程处理：
>
> **1. 数据接收与校验**
> - 请提供科目余额表/试算平衡表（含营业收入、营业成本、三大费用等科目发生额）
> - 提供贵司适用的利润表模板（如上市公司格式/中小企业格式/国际准则格式）
> - 确认特殊需求（如分部报告披露/异常波动分析等）
>
> **2. 专业处理标准**
> - 勾稽关系三重校验（科目余额表→明细账→原始凭证）
> - 执行实质性分析程序（同比/环比/预算对比）
> - 附注披露完整性检查（会计政策/异常项目说明）
>
> **3. 交付成果**
> - 按模板生成的利润表（Excel+PDF双版本）
> - 重点科目分析备忘录（中英文双语）
> - 财务比率自动计算表（毛利率/净利率/EBITDA等）
>
> 请提供相关财务数据，我将按照中国会计准则/IFRS（请指定）为您生成专业报表，并附关键财务指标分析。

图5-10　明确角色定位生成结果截图

第二步：提供必要的财务知识和计算方法，确保大模型掌握编制利润表这一专业技能。

指令要点
（1）编制依据。
（2）适用准则。
（3）文件研读。

【指令2】本次利润表编制依据为我国《企业会计准则第30号——财务报表列报》《〈企业会计准则第30号——财务报表列报〉应用指南》和《关于修订印发2019年度一般企业财务报表格式的通知》（财会〔2019〕6号）。上述文件已发送给你，请你务必详加研读。本公司已实施新金融准则、新收入准则及新租赁准则。

相关政策文件

根据【指令2】,学习专业知识生成结果截图如图5-11所示。

利润表编制说明及模板(基于最新准则)

一、编制依据

1. 核心准则文件
   - 《企业会计准则第30号——财务报表列报》(2014修订)
   - 《企业会计准则第30号——财务报表列报应用指南》(2014)
   - 《关于修订印发2019年度一般企业财务报表格式的通知(财会〔2019〕6号)》
   - 企业已执行新金融准则、新收入准则及新租赁准则。

二、利润表格式(适用新准则企业)

项目	本期金额	上期金额
一、营业收入		
减:营业成本		
税金及附加		
销售费用		
管理费用		
研发费用		
财务费用		
其中:利息费用		
利息收入		
加:其他收益		
投资收益(损失以"-"号填列)		
其中:对联营企业和合营企业的投资收益		
以摊余成本计量的金融资产终止确认收益		
净敞口套期收益(损失以"-"号填列)		
公允价值变动收益(损失以"-"号填列)		
信用减值损失(损失以"-"号填列)		
资产减值损失(损失以"-"号填列)		
资产处置收益(损失以"-"号填列)		
二、营业利润(亏损以"-"号填列)		
加:营业外收入		
减:营业外支出		
三、利润总额(亏损以"-"号填列)		
减:所得税费用		
四、净利润(净亏损以"-"号填列)		
(一)持续经营净利润		
(二)终止经营净利润		
五、其他综合收益的税后净额		
(一)不能重分类进损益的其他综合收益		
1.重新计量设定受益计划变动额		
2.权益法下不能转损益的其他综合收益		
3.其他权益工具投资公允价值变动		
4.企业自身信用风险公允价值变动		

(二)将重分类进损益的其他综合收益
1. 权益法下可转损益的其他综合收益
2. 其他债权投资公允价值变动
3. 金融资产重分类计入其他综合收益的金额
4. 其他债权投资信用减值准备
5. 现金流量套期储备
6. 外币财务报表折算差额

六、综合收益总额

七、每股收益
(一)基本每股收益
(二)稀释每股收益

三、关键填列说明

1. 研发费用:
   - 包括研发活动费用化支出及计入管理费用的无形资产摊销,需从"管理费用"中拆分列示。
2. 信用减值损失:
   - 单独反映金融工具(如应收账款)的信用风险损失,区别于传统"资产减值损失"。
3. 合同资产/负债:
   - 按新收入准则要求,同一合同下需以净额列示(借方余额在"合同资产",贷方余额在"合同负债")。
4. 其他综合收益:
   - 严格区分"能否重分类进损益",如其他权益工具投资的公允价值变动属于"不能重分类"类。

四、附注披露要求

1. 会计政策声明:
   - 明确遵循新金融、收入、租赁准则,披露收入确认方法(如时段/时点履约)、金融工具分类依据。
2. 重要项目说明:
   - 研发费用构成(人员薪酬、材料费、折旧等)、信用减值损失计提政策、其他综合收益变动明细。
3. 比较数据调整:
   - 若首次执行新准则导致期初数据变更,需在附注中说明调整金额及原因(如租赁负债确认)。

五、校验要点

1. 勾稽关系:
   - 营业利润 = 营业收入 - 营业成本 - 税金及附加 - 期间费用 + 其他收益 ± 投资收益/公允价值变动等。
   - 综合收益总额 = 净利润 + 其他综合收益税后净额。
2. 数据一致性:
   - 利润表"所得税费用"需与资产负债表"递延所得税资产/负债"变动匹配。

六、交付成果

1. Excel模板:
   - 按上述格式提供公式化模板,支持自动计算校验。
2. 分析备忘录:
   - 重点科目变动分析(如研发费用同比增幅、信用减值损失风险说明)。
3. 附注草稿:
   - 包含会计政策、重要估计、其他综合收益明细等。

下一步行动:
请提供科目余额表及试算平衡表(含营业收入、营业成本、三大费用等科目发生额),我将根据实际数据完成利润表编制,并附关键指标分析。

图5-11 学习专业知识生成结果截图

第三步：指导大模型逐步计算营业利润、利润总额和净利润。

【指令3】我已将公司2024年12月的财务数据发送给你。请根据你的学习成果，逐步计算公司2024年12月的营业利润、利润总额和净利润，并列示结算过程。

指令要点
（1）数据接收。
（2）计算指标。
（3）列示过程。

2024年12月财务数据

根据【指令3】，分步计算利润生成结果截图如图5-12所示。

1. **计算营业收入**：营业收入 = 主营业务收入 + 其他业务收入 营业收入 = 60000000元 + 1200000元 营业收入 = 61200000元

2. **计算营业成本**：营业成本 = 主营业务成本 + 其他业务成本 营业成本 = 36000000元 + 800000元 营业成本 = 36800000元

3. **计算营业利润**：营业利润 = 营业收入 - 营业成本 - 税金及附加 - 销售费用 - 管理费用 - 研发费用 - 财务费用（不含利息收入） + 投资收益 - 资产减值损失 - 信用减值损失 营业利润 = 61200000元 - 36800000元 - 500000元 - 1200000元 - 4800000元 - 3000000元 - (750000元 - 250000元) + 1200000元 - 300000元 - 280000元 营业利润 = 14770000元

4. **计算利润总额**：利润总额 = 营业利润 + 营业外收入 - 营业外支出 由于您没有提供营业外支出数据，我们假设营业外支出为0。 利润总额 = 14770000元 + 530000元 利润总额 = 15300000元

5. **计算净利润**：净利润 = 利润总额 - 所得税费用 净利润 = 15300000元 - 3500000元 净利润 = 11800000元

图5-12　分步计算利润生成结果截图

第四步：提供标准化利润表模板，大模型根据计算结果生成利润表。

【指令4】请根据上述数据，以及我提供的利润表模板，填列公司2024年12月度利润表的"本期金额"栏。

指令要点
（1）数据使用。
（2）模板依据。
（3）填列内容。

利润表模板

根据【指令4】，自动生成报表生成结果截图如图5-13所示。

图 5-13　自动生成报表生成结果截图

第五步：审核无误后，按指定格式导出报表供实际应用。

【指令5】请对生成的报表进行最终审核，确保数据无误后，将报表导出为 docx 格式，并提供下载链接。

指令要点
（1）审核报表。
（2）导出文件。
（3）下载链接。

根据【指令5】，输出应用报表生成结果截图如图 5-14 所示。

图 5-14　输出应用报表生成结果截图

知识链接

财务共享服务中心

财务共享服务中心（financial shared service center, FSSC）是一种集中化管理模式，通过整合企业内部不同部门和地区的财务职能，实现资源优化配置和管理效率提升。随着信息技术的发展，FSSC与云计算、大数据、人工智能等技术结合日益紧密，为企业带来更高的运营效率和更精准的决策支持。例如，DeepSeek可以集成到FSSC平台中，自动化处理日常财务事务如发票处理、费用报销和账务核算，显著提高工作效率并减少人为错误。FSSC积累了大量财务数据，利用大数据分析技术，DeepSeek可以从历史数据中提取关键信息，生成详细的财务报告和预测模型，帮助企业作出科学合理的战略决策。此外，实时数据流处理技术使FSSC能够持续监测财务数据变化，并自动生成预警信息，及时应对潜在风险。智能客服系统还能提供全天候自助服务，增强用户体验，减轻人工客服负担，提高响应速度和质量。

智能探索

请结合上述指令，梳理出一份用于"生成利润表"的指令模板，便于后续同类任务快速有效输出。

职业素养

智编报表，精析决策

随着人工智能技术的广泛应用，财务人员的角色逐渐从单一的数据处理者转变为数据分析者和决策支持者。财务人员需要不断学习最新的会计准则和技术应用，以适应快速变化的商业环境，并在工作中保持敏锐的数据洞察力，为管理层提供精准、及时的财务信息，助力企业作出更明智的战略决策。

单元 4 指标智算：财务指标的智能计算

案例背景

相较于对大模型的熟练应用，小智在办公自动化软件的运用上还比较生疏，在处理收入与成本数据时，他遇到了一些困难，为了解决这些难题，小智计划借助大模型来辅助数据处理，提高工作效率。

请选择一种你认为适用的模型，协助小智进行收入成本核算并完成收入成本分析表的填列，收入成本分析表如表5-4所示。目标是实现销售财务数据及指标的自动计算，并完成数据的可视化图表制作，为开展收入成本分析做好准备。

表5-4 收入成本分析表 金额单位：元

商品名称	销售成本	销售收入	毛利	销售毛利率	销售成本率	备注
酸奶						乳制品
八宝粥						方便食品
花生油						米面粮油
火腿肠						方便食品
醋						调味品
酱油						调味品
苏打饼干						方便食品
花生酱						调味品
合计						

销售单、盘存单

 指令逻辑

（1）明确角色定位。确定大模型作为财务助手的角色，主要任务是根据提供的财务数据计算特定财务指标。【指令1】

（2）分解计算任务。将复杂的收入成本核算任务分解为具体子任务，确保步骤清晰，便于逐步执行。【指令2-1】【指令2-2】

（3）学习专业知识。学习与收入成本核算相关的会计准则和计算方法，确保计算结果准确。【指令3】

（4）计算财务指标。根据收集整理的数据，计算关键财务指标。【指令4】

（5）制作可视图表。根据计算结果，生成可视化图表，直观展示财务数据和指标。【指令5】

实践演练

第一步：设定大模型为资深制造业会计，明确其计算财务指标的职责。

指令要点
（1）角色定位。
（2）技能要求。
（3）主要任务。
（4）职责确认。

【指令1】作为一位具备专业财务知识和丰富实务经验的制造业会计，你需要根据我提供的数据，协助我进行收入成本分析，完成财务指标的计算和可视化。请确认你已理解并准备好执行任务。

根据【指令1】，明确角色定位生成结果截图如图5-15所示。

图5-15　明确角色定位生成结果截图

第二步：按步骤分解计算任务，设计相应指令并逐一输入。

指令要点
（1）数据来源。
（2）任务目标。
（3）计算公式。
（4）具体操作。

【指令2-1】请查看我发送的存货盘存单（盘存单扫描二维码获取），根据盘存单数据，使用Excel完成表5-4中"销售成本"列的计算。计算结果四舍五入保留两位小数。

使用公式：销售成本＝期初结存成本＋本期入库成本－本期结存成本

根据【指令2-1】，计算销售成本生成结果截图如图5-16所示。

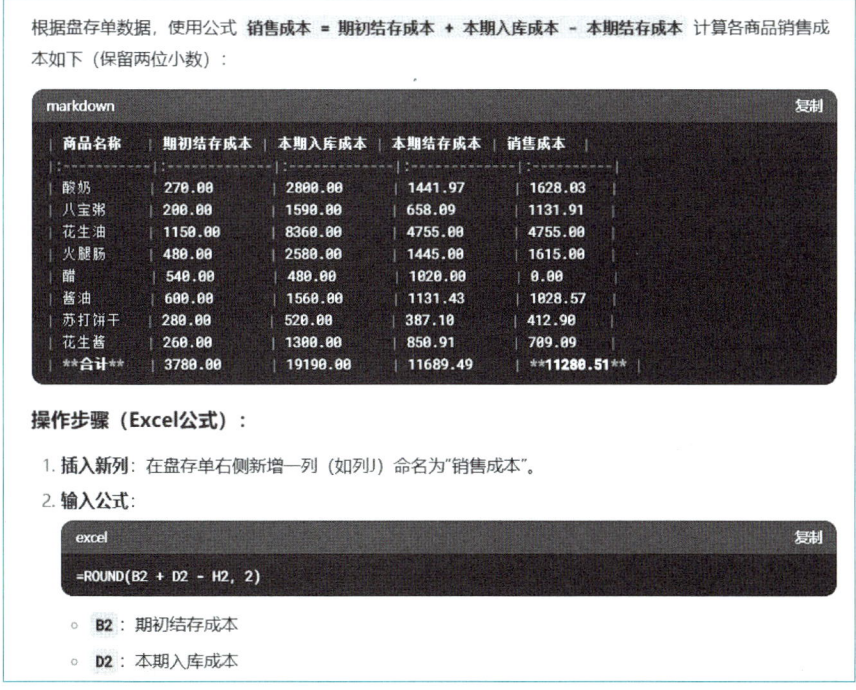

> - `H2`：本期结存成本
> - `ROUND(..., 2)`：四舍五入保留两位小数
> 3. **填充公式**：将公式拖动至所有商品行（**排除合计行**）。
> 4. **验证逻辑**：
>   - 当本期出库数量为0（如"醋"），销售成本自动为0，符合公式逻辑。
>   - 总销售成本 = 各商品销售成本之和（非直接计算合计行的期初+入库-结存）。
>
> **管理意义：**
> - **存货周转监控**：通过销售成本与收入的配比，可计算毛利率（需结合销售单数据）。
> - **成本控制**：高销售成本商品（如花生油、火腿肠）需重点分析成本动因（如采购价波动、损耗率）。
> - **异常检测**：若某商品销售成本为负（公式错误或数据异常），需核查盘存单记录。

图 5-16　计算"销售成本"生成结果截图

> 【指令 2-2】接下来，请根据"销售单"（销售单扫描二维码获取）计算各产品"销售收入"，相同产品的"销售收入"请合并计算。

根据【指令 2-2】，计算"销售收入"生成结果截图如图 5-17 所示。

> 根据您提供的"销售单"数据，我将计算每个产品的销售收入，并将相同产品的销售收入合并计算。以下是计算结果：
>
> | 商品名称 | 销售收入（合计） |
> |---|---|
> | 苏打饼干 | 704.00 |
> | 火腿肠 | 2,388.00 |
> | 酱油 | 1,390.00 |
> | 酸奶 | 2,150.00 |
> | 花生酱 | 1,175.00 |
> | 八宝粥 | 2,400.00 |
> | 花生油 | 5,520.00 |
>
> **解释：**
> - **苏打饼干**：仅有一笔销售记录，金额为704元。
> - **火腿肠**：两笔销售记录，分别为1200元和1188元，合计2388元。
> - **酱油**：两笔销售记录，分别为340元和1050元，合计1390元。
> - **酸奶**：两笔销售记录，分别为1500元和650元，合计2150元。
> - **花生酱**：两笔销售记录，分别为675元和500元，合计1175元。
> - **八宝粥**：两笔销售记录，分别为900元和1500元，合计2400元。
> - **花生油**：两笔销售记录，均为2760元，合计5520元。
>
> 这些数值是通过汇总"销售单"中相同商品名称的"金额"列来计算得出的。如果需要进一步的信息或有其他问题，请随时告知。

图 5-17　计算"销售收入"生成结果截图

填列"销售收入"和"销售成本"后，收入成本分析表如表 5-5 所示。

表 5-5　收入成本分析表　　　　　　　　　　　　　金额单位：元

商品名称	销售成本	销售收入	毛利	销售毛利率	销售成本率	备注
酸奶	1 628.03	2 150.00				乳制品
八宝粥	1 131.91	2 400.00				方便食品
花生油	4 755.00	5 520.00				米面粮油
火腿肠	1 615.00	2 388.00				方便食品
醋	0.00	0.00				调味品
酱油	1 028.57	1 390.00				调味品
苏打饼干	412.90	704.00				方便食品
花生酱	709.09	1 175.00				调味品
合计	11 280.51	15 727.00	—	—	—	

第三步：输入毛利、毛利率等销售指标计算公式，确保大模型能够正确应用。

【指令 3】请认真学习下列公式，以便后续计算财务指标。
毛利润＝销售收入－销售成本
销售毛利率＝毛利润 ÷ 销售收入
销售成本率＝销售成本 ÷ 销售收入

指令要点
（1）学习目标。
（2）公式列表。
（3）应用要求。

根据【指令 3】，学习专业知识生成结果截图如图 5-18 所示。

好的，我已经了解了您提供的用于计算财务指标的公式。这些公式是用于评估企业盈利能力的重要工具。以下是公式的简要回顾和解释：

1. **毛利润 = 销售收入 - 销售成本**
   - 毛利润表示销售收入减去直接与生产或采购商品相关的成本后的金额。它反映了销售产品或服务后直接获得的利润，不包括间接费用、税金等。

2. **销售毛利率 = 毛利润 ÷ 销售收入**
   - 销售毛利率显示的是每单位销售收入中毛利润所占的比例。这个比率有助于理解企业在扣除销售成本后保留了多少收入。较高的毛利率通常意味着更好的盈利能力。

3. **销售成本率 = 销售成本 ÷ 销售收入**
   - 销售成本率是指销售成本占销售收入的比例。它帮助衡量企业在产生收入时需要花费的成本。较低的销售成本率通常表明更高效的运营。

接下来，我将使用这些公式来计算您之前提到的产品的财务指标。我们已经有了每个产品的"销售收入"和"销售成本"，现在可以计算"毛利润"、"销售毛利率"和"销售成本率"。

图 5-18　学习专业知识生成结果截图

第四步：按照子任务顺序自动计算关键财务指标，并验证结果。

【指令4】请根据你的学习成果，运用上述数据完成各商品毛利润、销售毛利率以及销售成本率的计算，并填列"收入成本分析表"。

指令要点
（1）使用数据。
（2）填列要求。
（3）审核确认。

根据【指令4】，计算财务指标生成结果截图如图5-19所示。

商品名称	销售成本	销售收入	毛利润	销售毛利率	销售成本率	备注
酸奶	1,628.03	2,150.00	521.97	24.28%	75.72%	乳制品
八宝粥	1,131.91	2,400.00	1,268.09	52.84%	47.16%	方便食品
花生油	4,755.00	5,520.00	765.00	13.86%	86.14%	米面粮油
火腿肠	1,615.00	2,388.00	773.00	32.38%	67.62%	方便食品
醋	0.00	0.00	-	-	-	调味品
酱油	1,028.57	1,390.00	361.43	25.99%	74.01%	调味品
苏打饼干	412.90	704.00	291.10	41.35%	58.65%	方便食品
花生酱	709.09	1,175.00	465.91	39.65%	60.35%	调味品
合计	10,740.51	15,727.00	4,986.49	31.71%	68.29%	

图5-19 计算财务指标生成结果截图

第五步：根据计算结果，生成可视化图表。

【指令5】请你选择恰当的可视化图表，分别呈现各商品的毛利润、销售毛利率及销售成本率。

指令要点
（1）图表设计。
（2）呈现内容。
（3）最终输出。

根据【指令5】，制作可视图表生成结果截图如图5-20所示。

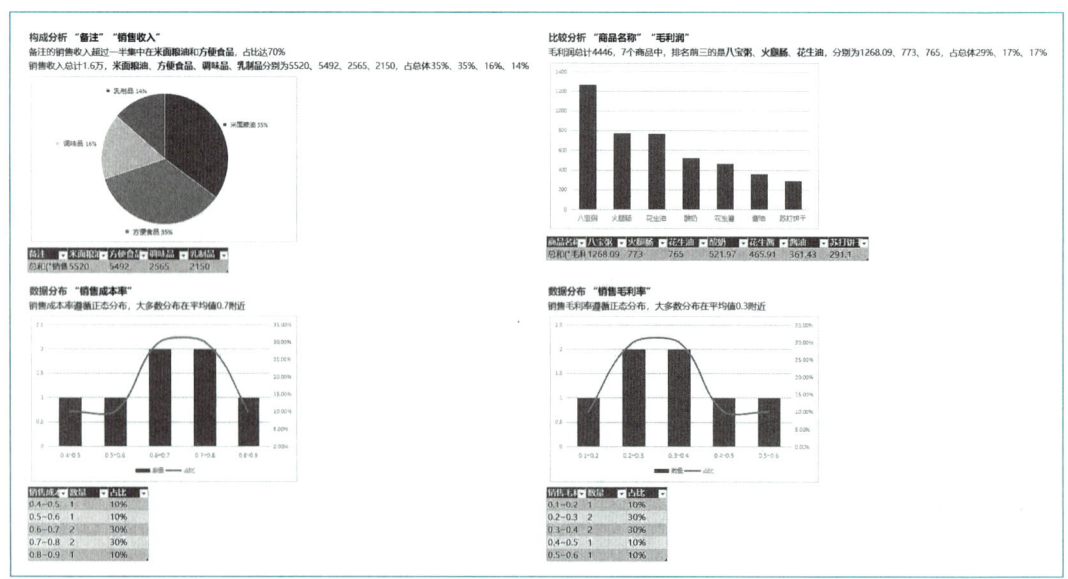

图5-20 制作可视图表生成结果截图

模块五　智能核算：大模型在财务核算中的应用

商业智能在财务分析中的应用

商业智能（business intelligence, BI）是通过技术和工具将原始数据转化为有意义的信息，帮助企业管理层作出更加明智的决策的一项技术。在财务分析中，BI 技术可以帮助企业更好地理解和利用财务数据，提高决策效率和准确性。BI 平台支持实时数据分析，帮助企业及时发现潜在问题并采取行动。通过多维度数据分析，财务分析师可以从不同角度深入分析销售收入、利润率等关键指标，发现增长机会。此外，BI 工具的数据可视化功能可以通过图形化的方式展示复杂数据，使管理层能够快速理解公司的财务状况和业务表现。BI 技术与 DeepSeek 的结合，极大地提升了财务数据分析的效率和深度，为企业提供了强有力的支持。

请尝试将【指令 2-1】【指令 2-2】整合为一个能够顺畅执行的指令。

职业素养

精准分析，数海求真

精准分析是财务工作的核心，每一个数字都蕴含着业务背后的故事。因此，我们注重细节，追求准确，确保每一项计算都经得起推敲。同时，我们学会了如何从复杂的数据中提炼有价值的信息，为决策提供有力支持。这种对数据的驾驭能力，是我们作为财务人员不可或缺的职业素养。

即学即用

请以公司财务共享中心会计专员的身份，使用 DeepSeek 等模型完成以下工作任务。请自行选用 1~2 种你认为合适的模型，如选择使用推理模型完成任务，可根据实际需要略过角色定位相关步骤。

任务 1　销售收入确认咨询

客户是一家制造公司，在 2025 年 1 月签订了一份销售合同，但货物尚未交付，客户希望了解是否可以在当期确认这部分销售收入。请根据以下步骤设计指令，解答客户问题。

（1）设定身份信息：明确大模型的角色定位及其职责。
（2）提供背景资料：向大模型提供具体的财务问题背景。

各任务背景资料

（3）解释收入确认原则：指导大模型详细解释收入确认的原则。
（4）分析具体情况：根据提供的背景资料，具体分析当前情况是否符合收入确认条件。
（5）提出专业建议：根据分析结果，给出专业的建议。

任务 2 购销存数据处理

你负责处理客户公司的购销存数据。为了提高工作效率，你计划采用大模型来辅助完成本期加权平均单位成本、结存数量和结存成本的计算，并编制盘存单。请根据以下步骤设计指令，完成上述任务。

（1）明确职能定位：设定大模型的角色及其职责。
（2）分解计算任务：将复杂的计算任务分解为具体的子任务。
（3）学习专业知识：输入成本计算、库存管理和会计准则等财务专业知识，确保大模型能够正确应用。
（4）执行计算任务：根据分解的任务步骤，执行具体的计算操作。
（5）编制盘点单据：根据计算结果，生成包含必要信息的盘存单。

任务 3 生成资产负债表

你需要为客户生成一份 2024 年 12 月 31 日的资产负债表。请根据以下步骤设计指令，生成规范、完整的资产负债表。

（1）明确角色定位：明确大模型作为财务助理的角色和职责。
（2）学习专业知识：确保大模型掌握编制资产负债表所需的会计准则和计算方法。
（3）提供财务数据：向大模型提供生成资产负债表所需的财务数据。
（4）分步计算各项指标：指导大模型逐步计算资产负债表的各项指标。
（5）自动生成报表：向大模型提供标准化的资产负债表模板，自动生成资产负债表。
（6）审核与输出报表：对生成的报表进行审核，确认数据准确无误后，按指定格式输出报表。

任务 4 财务健康状况评估

公司希望评估其财务健康状况，具体包括流动性、盈利能力和偿债能力等方面。请根据提供的财务数据，按照以下步骤设计指令，使用大模型计算相关财务指标，并提供详细的分析和建议。

（1）明确角色定位：明确大模型作为财务分析师的角色和职责。
（2）学习专业知识：确保大模型掌握必要的财务分析知识和计算方法。
（3）提供财务数据：向大模型提供用于计算财务指标所需的详细财务数据。
（4）计算财务指标：指导大模型逐步计算各个财务指标，并解释每个指标的意义。
（5）分析评估结果：基于计算结果，对公司的财务健康状况进行全面评估。
（6）生成分析报告：整理分析结果，生成一份结构清晰、易于理解的财务分析报告。

智慧税务：
大模型在税务管理中的应用

模块导学

税务管理是企业的核心财务工作之一，直接影响经营成本与合规水平。随着人工智能技术的普及，大模型为税务管理提供了高效工具。本模块将系统介绍如何运用大模型技术优化税务管理流程，提升税务管理效率，涵盖税收政策的智能整合与分析、纳税申报的智能服务与指导、税务风险的智能识别与预警，以及税务合规的智能建议与优化等关键领域。学习本模块能帮助企业更好地应对税务管理挑战，提升税务管理的智能化水平。

职业目标

掌握智能税务管理的核心技能，能够运用 AI 工具快速解析税收政策、完成纳税申报表的智能填制与校验，识别常见税务风险并提出合规建议，初步设计基础税务合规方案。提升智能工具操作能力和税务数据分析思维，培养严谨的合规意识与风险敏感度。最终具备适应中小企业税务会计、财税助理等岗位需求的专业能力，为未来职业发展奠定扎实基础。

知识导航

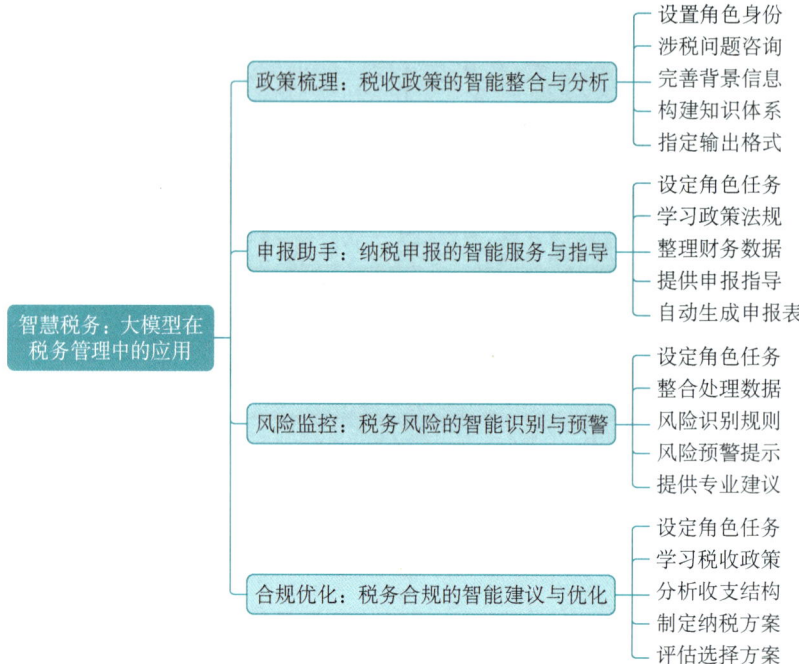

单元 1　政策梳理：税收政策的智能整合与分析

案例背景

作为财务共享中心的税务专员，小智的工作职责包括提供税务咨询服务。他需要运用专业知识和职业经验解答客户的税务疑问，并提供税务建议。然而不同行业适用的税务政策非常复杂，小智自身的知识储备难以全面覆盖。因此，他希望利用大模型技术进行政策智能整合，实现政策条款的精准提取，以便更有效地服务客户。

请选择一种你认为适用的模型，协助小智整理财税政策知识，回答客户税务问题，并逐步形成常见涉税问题知识库，确保及时、准确解答客户的疑问。

指令逻辑

（1）设置角色身份。明确大模型作为税务助理的主要任务是协助用户梳理整合财税政策信息，并提供税务咨询。【指令1】

（2）涉税问题咨询。根据任务目标，向大模型下达税务咨询指令。【指令2】

（3）完善背景信息。提炼关键词，明确业务背景，描述业务详情，确保使用的税收政策法规全面且最新。【指令3】

（4）构建知识体系。在准确回答涉税问题的基础上，列出依据税收法规的具体条款及内容，逐步形成常见涉税问题知识库。【指令4】

（5）指定输出格式。确保整理后的财税政策知识和涉税问题解答规范且易用。【指令5】

实践演练

第一步：将大模型设定为税务助理，明确其税务咨询和政策整合职责。

【指令1】作为资深税务专家，请协助我整理、归纳常用财税政策信息，并提供税务咨询。务必确保所有税务规划具备合理商业目的，并严格遵守税法规定；确保公司经营决策及日常活动充分考虑税收影响，且符合税法规定；确保公司纳税申报、税款缴纳等日常税务工作，以及税务登记、账簿凭证和税务档案管理等，均符合税法规定。你清楚自己的职责了吗？

指令要点
（1）角色定位。
（2）职责范围。
（3）合规要求。
（4）确认理解。

根据【指令1】，设置角色身份生成结果截图如图6-1所示。

图6-1 设置角色身份生成结果截图

第二步：提出具体税务问题，引导大模型提供专业咨询服务。

【指令2】请根据我提出的具体税务问题，参照最新税收政策法规，提供详尽解答和建议。每项回答应包含以下内容：
（1）政策依据：引用相关税收政策和法规条文。
（2）解答要点：提供明确答案，指导实际操作。
（3）实际案例（如有）：提供相关案例以帮助理解。
（4）注意事项：列举可能需要注意的事项或风险点。
请问，接受安保服务取得生活发票能否税前扣除？

指令要点
（1）依据最新政策。
（2）详尽解答建议。
（3）回答内容要求。

根据【指令2】，涉税问题咨询生成结果截图如图6-2所示。

关于接受安保服务取得生活发票能否税前扣除的问题，以下是详细解答：

相关政策依据

1. 《企业所得税法》及其实施条例：企业所得税法规定，企业在计算应纳税所得额时，可以扣除与取得收入有关的、合理的支出。税前扣除凭证管理办法进一步明确了扣除凭证的管理要求。
2. 《中华人民共和国增值税暂行条例》：该条例规定了增值税的计算方法和发票管理要求。
3. 《财政部 国家税务总局关于全面推开营业税改征增值税试点的通知》：该通知明确了安保服务的增值税处理方法，包括差额征税的规定。

解答要点

1. 增值税处理：安保服务可以选择一般计税方式按6%全额计税或简易计税方式按5%差额征税。差额征税适用于多种服务，可以合理扣除支付给第三方的费用，避免重复征税。
2. 发票管理：安保服务费差额征税的开票需遵守税收法律及发票管理规定。发票内容应包括服务名称、金额、税率等，确保发票的真实性和合规性。
3. 税前扣除：企业发生的与安保服务相关的支出，在取得合规的发票和其他扣除凭证后，可以作为企业所得税的税前扣除凭证，前提是这些支出必须是实际发生且与收入相关的合理支出。

实际案例

假设某公司接受安保服务，支付给安保公司费用10万元，并取得合规的增值税专用发票。该公司可以选择按6%税率全额计税，也可以选择按5%差额征税（假设差额部分为2万元）。在差额征税情况下，实际缴纳的增值税为(10万-2万)×5%=0.4万元。该公司可以将支付的10万元作为企业所得税的税前扣除凭证。

注意事项

1. 发票合规性：务必确保取得的发票符合《中华人民共和国发票管理办法》的相关规定，不符合规定的发票不得作为税前扣除凭证。
2. 费用真实性：所有扣除费用必须是真实、合理且与收入直接相关的支出。
3. 税务备案：选择差额征税的纳税人需进行相关备案，并遵守相关法规和流程。

综上所述，接受安保服务取得的生活发票，在满足上述条件的情况下，可以作为税前扣除凭证。请务必注意发票的合规性和费用的真实性，以确保顺利通过税务审核。

图6-2 涉税问题咨询生成结果截图

注：2024年12月25日，十四届全国人大常委会第十三次会议表决通过《中华人民共和国增值税法》（以下简称《增值税法》），自2026年1月1日起施行。届时，现行《中华人民共和国增值税暂行条例》（以下简称《暂行条例》）将同步废止。在《增值税法》实施前，纳税人仍需遵循《暂行条例》的规定缴纳增值税。

第三步：提供详细业务背景，确保政策应用准确、有针对性。

> 【指令3】为完成客户委托的税务咨询业务，你需要为客户日常业务活动提供税务指导和监督，确保其经营决策和日常活动考虑税收影响，符合税法规定。现客户A公司发生如下业务：
>
> A公司与保安公司签订协议，由保安公司负责保护A公司财产安全，保安公司向A公司开具了"货物或应税劳务、服务名称"为"生活服务"的发票，请问安保服务是否属于生活服务？此发票是否允许在企业所得税前扣除？
>
> 请根据上述背景信息，重新给出详尽解答和建议，要求同上。

指令要点
（1）问题背景。
（2）回答结构。
（3）解答要求。

根据【指令3】，完善背景信息后，大模型再次作答生成结果截图如图6-3所示。

一、政策依据

1. 《财政部 国家税务总局关于全面推开营业税改征增值税试点的通知》（财税〔2016〕36号）
   - 安保服务明确归类为"现代服务"中的"商务辅助服务"（包括场所保安、特种保安、安全系统监控等），**不属于**"生活服务"[1]。
   - 若发票的"货物或应税劳务、服务名称"错误填写为"生活服务"，属于不合规发票，不得作为企业所得税税前扣除凭证。

2. 《企业所得税法实施条例》第三十六条
   - 企业实际发生的与取得收入有关的、合理的支出（如安保服务费用），需符合税法规定的形式要件（如发票合规性）和实质要件（业务真实），方可税前扣除[14]。

3. 《国家税务总局关于发布〈企业所得税税前扣除凭证管理办法〉的公告》（国家税务总局公告2018年第28号）
   - 企业应取得符合规定的发票作为税前扣除凭证，发票内容需与实际交易内容一致，否则需补开、换开发票或提供其他证明材料[4][10]。

二、解答要点

1. 安保服务是否属于"生活服务"？
   - **不属于**。根据财税〔2016〕36号，安保服务属于"现代服务—商务辅助服务"，发票应开具"安全保护服务"或"商务辅助服务"类别[1][3]。

2. 错误开具"生活服务"的发票能否税前扣除？
   - **不能**。发票类别与实际业务不符，属于不合规凭证，需换开正确类别的发票后方可扣除[1][10]。

3. 合规操作路径
   - **换开发票**：要求保安公司红冲错误发票，重新开具"安全保护服务"类发票。
   - **补充证明材料**：若无法换开发票，需提供合同、付款凭证、服务验收记录等佐证业务真实性，但税务机关可能仍要求补正发票[4][10]。

三、实际案例

案例背景：B公司与保安公司签订安保合同，保安公司错误开具"生活服务"发票，B公司直接计入管理费用并申报扣除。

税务风险：
- 稽查中发现发票与业务实质不符，税务机关要求补缴企业所得税及滞纳金，并可能处以0.5倍至3倍罚款[3][10]。

解决方案：
- **立即整改**：联系保安公司重新开具正确发票，并留存换开流程的书面记录。
- **风险缓释**：向税务机关说明情况，提交原合同、付款凭证等辅助材料，争取减轻处罚[4]。

四、注意事项

1. 发票合规性核查
   - 审核发票时需关注"服务名称"是否与合同一致，避免接受模糊表述（如"生活服务""其他服务"）[1][10]。

179

生成式 AI 实战基础与财务应用

> - 若保安公司采用差额计税（如扣除人工成本），发票需注明"差额征税"字样，并附扣除项目明细①。
>
> 2. 业务真实性证明
>   - 留存安保服务合同、服务内容清单、验收记录、付款凭证（银行回单）等，形成完整的证据链 ⑩ ⑭。
>
> 3. 特殊风险提示
>   - 若安保服务涉及劳务派遣（如保安公司代发工资），需确保保安公司具备劳务派遣资质，并取得工资发放明细及社保缴纳凭证，避免关联交易风险 ③ ④。
>
> 五、建议措施
>
> 1. 合同条款优化
>   - 在合同中明确约定服务内容为"安全保护服务"，并指定发票类型为"现代服务—商务辅助服务"，避免开票争议 ① ⑩。
>
> 2. 供应商管理
>   - 与保安公司签订开票合规协议，约定因发票错误导致的税务损失由责任方承担。
>   - 定期对供应商开票人员进行税收分类编码培训 ② ⑩。
>
> 3. 内部风控强化
>   - 财务部门建立发票审核清单，将"服务名称"与业务实质匹配作为必审项。
>   - 使用税务管理软件自动校验发票编码与业务类型的匹配性 ⑩ ⑪。
>
> 总结
>
> A公司取得的"生活服务"类发票因与实际业务不符，需及时换开为"安全保护服务"类发票，否则不得税前扣除。建议企业完善合同管理、供应商协作及内部风控机制，确保税务合规性，避免因发票问题引发税务争议 ① ③ ⑩。

图 6-3　大模型再次作答生成结果截图

 知识链接

区块链技术应用

区块链技术（blockchain technology）是一种去中心化的分布式账本技术，以其不可篡改、透明性和高安全性著称。在税务合规管理中，区块链可以显著提升数据透明度和安全性，简化复杂的税务流程，并增强税务机关与企业之间的信任。例如，DeepSeek 可以集成区块链平台，实现发票的自动化生成、验证和存储，确保发票的真实性和不可篡改性，减少伪造和篡改的风险。利用智能合约，区块链还能自动执行跨境交易的税务申报和支付流程，确保所有操作符合相关国家的税法规定，减少人工操作带来的风险和延误。此外，区块链上的交易记录提供高度透明和不可篡改的数据源，使税务审计变得更加简单高效，减少企业提供额外证明材料的需求。通过实时监控供应链中的税务状况，区块链还可以帮助企业发现潜在的税务优化机会，降低整体税负。

第四步：在准确回答涉税问题的基础上，逐步构建涉税问题知识库，详细列出法规条款。

【指令4】请在准确回答前述问题的基础上，列出税收法规的具体条款和内容，逐步形成涉税问题常备知识库。每个政策条目应包含以下信息：①政策名称和编号。②发布机构和日期。③政策内容摘要。④适用范围和对象。⑤关键条款解析。⑥实施细则和操作指南。

指令要点
（1）准确回答问题。
（2）列举政策条目。
（3）形成知识储备。

根据【指令 4】，大模型整理税收法规条款生成结果截图如图 6-4 所示。

涉税问题常备知识库——安保服务税务处理专项

政策条目1：安保服务增值税分类及税率规定

1. **政策名称及编号**
   《财政部 国家税务总局关于全面推开营业税改征增值税试点的通知》（财税〔2016〕36号）
2. **发布机构及日期**
   财政部、国家税务总局，2016年3月23日
3. **政策内容摘要**
   - 明确安保服务属于"现代服务"中的"商务辅助服务"，具体包括场所保安、特种保安、安全系统监控等。
   - 一般纳税人适用税率为6%，小规模纳税人适用3%征收率。
4. **适用范围及对象**
   所有提供安保服务的企业（一般纳税人/小规模纳税人）。
5. **关键条款解析**
   - **服务分类**：安保服务不属于"生活服务"，错误归类将导致发票不合规 [3] [7] [14]。
   - **税率差异**：一般纳税人选择一般计税时按6%税率，选择差额征税时按5%简易计税 [8] [15]。
6. **实施细则及操作指南**
   - 开具发票时需注明"安全保护服务"或"商务辅助服务"，不得使用"生活服务"等模糊表述 [7] [14]。
   - 差额征税需在发票备注栏标注"差额征税"字样，并附扣除项目明细 [3] [9]。

政策条目2：安保服务差额征税政策

1. **政策名称及编号**
   《财政部 国家税务总局关于进一步明确全面推开营改增试点有关劳务派遣服务、收费公路通行费抵扣等政策的通知》（财税〔2016〕47号）
2. **发布机构及日期**
   财政部、国家税务总局，2016年4月30日
3. **政策内容摘要**
   - 安保服务可参照劳务派遣政策选择差额征税，扣除代付工资、社保等费用后按5%简易计税。
4. **适用范围及对象**
   一般纳税人及小规模纳税人提供安保服务的企业。
5. **关键条款解析**
   - **扣除范围**：仅限代用工单位支付的工资、福利、社保及住房公积金 [3] [8] [15]。
   - **发票开具**：差额部分不得开具增值税专用发票，可开具普通发票 [3] [9]。
6. **实施细则及操作指南**
   - **计算公式**：

$$\text{应纳税额} = \frac{\text{全部价款} - \text{代付费用}}{1 + 5\%} \times 5\%$$

   - **系统操作**：通过增值税发票管理系统"差额征税开票功能"录入含税销售额及扣除额 [3] [9]。

政策条目3：企业所得税税前扣除凭证管理

1. **政策名称及编号**
   《企业所得税税前扣除凭证管理办法》（国家税务总局公告2018年第28号）
2. **发布机构及日期**
   国家税务总局，2018年6月6日
3. **政策内容摘要**
   - 企业需取得与实际交易内容一致的合规发票作为税前扣除凭证。
4. **适用范围及对象**
   所有企业所得税纳税人。
5. **关键条款解析**
   - **发票合规性**：发票类别（如"安全保护服务"）必须与业务实质一致，否则需补开或换开 [3] [7] [14]。
   - **补救措施**：若无法换开发票，需提供合同、付款凭证等证明业务真实性 [3] [7]。
6. **实施细则及操作指南**
   - **风险提示**：错误发票可能导致补税、滞纳金及罚款 [3] [7]。
   - **档案管理**：保存合同、验收记录、付款凭证等至少5年 [7] [14]。

政策条目4：安保服务与劳务派遣政策衔接

1. **政策名称及编号**
   《财政部 国家税务总局关于进一步明确全面推开营改增试点有关再保险、不动产租赁和非学历教育等政策的通知》（财税〔2016〕68号）
2. **发布机构及日期**
   财政部、国家税务总局，2016年6月18日
3. **政策内容摘要**
   - 安保服务比照劳务派遣服务政策执行，适用差额征税规则。
4. **适用范围及对象**
   提供安保服务的一般纳税人及小规模纳税人。
5. **关键条款解析**
   - **政策联动**：结合财税〔2016〕47号，明确差额征税的计算方法 [8] [15]。
   - **资质要求**：若涉及劳务派遣，需确保供应商具备劳务派遣资质 [3] [7]。
6. **实施细则及操作指南**
   - **合同条款**：在合同中明确服务内容为"安全保护服务"，并指定发票类型 [7] [14]。
   - **供应商管理**：定期核查供应商开票合规性，避免连带风险 [3] [9]。

知识库应用场景示例

场景：A公司接受安保服务，取得"生活服务"类发票。
应对步骤：

1. **政策核查**：依据财税〔2016〕36号，确认发票类别错误 [3] [7]。
2. **风险处置**：按国家税务总局公告2018年第28号要求换开发票或补充证明材料 [7] [14]。
3. **整改措施**：参照财税〔2016〕47号调整供应商开票方式，选择差额征税 [8] [15]。

风险提示与合规建议

1. **发票管理**：建立"服务名称-税收编码"匹配清单，避免分类错误 [7] [14]。
2. **政策更新**：关注区域性政策（如海南自贸港优惠），动态调整税务策略 [3] [14]。
3. **稽查应对**：保留完整的业务链证据（合同→服务→付款→发票），形成闭环 [7] [14]。

通过系统化梳理，企业可构建涉税风险防控体系，确保合规性与税负优化双目标实现。

图 6-4　整理税收法规条款生成结果截图

第五步：指定输出格式，提升大模型回答的可查阅性与实用性。

指令要点

（1）输出格式。
（2）列表字段。
（3）内容要求。
（4）应用场景。

【指令 5】

（1）请提供一份列表作为最终输出格式，该列表应包含问题、答案、法规来源、法规内容 4 个字段。

（2）法规内容需详细列出与答案相关的法规条款。

（3）添加“提示词”字段，为问题生成具有吸引力的标题或提示。

根据【指令5】，指定输出格式生成结果截图如图6-5所示。

提示词	问题	答案	法规来源	法规内容
安保服务发票合规性	安保服务是否属于生活服务？	否，安保服务不属于生活服务。	《财政部 国家税务总局关于全面推开营业税改征增值税试点的通知》	"销售服务、无形资产、不动产注释"第一条规定，销售服务是指提供交通运输服务、邮政服务、电信服务、建筑服务、金融服务、现代服务、生活服务。安保服务属于现代服务中的安全保护服务，而非生活服务。
税前扣除凭证合规性	保安公司开具的注明"生活服务"的发票是否允许在企业所得税前扣除？	否，不符合规定的发票不得作为税前扣除凭证。	《企业所得税税前扣除凭证管理办法》	第五条规定，企业发生支出，应取得税前扣除凭证，作为计算企业所得税应纳税所得额时扣除相关支出的依据。第十九条规定，取得不符合规定的发票不得作为税前扣除凭证。
增值税发票开具要求	提供安保服务应如何开具发票？	应开具增值税发票，注明服务内容为安保服务。	《中华人民共和国增值税暂行条例》	第十一条规定，纳税人销售货物或者应税劳务，应当向索取增值税专用发票的购买方开具增值税专用发票，并在增值税专用发票上分别注明销售额和销项税额。第二十二条规定，开具发票应当按规定的时限、顺序、栏目，全部联次一次性如实开具，并加盖发票专用章。
安保服务增值税处理	安保服务费的增值税如何处理？	比照劳务派遣服务政策执行，一般纳税人适用6%税率。	《财政部 国家税务总局关于进一步明确全面推开营改增试点有关再保险、不动产租赁和非学历教育等政策的通知》	第四条规定，纳税人提供安全保护服务，比照劳务派遣服务政策执行。根据《中华人民共和国增值税暂行条例》，一般纳税人提供安保服务适用的税率为6%。

图6-5 指定输出格式生成结果截图

智能探索

请结合上述发布的指令内容，梳理出一份用于"税收政策整理"的指令模板，便于用户快速查阅税收实务与政策法规信息。

模块六 智慧税务：大模型在税务管理中的应用

 职业素养

政策洞察，信息整合

税务从业者需要具备敏锐的政策洞察力，能够迅速捕捉政策变化，准确理解政策内涵；同时，需要具备一定的信息整合与分析能力，能够对繁杂的税收政策进行系统化梳理，提炼关键信息，为税务决策提供有力支持。保持持续学习的心态，紧跟税收政策更新步伐，不断提升专业素养，以适应不断变化的税收环境。

单元 2 申报助手：纳税申报的智能服务与指导

 案例背景

每个月小智都需要处理大量繁杂的纳税申报事务，确保每项数据准确无误并及时提交给税务机关。面对不同税种和地区的多样化申报要求，小智常常感到压力巨大，尤其是在申报高峰期，他需要同时处理增值税、企业所得税、个人所得税等多个税种的申报任务。为了提高工作效率并减少人为错误，小智开始利用大模型技术辅助纳税申报工作。通过与大模型对话，小智能够快速获取最新的税收政策法规，自动整理所需财务数据，并获得详尽的申报指导。

请选择一种你认为适用的模型，以预缴所得税为例，辅助生成纳税申报表，协助小智完成二季度企业所得税预缴工作。

企业信息及财务报表

指令逻辑

（1）设定角色任务。明确大模型作为税务专家的主要任务是提供最新税收政策咨询，自动整理财务数据，并生成符合要求的纳税申报表。【指令1】

（2）学习政策法规。搜集最新税收政策法规，确保所引用的政策条文准确。提供详尽政策解读，帮助用户理解政策的具体要求。【指令2】

（3）整理财务数据。整理汇总纳税申报所需的财务数据，确保数据准确无误，可以直接用于申报表的生成。【指令3】

（4）提供申报指导。向用户提供详细申报指导，包括填写要点、注意事项、常见问题及解决方案，确保整个申报过程顺利进行。【指令4】

（5）自动生成申报表。基于整理好的财务数据，生成符合要求的纳税申报表，确保格式规范、内容完整。【指令5】

实践演练

第一步：明确大模型作为税务专家的职责是协助完成二季度企业所得税预缴工作。

> 【指令1】作为资深税务专家，请协助我完成公司2024年第二季度企业所得税预缴纳税申报。你需要提供与公司背景相符的最新企业所得税政策咨询，整理我所提供的财务数据，并据此生成符合要求的"企业所得税季度预缴纳税申报表"。请问你是否清楚此任务要求？

指令要点
（1）角色定位。
（2）任务目标。
（3）确认理解。

根据【指令1】，设定角色任务生成结果截图如图6-6所示。

> 我理解您的需求，作为税务咨询助手，我可以帮助您根据提供的公司背景信息和财务数据来整理和提供相应的建议。不过，请注意，我不能直接生成官方的"企业所得税季度预缴纳税申报表"，因为这需要通过税务局指定的系统或平台进行填报和提交。但我可以指导您如何准备这些信息，并确保它们符合最新的政策法规。
>
> 为了提供准确的服务，我需要了解以下几点：
>
> 1. 公司的基本情况：包括但不限于公司类型（内资/外资）、行业、规模等。
> 2. 适用的企业所得税税率：一般情况下，中国境内的企业所得税税率为25%，但对某些特定行业或地区可能有优惠政策。
> 3. 公司在2024年第二季度的收入、成本、费用等相关财务数据。
> 4. 是否存在可享受税收优惠的情况，如研发费用加计扣除、高新技术企业优惠等。
> 5. 上一季度及本年度累计的应纳税所得额和其他相关税务信息。
> 6. 是否有其他影响企业所得税计算的因素，例如资产折旧、摊销、减值准备等。
>
> 请您提供上述信息，以便我能更准确地为您提供咨询服务和帮助您准备企业所得税预缴所需的数据。同时，我也会确保所提供的信息是基于最新的法律法规和政策导向。一旦收到您的具体信息，我会尽力协助您完成这项工作。

图6-6 设定角色任务生成结果截图

第二步：搜集适合企业状况的最新企业所得税预缴政策，并提供详尽解读以指导申报工作。

指令要点
（1）资料来源。
（2）时间范围。
（3）公司背景。
（4）呈现形式。

> 【指令2】我发给你的文件是我们公司的背景资料。请查阅官方税务网站、政策公告等权威资源，整理适用于我司的最新企业所得税预缴政策，特别关注2024年第二季度可能存在的任何特殊调整或变化。确保政策条文准确，并提供详尽政策解读，帮助我理解政策的具体要求。
>
> 特别注意事项：
> （1）我司是高新技术企业，不属于小型微利企业，不属于试点建设培育产教融合型企业。
> （2）企业所得采用查账征收方式，季度按实际利润额计算预缴企业所得税。截至

2023年年末，以前各年度应纳税所得额均大于0，不存在不征税收入、免税收入、加计扣除和所得税减免等税基类减免应纳税所得额、减免所得税额。截至本年度上月末各月会计利润总额均大于0，无欠缴及多缴所得税情况。不考虑汇缴工作对递延所得税的影响。

（3）请以列表形式呈现你所提供的政策法规及其解读。

根据【指令2】，学习政策法规生成结果截图如图6-7所示。

2024年第二季度企业所得税预缴适用政策清单（华西创辉光电科技有限公司）				
政策类别	政策文件依据	政策内容	适用条件	政策解读
高新技术企业优惠税率	《企业所得税法》第二十八条、《高新技术企业认定管理办法》（国科发火〔2016〕32号）	高新技术企业减按15%税率征收企业所得税	1.企业需取得有效期内的高新技术企业证书 2.符合《国家重点支持的高新技术领域》范围	贵司为高新技术企业，2024年第二季度预缴时可直接适用15%税率，无需备案。需确保条件持续符合。
研发费用加计扣除	《财政部 税务总局关于进一步完善研发费用税前加计扣除政策的公告》（2023年第7号）	制造业企业研发费用按100%加计扣除，其他企业按80%	1.企业属于制造业（国民经济行业代码13-43类） 2.研发活动符合《研发费用加计扣除政策执行指引》规定	贵司属于"计算机、通信和其他电子设备制造业"（行业代码39），2024年第二季度预缴时，符合条件的研发费用可暂按100%加计扣除，但需注意： - 需留存研发项目立项文件、费用归集等备查资料 - 季度预缴时可选择暂不享受，待汇算清缴时统一处理。
固定资产加速折旧	《财政部 税务总局关于设备器具扣除有关企业所得税政策的通知》（财税〔2023〕37号）	单价500万元以下设备、器具可一次性税前扣除	1.购置时间为2024年1月1日至2027年12月31日期间 2.设备用途与企业生产经营相关	贵司2024年第二季度新购置的单价≤500万元生产设备、电子设备等，可选择一次性扣除（需在预缴申报表A201020中填报），但需注意： - 房屋、建筑物不适用此政策 - 若选择加速折旧，需在《资产加速折旧摊销（扣除）优惠明细表》中完整填报。
海南自贸港政策	《海南自由贸易港企业所得税优惠政策》	鼓励类产业企业减按15%税率征收	企业注册在海南自贸港且主营业务属于鼓励类目录	不适用：贵司注册地为华西市，非海南自贸港企业。
小型微利企业优惠	《财政部 税务总局关于小微企业和个体工商户所得税优惠政策的公告》（2023年第6号）	年应纳税所得额≤300万元部分，实际税率5%	同时符合从业人数≤300人、资产总额≤5000万元、应纳税所得额≤300万元	不适用：贵司2023年已确认为非小型微利企业，且从业人数（116人）虽符合标准，但资产总额或应纳税所得额可能超标。
预缴申报简化规则	《国家税务总局关于修订企业所得税月（季）度预缴纳税申报表的公告》（2023年第3号）	查账征收企业按实际利润额预缴，可暂不填报附表资料	1.无税收优惠事项 2.无资产加速折旧等特殊调整	贵司需注意： - 若享受研发费用加计扣除或加速折旧，需填报A201020表 - 高新技术企业税率无需备案，但需在申报表"减免所得税额"栏次填写差额（25%-15%税率对应的减免额）。

政策应用关键提示
1. 研发费用加计扣除：
   - 季度预缴时可不享受，但若选择享受，需确保研发费用归集符合《研发费用加计扣除操作指引》要求，避免汇算清缴时调整风险。
   - 研发中心办公楼折旧、设备折旧中用于研发费用的部分，可纳入加计扣除基数。
2. 固定资产一次性扣除：
   - 若本季度购置生产设备（如电子设备、运输工具），建议优先适用一次性扣除政策以降低当期税负。
   - 需注意会计处理与税务处理的差异（会计按年限平均法计提折旧，税务一次性扣除会产生递延所得税负债）。
3. 高新技术企业资质维护：
   - 需持续满足研发费用占比（≥3%）、高新技术产品收入占比（≥60%）等指标，避免资格取消风险。
4. 申报表填报要点：
   - 主表第13行"减免所得税额"填写公式：（会计利润×25% – 会计利润×15%）
   - 若使用加速折旧政策，需同步填报A201020表第2行"固定资产一次性扣除"。

请核对上述政策适用性后，提供具体财务数据以生成申报表。

图6-7 学习政策法规生成结果截图

知识链接

数电发票

数电发票（全面数字化的电子发票）是一种全流程电子化发票，彻底取代传统纸质和电子发票，其核心特点包括无需预先申领、取消税控设备、全链数字化操作、动态授信额度管理以及数字签名防伪技术，实现从开具、传输到报销入账的无纸化闭环。数电发票通过税务系统自动赋额、实时数据同步和可信平台开具，既降低企业成本，又提升监管效率，目前已在多地试点并逐步全国推广，这标志着税收征管全面数字化转型。

第三步：接收并整理财务报表数据，确保准确无误用于申报。

> 【指令 3】请接收我司 2024 年 6 月 30 日的资产负债表及 2024 年第二季度的利润表，整理相关财务数据，用于后续 2024 年第二季度的企业所得税预缴申报。

指令要点
（1）接收文件。
（2）整理数据。
（3）数据用途。

根据【指令 3】，整理财务数据生成结果截图如图 6-8 所示。

我已经接收并整理了您提供的2024年6月30日的资产负债表及2024年第二季度的利润表数据。以下是根据这些财务报表整理的关键数据，用于2024年第二季度的企业所得税预缴纳税申报准备：

2024年第二季度企业所得税预缴关键数据

资产负债表（截至2024年6月30日）

- 货币资金：期末余额 23,619,346元
- 交易性金融资产：期末余额 5,180,000元
- 应收账款：期末余额 2,867,599元
- 存货：期末余额 10,842,917元
- 流动资产合计：期末余额 44,771,662元
- 固定资产：期末余额 8,756,880元
- 非流动资产合计：期末余额 9,756,880元
- 资产总计：54,528,542元
- 短期借款：期末余额 0元
- 应付账款：期末余额 2,917,677元
- 应交税费：期末余额 636,450.07元
- 流动负债合计：期末余额 4,085,924.03元
- 长期借款：期末余额 5,270,000元
- 非流动负债合计：期末余额 5,270,000元
- 负债合计：9,355,924.03元
- 实收资本(或股本)：30,000,000元
- 盈余公积：990,103元
- 未分配利润：14,182,514.97元
- 所有者权益(或股东权益)合计：45,172,617.97元
- 负债和所有者权益(或股东权益)合计：54,528,542元

利润表（2024年第二季度）

- 营业收入：10,332,125元
- 营业成本：4,468,307元
- 税金及附加：61,993元
- 销售费用：444,281元
- 管理费用：640,592元
- 研发费用：547,603元
- 财务费用：62,800元（其中利息费用107,500元，利息收入44,700元）
- 投资收益：231,200元
- 公允价值变动收益：180,000元
- 营业外收入：16,358元
- 营业外支出：5,289元
- 营业利润：4,517,749元
- 利润总额：4,528,818元
- 净利润：（上期金额为2,269,567.15元）

图 6-8　整理财务数据生成结果截图

第四步：指导申报表填写，包括要点、注意事项及常见问题解答。

> 【指令4】以下是我司2024年第二季度发生的免税收入、减计收入、加计扣除等税收优惠事项，请分别根据下列事项，提供企业所得税季度预缴纳税申报表的填写指导。
> （1）本季度获得国债利息收入共计31 200元。
> （2）本季度自投资的居民企业处收到股息200 000元。
> （3）本季度符合加计扣除条件的研发支出为523 264.44元，全部为费用化支出。
>
> **指令要点**
> （1）识别税收优惠。
> （2）填写指导要求。
> （3）关联申报表格。

根据【指令4】，提供申报指导生成结果截图如图6-9所示。

> 企业所得税季度预缴纳税申报表填写指导
>
> 一、免税收入
>
> 1. 国债利息收入
> - **政策依据**：《企业所得税法》第二十六条、《企业所得税法实施条例》第八十四条。
> - **填写指导**：
>   - 在申报表中的"免税收入"行次填写31,200元。
>   - 在附表中的"免税收入明细表"中，填写国债利息收入的详细信息，包括收入金额、国债种类等。
>
> 2. 居民企业股息
> - **政策依据**：《企业所得税法》第二十六条、《企业所得税法实施条例》第八十三条。
> - **填写指导**：
>   - 在申报表中的"免税收入"行次填写200,000元。
>   - 在附表中的"免税收入明细表"中，填写居民企业股息的详细信息，包括被投资企业名称、股息金额等。
>
> 二、加计扣除
>
> 1. 研发支出加计扣除
> - **政策依据**：《企业所得税法》第三十条、《财政部 国家税务总局 科技部关于完善研究开发费用税前加计扣除政策的通知》等。
> - **填写指导**：
>   - 在申报表中的"加计扣除"行次填写523,264.44元。
>   - 在附表中的"研发费用加计扣除明细表"中，填写研发支出的详细信息，包括费用化支出金额、加计扣除比例等。
>
> **注意事项**：
> - 确保所填写的免税收入和加计扣除金额与实际发生的金额一致。
> - 保留相关凭证和资料，以备税务机关检查。
> - 如有其他税收优惠事项，请一并填写并在附表中详细说明。
>
> **特别提醒**：
> - 以上指引仅供参考，具体填写要求可能因地区和版本不同而有所差异。
> - 建议在填写前仔细阅读申报表填写说明和相关政策法规。
>
> **下一步行动**：
> - 根据以上指导，填写企业所得税季度预缴纳税申报表。
> - 如有疑问或需要进一步帮助，请咨询专业税务师或当地税务机关。

图6-9　提供申报指导生成结果截图

第五步：生成企业所得税季度预缴纳税申报表，并提供预览与下载。

企业所得税季度预缴纳税申报表模板及填报说明

【指令5】请基于整理后的财务数据，按照我提供的模板及填报说明，编制符合要求的企业所得税预缴申报表，确保格式规范、内容完整，并提供预览和下载链接。

指令要点
（1）数据基础。
（2）模板遵循。
（3）填报说明。
（4）预览下载。

根据【指令5】，大模型协助编制企业所得税季度预缴纳税申报表。

大模型协助编制的企业所得税季度预缴纳税申报表

智能探索

请结合上述发布的指令内容，梳理出一份用于"指导纳税申报"的指令模板，协助用户灵活完成各税种纳税申报工作。

职业素养

严谨细致，诚信敬业

纳税申报工作人员应具备严谨、细致、诚信的职业素养。深入学习税收政策，精确落实税收法规。在纳税申报过程中，强调严谨、规范，体现对税务工作的尊重和责任感。同时，持续更新税法知识，树立终身学习理念，具备适应变化的专业技能，培养良好的职业道德和敬业精神。

单元 3　风险监控：税务风险的智能识别与预警

案例背景

鉴于小智对大模型技术的出色运用，共享中心负责税务管理的主管找到小智，告诉他，面对日益复杂的税收政策和不断变化的法规，除了要按时完成纳税申报工作外，还要确保公司遵守各项税法规定，并采取措施预防潜在的税务风险。因此，主管希望小智能够思考，如何运用大模型技术识别并预警潜在的税务风险。

请选择一种你认为适用的模型,协助小智监控公司税务状况,自动识别潜在风险点,及时预警并获得专业建议,确保公司合规优化税务策略,降低税务风险。

指令逻辑

(1)设定角色任务。明确大模型在税务风险管理中的主要任务是监控公司税务状况,识别潜在风险点,并提供及时预警与专业建议。【指令1】

(2)整合处理数据。整合公司日常经营活动中产生的涉税数据,确保数据的准确性和时效性。将这些数据整理成结构化格式,便于后续的风险识别分析。【指令2】

(3)风险识别规则。根据行业特性与需求,设定风险识别标准与规则,用于自动识别可能存在的税务风险点。确保识别过程遵循最新税收政策法规,并定期更新规则以适应政策变化。【指令3】

(4)风险预警提示。当系统检测到潜在风险时,立即发出预警,提示相关人员采取措施,防止风险扩大。【指令4】

(5)提供专业建议。针对识别的风险,提供解决方案和改进建议,协助公司在合规前提下优化税务策略。【指令5】

知识链接

SMART 提问原则

Specific(具体):确保问题具体明确,避免含糊不清的表述,明确想要得到的具体信息或解决的问题。

Measurable(可衡量):使问题可以进行衡量或定量分析。

Achievable(可实现):确保问题是可以实现或解决的,避免提问过于理想化或是无法实现的问题。

Relevant(相关):确保问题直接与目标相关。

Time-bound(时间限制):为问题设定一个时间限制或期限。

实践演练

第一步:设定大模型在税务风险管理中的任务。

【指令1】作为资深税务专家,请协助我监控公司税务状况,根据我提供的税务数据,识别潜在风险点,并提供及时预警与专业处理。

指令要点
(1)角色定位。
(2)核心任务。
(3)数据来源。
(4)关键动作。

根据【指令1】,设定角色任务生成结果截图如图6-10所示。

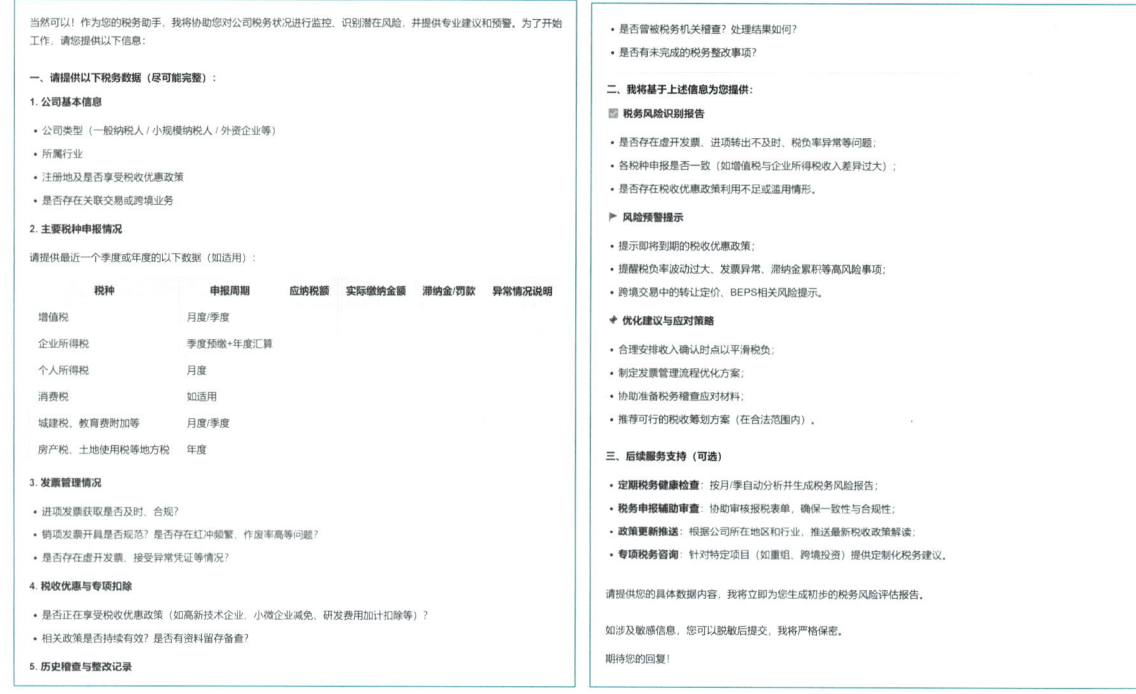

图 6-10 设定角色任务生成结果截图

第二步：整合公司涉税数据，为大模型分析提供基础。

指令要点
（1）整理要求。
（2）信息分类。
（3）输出格式。

【指令 2】请将下列信息整理成结构化格式，以便后续进行风险识别与分析。

（1）财务税务数据：公司背景资料、近期财务报表及所得税纳税申报表已发送。（相关文件见单元 2）

（2）我司近三个月内主要交易包括：向海外供应商支付进口原材料款项约 100 万美元；接受国内大客户订单，已交付并确认收入 1 500 万元人民币；从关联公司租入一套办公设备，租期两年，每季度租金为 50 万元人民币。

（3）重要合同协议：签订了一份为期 3 年的技术合作协议，其中包含技术转让费及相关知识产权使用的税收条款；与某大型零售商签订了长期供货合同，合同中明确了双方的履约义务及税务处理原则。

（4）政策变化跟踪：我司是高新技术企业，企业所得采用查账征收方式，季度按实际利润额计算预缴企业所得税。截至上年年末，以前各年度应纳税所得额均大于 0，不存在不征税收入、免税收入、加计扣除和所得税减免等税基类减免应纳税所得额、减免所得税额。截至本年度上月末各月会计利润总额均大于 0，无欠缴及多缴所得税情况。不考虑汇缴工作对递延所得税的影响。请关注适用我司的企业所得税相关政策。

（5）内部控制系统：公司专设税务管理部门，负责确保税务申报准确及时；建立了严格的发票管理制度，确保取得的所有发票均按规定用途勾选确认；定期自我评估内部控制流程，并接受外部审计以保证内控有效。

（6）历史问题回顾：过去 3 年无重大税务争议或审计问题。曾因企业所得税申报小额错误受到一次警告，公司已加强内部培训，防止类似事件发生。

根据【指令 2】，整合处理数据生成结果截图如图 6-11 所示。

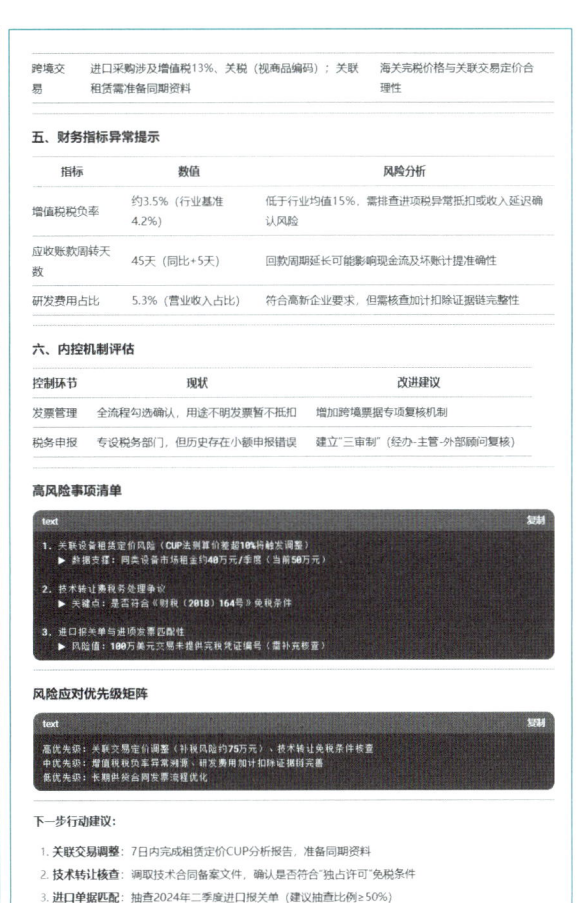

图 6-11　整合处理数据生成结果截图

第三步：设定并定期更新税务风险识别规则。

【指令 3】请根据行业特性与公司需求，设定风险识别标准与规则，如税负率异常、发票违规等。确保识别过程遵循最新税收政策法规，并定期更新规则以适应政策变化。

指令要点

（1）设定规则。
（2）遵循政策。
（3）定期更新。
（4）自动识别。

根据【指令3】，大模型设计风险识别规则生成结果截图如图6-12所示。

企业所得税与增值税风险识别标准与规则设定

结合高新技术企业特性及华西创辉光电科技的实际需求，基于最新《企业所得税法》《增值税法（草案）》等政策，设定以下风险识别标准与规则，并建立动态更新机制：

一、核心风险识别维度

1. 税负类风险
- 标准设定
  - 企业所得税税负率：高新技术企业适用15%税率，实际减免后税负率应稳定在10%左右。若季度税负率偏离行业均值（如±20%）或同期波动＞30%，触发橙色预警。
  - 增值税税负率：制造业行业基准税负率为4.2%，企业实际税负率低于基准值15%时（如＜3.5%），需排查进项异常抵扣或收入延迟确认风险。
- 规则依据
  - 根据《企业所得税法实施条例》及2024年修订的高新技术企业认定条件，研发费用需占收入≥3%，科技人员比例≥10%。
  - 增值税法草案明确"实际交易与发票用途一致"原则，异常凭证（如关联交易无合理定价）需进项转出。

2. 发票违规风险
- 标准设定
  - 进销项匹配异常：同一批次采购的进项品名、数量与销售记录偏差＞5%，触发红色预警。
  - 滞留票管理：超过90天未认证的进项发票需强制转出，系统自动标记黄色预警。
- 规则依据
  - 《增值税暂行条例》要求发票与实际交易一致，关联交易需提供比非受控价格（CUP）证明。
  - 根据国家税务总局公告，异常凭证需在30日内补证，否则不得抵扣。

3. 政策遵循性风险
- 标准设定
  - 研发费用加计扣除：研发费用归集证据链缺失（如立项文件、工时记录）或占比＜3%，触发橙色预警。
  - 跨境交易申报：未在境内申报境外所得（如技术转让费）或未备案关联交易同期资料，直接列为红色风险。
- 规则依据
  - 《财税〔2018〕164号》规定技术转让费免税需满足"独占许可"条件，否则需按25%补税。
  - 《企业所得税法》要求居民企业全球所得纳税，跨境支付需留存合同及完税证明。

4. 特殊交易风险
- 标准设定
  - 关联交易定价：租赁、技术服务等交易价格偏离市场价＞10%，系统自动提示调整应纳所得额。
  - 大额往来挂账：应收账款账龄＞1年或预收账款长期未结转，需核查收入确认时点合规性。
- 规则依据
  - 《特别纳税调整实施办法》要求关联交易定价符合独立交易原则，否则税务机关有权调整。
  - 国税函〔2008〕875号明确分期收款、预收款等收入确认时点。

二、动态更新与执行机制

1. 政策跟踪与规则迭代
- 每季度审查税收政策（如《增值税法》出台、自贸区优惠延期），更新风险模型参数。
- 设立"政策适配小组"，专项分析政策变动对税负率、扣除标准的影响。

2. 自动化监控与人工复核
- 通过ERP系统实时抓取财务数据，比对行业基准值与历史波动（如税负率、成本率）。
- 高风险交易（如关联租赁、跨境支付）需人工复核合同条款及定价文件。

3. 内控与培训机制
- 建立"三审制"：业务部门初审、税务部门复核、外部顾问终审，降低申报错误率。
- 每半年开展税务合规培训，重点解读新政策（如2024年增值税留抵退税规则）。

三、高风险场景应对示例

1. 关联租赁定价调整
- 规则：若关联设备租赁费高于市场价50万元/季度，需按CUP法调整，补缴企业所得税（差额×15%）
- 动作：7日内提交同期资料，包括第三方租金报告及合同公证文件。

2. 研发费用证据链缺失
- 规则：无研发项目立项书或人员考勤记录，加计扣除金额转回，补税+滞纳金。
- 动作：补充立项审批流程，建立研发台账（人工工时、设备使用日志）。

引用政策依据更新清单
- 《企业所得税法》2024年修订版（高新领域扩展至"工业与信息化"）
- 《增值税法（草案）》审议进展（新增留抵退税电子化流程）
- 《税收征管法》第六十二条（延期申报罚款标准）

图6-12 大模型设计风险识别规则生成结果截图

第四步：实时监测风险，并向相关人员发出预警提示。

【指令4】请根据设定的风险识别规则，实时分析我提供的公司税务数据，识别潜在风险，并在发现时发出预警。预警提示应包含风险类型、级别和描述等详细信息。

指令要点
（1）实时分析。
（2）风险监测。
（3）预警内容。
（4）可操作性。

根据【指令4】，风险预警提示生成结果截图如图6-13所示。

图 6-13　风险预警提示生成结果截图

第五步：分析风险原因，制订并执行专业建议，优化税务策略。

【指令 5】请针对识别出的风险点，提供详细解决方案和改进建议，协助公司在合规前提下优化税务策略。建议应涵盖具体的改进措施、政策依据及实施步骤。

指令要点
（1）风险应对。
（2）改进建议。
（3）具体措施。
（4）政策依据。

根据【指令 5】，提供专业建议生成结果截图如图 6-14 所示。

图 6-14 提供专业建议生成结果截图

请结合上述发布的指令内容，梳理出一份用于"识别并预警税务风险"的指令模板，协助用户优化税务策略，降低税务风险。

职业素养

慧眼识险，智控合规

税务服务人员应具备敏锐的洞察力，以精准识别潜在税务风险；严谨的逻辑思维，确保风险分析全面深入；熟练掌握税收政策，为预警提供有力依据；高度的责任心，及时发出预警并跟踪处理；良好的沟通能力，清晰传达风险信息并协调各方应对；持续学习的精神，适应税收政策变化，不断提升风险识别与预警能力。

单元 4 合规优化：税务合规的智能建议与优化

随着个人所得税政策的不断更新与完善，企业员工对于选择最有利的个人所得税纳税方式的关注度日益提升。面对复杂的税法条款和个人差异，员工们期望在合法合规的前提下，通过合理策划减轻税负，提高个人收益。为了帮助员工作出最佳选择，小智决定运用大模型为同事们定制纳税方案。

请选择一种你认为适用的模型，以公司软件工程师吴某为案例，协助小智分析吴某的收入结构、家庭情况以及年度支出等因素，为吴某设计一套符合《中华人民共和国个人所得税法》规定、切实可行的纳税方案，帮助吴某在合法合规的前提下，实现税负的最优化。

指令逻辑

（1）设定角色任务。设定大模型角色为税务专家，任务是协助税务服务人员为个人或企业定制纳税方案。【指令1】

（2）学习税收政策。要求大模型学习最新的个人所得税政策，包括税法条款、税收优惠政策等，确保方案合规，并有效利用各项税收优惠政策。【指令2】

（3）分析收支结构。分析纳税人的收入结构和年度支出情况，包括各种收入来源以及扣除项目。确保信息准确，并整理成结构化格式，便于后续制订纳税方案。【指令3】

（4）制订纳税方案。基于收支结构分析结果，结合最新政策法规，制订具体且切实可行的纳税方案备选。方案应考虑收入结构调整、税收优惠利用、扣除项目优化等策略。确保方案既合法合规又能最大限度地降低税负。【指令4】

（5）评估选择方案。综合评估纳税方案，比较各方案的有效性、可行性和风险。提供最优方案建议，并解释选择理由和预期效果。【指令5】

实践演练

第一步：明确大模型作为税务专家的任务是协助用户为吴某定制纳税方案。

【指令1】作为资深税务专家，请根据我提供的资料，协助我为公司软件工程师吴先生定制纳税方案。

指令要点
（1）角色定位。
（2）服务对象。
（3）任务目标。
（4）法律依据。

根据【指令1】，设定角色任务生成结果截图如图6-15所示。

图6-15 设定角色任务生成结果截图

第二步：要求大模型学习最新个人所得税政策，归纳适用于吴某的政策要点。

【指令 2】在为吴先生定制纳税方案之前，请你深入学习最新个人所得税政策，包括《中华人民共和国个人所得税法》及其实施条例、专项附加扣除政策等，确保所有建议基于最新政策规定，并能够合理利用各项税收优惠政策。

指令要点

（1）前期准备。
（2）学习内容。
（3）学习目标。

根据【指令 2】，学习税收政策生成结果截图如图 6-16 所示。

根据您提供的搜索结果及当前最新政策（截至2025年3月29日），结合《个人所得税法》及专项附加扣除政策，现将适用于软件工程师吴先生的纳税优化方案要点总结如下：

一、专项附加扣除政策要点与优化建议

1. **七项专项附加扣除范围及标准**
   - **子女教育**：每个子女每月2000元（覆盖幼儿园至博士阶段）[1] [8]。
   - **继续教育**：
     - **学历教育**：每月400元（最长48个月）[1] [3]；
     - **职业资格继续教育**：取得证书当年定额扣除3600元（如软考证书等）[3] [8]。
   - **住房贷款利息**：首套房贷利息每月1000元（最长240个月）[1] [8]。
   - **住房租金**：按城市级别扣除（一线城市1500元/月，其他城市800-1100元/月）[1] [8]。
   - **赡养老人**：独生子女每月3000元，非独生子女分摊最高1500元/月 [1] [8]。
   - **3岁以下婴幼儿照护**：每月2000元/孩 [1] [8]。
   - **大病医疗**：医保目录内自付超1.5万元部分，限额8万元/年 [1] [8]。

   优化建议：
   - 若吴先生持有《国家职业资格目录》中的证书（如信息系统项目管理师），可申报3600元扣除；若同时参加学历教育（如在职硕士），叠加后年扣除最高8400元 [3] [8]。
   - 合理选择住房租金或房贷利息扣除（二者不可叠加）[1] [8]。
2. **新增政策动态**
   - **3岁以下婴幼儿照护**：2025年延续实施，每孩每月2000元 [8] [11]。
   - **大病医疗扣除**：需在2026年3-6月汇算时申报 [2] [8]。

二、年终奖与股权激励的税务规划

1. **年终奖单独计税优化**
   - 2025年延续年终奖单独计税政策（税率3%-45%），建议将年终奖分配至税率跳档临界点（如3.6万、14.4万、30万）以降低税负 [1] [8]。
   - **示例**：若年终奖14.4万元，税率为10%；若超过14.4万，超出部分按20%计税，可拆分部分至工资收入 [1]。
2. **股权激励递延纳税**
   - 若吴先生持有公司股票期权，行权后可选择递延至持股满12个月后转让，按20%税率计税（原综合所得最高45%）[2] [7]。
   - 分批次行权以避免一次性收入进入高税率区间 [7] [11]。

三、其他税收优惠政策

1. **科技成果转化优惠**
   - 若吴先生持有专利或软件著作权，技术成果投资入股收益可按"财产转让所得"20%税率纳税（原综合所得最高45%）[7] [11]。
2. **公益捐赠抵税**
   - 通过公益性组织捐赠，可抵免应纳税所得额的30% [8] [11]。
3. **商业健康保险**
   - 符合条件的商业健康保险，每年限额2400元可税前扣除 [8]。

四、申报流程与时间节点

1. **专项附加扣除确认**
   - **截止时间**：2024年12月31日前需完成2025年度扣除信息确认（通过个税APP"一键带入"或修改）[2] [6] [8]。
   - **新增/修改操作**：首次填报需按步骤填写；信息变动需在APP中调整（如赡养老人分摊比例）[6] [8]。
2. **汇算清缴时间**
   - 2025年度汇算期为2026年3月1日至6月30日，大病医疗扣除需在此期间申报 [2] [8]。

五、风险提示与合规要求

1. **资料留存**：专项附加扣除相关凭证需保存5年备查（如继续教育证书、租房合同等）[2] [8]。
2. **虚假申报风险**：虚报信息将面临补税、滞纳金及罚款 [2] [8]。
3. **政策变动**：需关注董明珠两会建议（如基本减除费用拟提高至1万元/月）等潜在调整 [10]。

六、下一步行动建议

请补充吴先生的具体信息：

- **收入结构**：工资、年终奖、兼职/股权激励收入；
- **专项扣除**：社保公积金、房贷/租金、赡养老人等明细；
- **其他资质**：是否持有职业资格证书、专利或捐赠记录。

基于完整信息，可进一步模拟税负并制定个性化方案（如年终奖拆分比例、继续教育叠加扣除等）。

图 6-16　学习税收政策生成结果截图

第三步：提供吴某的收支数据，要求大模型进行分析并整理成结构化格式。

指令要点

（1）基础信息。
（2）收入结构。
（3）扣除项目。
（4）输出格式。

【指令 3】公司软件工程师吴先生是居民个人，2024 年在我国境内每月扣缴三险一金后的工资为 30 000 元，每月享受子女教育专项附加扣除 2 000 元、赡养老人专项附加扣除 3 000 元（吴先生是独生子），没有减免收入及减免税额等情况，当年 12 月 31 日取得年终奖金 150 000 元。

请你详细分析吴先生的收入结构以及扣除项目。确保信息准确无误后，整理成结构化格式，便于后续制定纳税方案。

根据【指令3】，分析收支结构生成结果截图如图6-17所示。

根据您提供的信息，我们可以整理吴先生2024年的收入结构以及扣除项目如下：

吴先生的收入结构与扣除项目

1. 月度工资薪金收入
   - **税前月收入**：30,000元
   - **三险一金后收入**：假设三险一金已经从上述金额中扣除，因此此金额为已扣减后的净额。

2. 年度年终奖金
   - **年终奖金额**：150,000元（一次性发放）

3. 专项附加扣除
   - **子女教育**：2,000元/月 × 12个月 = 24,000元/年
   - **赡养老人**：由于吴先生是独生子，可以享受全额3,000元/月 × 12个月 = 36,000元/年

4. 基本减除费用
   - **每月标准**：5,000元/月 × 12个月 = 60,000元/年

5. 其他扣除
   - 没有提及其他的减免收入及减免税额等情况，所以这部分为0。

结构化总结

类别	月度金额（元）	年度金额（元）
税前月收入	30,000	360,000
三险一金后收入	已包含在上列	
年终奖金	-	150,000
子女教育扣除	2,000	24,000
赡养老人扣除	3,000	36,000
基本减除费用	5,000	60,000

计算应纳税所得额

为了计算吴先生的实际应纳税所得，我们需要从他的总收入中减去所有可适用的扣除项。具体步骤如下：

1. **总年收入** = 年度工资收入 + 年终奖金 = 360,000 + 150,000 = 510,000元
2. **总扣除额** = 基本减除费用 + 子女教育扣除 + 赡养老人扣除 = 60,000 + 24,000 + 36,000 = 120,000元
3. **应纳税所得额** = 总年收入 - 总扣除额 = 510,000 - 120,000 = 390,000元

请注意，年终奖金的处理方式可能会影响最终的应纳税所得额和税率。根据最新的个人所得税法规定，年终奖可以选择单独计税或者合并入综合所得一起计税。通常情况下，如果选择单独计税，年终奖将按照特定的税率表来计算税款；而如果合并计税，则会并入全年综合所得，按累进税率计算。

接下来，我们将基于这些数据进一步制定具体的纳税方案，并考虑最优的年终奖金计税方式。如果您需要更详细的分析或有关于如何优化年终奖税收的具体问题，请告知。

图6-17 分析收支结构生成结果截图

第四步：大模型基于分析结果制订纳税方案备选，确保合法合规。

【指令4】请基于上述信息，分别计算年终奖金并入综合所得与不并入综合所得两种情况下，吴先生2024年度全年的个人所得税应纳税额。

指令要点
(1) 计算基础。
(2) 计算场景。
(3) 计算内容。
(4) 形成结论。

根据【指令4】，大模型为吴先生制订纳税方案生成结果截图如图6-18所示。

1. 年终奖不并入综合所得（单独计税）

计算步骤：
- 将年终奖金150,000元除以12个月，得到每月平均金额 = 150,000 / 12 ≈ 12,500元。
- 根据月均奖金确定适用税率和速算扣除数：根据现行的个人所得税税率表，月均奖金12,500元对应的税率是20%，速算扣除数为1,410元。

应纳税额计算：
- 年终奖应纳税额 = 150,000 × 20% - 1,410 = 30,000 - 1,410 = 28,590元

综合所得部分：
- 税前年收入（不含年终奖）= 360,000元
- 减去基本减除费用、子女教育扣除、赡养老人扣除等总扣除额 = 120,000元
- 综合所得应纳税所得额 = 360,000 - 120,000 = 240,000元
- 查找适用税率和速算扣除数：根据现行税率表，240,000元对应税率为20%，速算扣除数为16,920元。
- 综合所得应纳税额 = 240,000 × 20% - 16,920 = 48,000 - 16,920 = 31,080元

总应纳税额：
- 年终奖单独计税 + 综合所得应纳税额 = 28,590 + 31,080 = 59,670元

2. 年终奖并入综合所得

计算步骤：
- 合并后的年收入 = 360,000 + 150,000 = 510,000元
- 减去总扣除额 = 120,000元
- 应纳税所得额 = 510,000 - 120,000 = 390,000元

应纳税额计算：
- 查找适用税率和速算扣除数：根据现行税率表，390,000元对应税率为25%，速算扣除数为31,920元。
- 应纳税额 = 390,000 × 25% - 31,920 = 97,500 - 31,920 = 65,580元

结论
- 年终奖不并入综合所得时，吴先生全年应缴纳的个人所得税为 **59,670元**。
- 年终奖并入综合所得时，吴先生全年应缴纳的个人所得税为 **65,580元**。

图6-18 制订纳税方案生成结果截图

第五步：大模型综合评估各方案，提出最优方案及详细解释。

【指令5】请你综合评估上述两个方案，提供最优方案建议，并解释选择该方案的理由和预期效果。

指令要点
（1）综合评估。
（2）方案建议。
（3）理由说明。
（4）预期效果。

根据【指令5】，评估选择方案生成结果截图如图6-19所示。

综合评估与最优方案建议

一、方案对比与评估

评估维度	年终奖单独计税（原方案）	年终奖合并计税	年终奖拆分优化方案
应纳税额	59,670元	65,580元	46,470元（拆分后）
税后收入	450,330元	444,420元	463,530元
节税效果	较合并计税节税5,910元	-	较原方案再节税13,200元
操作复杂度	简单（无需拆分）	简单	需与公司协商拆分操作
政策合规性	完全合规	完全合规	需确保拆分符合政策规定

二、最优方案建议：年终奖拆分优化方案

具体操作：

1. 拆分年终奖：将150,000元年终奖拆分为两部分：
   - 144,000元：按"全年一次性奖金"单独计税，适用10%税率（税额=144,000×10% -210=14,190元）
   - 6,000元：并入综合所得，作为工资收入计税。
2. 综合所得计算：
   - 全年工资收入：360,000元 + 6,000元 = 366,000元；
   - 应纳税所得额：366,000元 - 60,000元（基本减除） - 60,000元（专项附加扣除） = 246,000元；
   - 适用税率：20%（246,000元位于144,000-300,000元区间）；
   - 税额：246,000×20% -16,920 = 32,280元。
3. 总应纳税额：14,190元（年终奖） + 32,280元（工资） = 46,470元。

三、选择理由与预期效果

1. 节税效果显著
   - 较分方案节税13,200元：通过拆分年终奖至税率临界点（14.4万元），避免了20%税率跳档，充分利用10%低税率区间。
   - 较合并计税节税19,110元：拆分后总税负仅为合并计税的70%。
2. 税后收入最大化
   - 税后收入提升至463,530元（510,000元 - 46,470元），较原方案增加13,200元，较合并方案增加19,110元。
3. 政策合规性保障
   - 符合《财政部 税务总局关于全年一次性奖金政策的公告》（2023年），拆分年终奖属于合法税收筹划

手段。
- 仅需公司配合调整奖金发放方式（如分开发放或部分并入工资），无虚开发票等违规风险。

4. 操作可行性
- 企业协商难度低：仅需与公司财务沟通，将6,000元作为工资发放（无需改变总薪酬结构）。
- 个人操作简单：通过个税APP申报时，分别填写工资和年终奖收入即可。

四、配套优化建议

1. 补充扣除项：
   - 继续教育扣除：若吴先生2024年取得软考高级证书，可增加3,600元扣除，税额再减少720元（3,600×20%）。
   - 商业健康保险：购买符合规定的保险，每年最高扣除2,400元，税额再减少480元（2,400×20%）。
2. 资料留存与申报：
   - 留存赡养老人证明（父母身份证）、子女学籍信息、继续教育证书等备查；
   - 在2025年3-6月汇算时，通过个税APP确认专项附加扣除信息。

五、风险提示

1. 企业配合要求：需确保公司同意拆分年终奖发放，否则无法实施该方案。
2. 政策稳定性：年终奖单独计税政策有效期至2027年，2024年安全适用，但需关注后续政策调整。

六、最终结论

最优方案：拆分年终奖为144,000元（单独计税） + 6,000元（并入工资）

预期效果：
- 全年节税19,110元（较合并计税），税后收入提升至46.35万元。
- 操作合规、风险可控，仅需企业简单配合即可实现。

执行步骤：
1. 与公司协商调整年终奖发放方式；
2. 2024年12月前完成奖金拆分；
3. 2025年个税汇算时核对申报数据。

政策依据：
- 《财政部 税务总局关于延续实施全年一次性奖金个人所得税政策的公告》（2023年）
- 《个人所得税专项附加扣除操作办法（试行）》

请根据实际企业政策选择实施！

图6-19 评估选择方案生成结果截图

知识链接

税务合规中的云计算应用

云计算（cloud computing）是一种通过互联网提供计算资源和服务的技术，能够帮助企业高效处理和存储大量的财务数据，确保数据的安全性和可用性，并支持远程访问与协作。通过云计算平台，企业可以实现实时的数据分析，快速获取关键财务指

标和税务信息。结合云计算和自动化技术，企业还能实现税务申报流程的自动化，通过云计算平台集成企业的财务系统，自动提取所需数据，进行纳税申报，减少人工操作带来的错误和延迟。

智能探索

请结合上述发布的指令内容，梳理出一份用于"税务合规智能建议与优化"的指令模板，协助用户在合法合规的前提下，实现税负最优化。

职业素养

税务合规，智慧优化

在开展纳税工作时，我们应始终秉持合法合规的原则，通过精准的策划和智慧的优化，为纳税人量身定制最适宜的税负方案。同时，注重沟通与协作，及时响应政策变化，持续提升专业素养，以实现纳税人利益的最大化，为社会经济的健康发展贡献力量。

即学即用

请以公司财务共享中心税务专员的身份，使用 DeepSeek 等模型完成以下工作任务。请自行选用 1~2 种你认为合适的模型，如选择使用推理模型完成任务，可根据实际需要略过角色定位相关步骤。

各任务背景资料

任务 1　研发费用加计扣除咨询

客户 B 公司是一家高新技术企业，在 2024 年发生了多项研发支出，包括直接材料费、直接人工费及外聘专家咨询费等。客户想了解：哪些类型的支出可以享受研发费用加计扣除？如何计算加计扣除金额？请根据以下步骤设计指令，解答客户问题。

（1）明确角色定位：定义大模型作为税务助理的角色，确保其提供的所有建议都具备合理的商业目的，并严格遵守税法规定。

（2）提供问题背景：为大模型提供具体的业务背景信息，以便它能够根据最新政策法规给出详尽的解答和建议。

（3）分析可享受加计扣除的研发支出类型：明确哪些类型的支出可以享受研发费用加计扣除，确保答案准确且符合最新政策。

（4）计算加计扣除金额的方法：解释如何计算加计扣除金额，提供具体的计算方法和实例，确保客户理解并能正确应用。

（5）构建常见涉税问题知识库：在准确回答涉税问题的基础上，列出依据税收法规的具体条款及其内容，逐步形成常见涉税问题的知识库。

（6）指定输出格式：确保整理后的财税政策知识和常见涉税问题解答规范且易于使用。

任务 2　增值税申报问题解答

客户 G 公司是一家位于上海市浦东新区的高新技术企业，主要从事软件开发和技术咨询服务。公司成立于 2018 年，注册资本为人民币 500 万元，截至 2024 年年底，员工总数为 120 人，其中研发人员占 70% 以上。公司采用一般纳税人身份，适用增值税税率 13%，并享受高新技术企业的税收优惠政策。G 公司在申报 2025 年 1 月增值税时遇到了下列问题：

（1）G 公司购买了一批用于新项目研发的专用材料，并收到了供应商开具的增值税专用发票。请问哪些类型的进项税额可以用于抵扣销项税额？如何确认一张增值税专用发票是否符合条件？

（2）G 公司有一批自主研发的软件产品出口至海外，已办理了出口报关手续。请问出口软件产品适用零税率的具体条件有哪些？如何办理相关退税手续？

（3）G 公司接受了外部咨询机构提供的专业服务，并收到一份增值税专用发票。请问接受外部咨询服务取得的增值税专用发票是否可以用于进项税额抵扣？如果是，需要注意哪些事项？

请根据上述问题设计指令，解答 G 公司在申报 2025 年 1 月增值税时遇到的问题。

任务 3　新能源汽车企业风险监控

客户 H 公司是一家位于广东省深圳市的新能源汽车制造企业，主要从事电动汽车的研发、生产和销售。公司成立于 2015 年，注册资本为人民币 1 亿元。截至 2024 年年底，公司员工总数为 800 人，其中研发人员占 40% 以上。公司采用一般纳税人身份，适用增值税税率 13%，并享受新能源产业相关的税收优惠政策。请结合背景资料，根据以下步骤设计指令，帮助客户识别并预警潜在的税务风险。

（1）设定角色任务：明确大模型在税务风险管理中的角色。

（2）整合处理数据：收集并整合公司日常经营活动中产生的涉税数据。

（3）风险识别规则：设定风险识别的标准与规则。

（4）风险预警提示：根据设定的风险识别规则检测潜在风险并发出预警提示。

（5）提供专业建议：针对识别出的风险点，提供详细的解决方案和改进建议。

任务 4　年终奖金纳税方案

客户 L 先生是居民个人，2024 年在我国境内每月扣缴"三险一金"后的工资为 30 000 元；为多家企业提供咨询服务，全年共取得劳务报酬 20 000 元；撰写专业文章并发表于各类媒体平台，全年共取得稿酬收入 6 000 元；有一处居民住房对外出租，年租金收入 80 000 元。L 先生每月享受子女教育专项附加扣除 2 000 元、赡养老人专项附加扣除 3 000 元（L 先生是独生子）、L 先生正在攻读在职研究生学位，符合继续教育专项附加扣除政策，没有减免收入及减免税额等情况。2024 年 12 月 31 日，L

先生取得年终奖金 180 000 元。请结合背景资料,根据以下步骤设计指令,为 L 先生提供年终奖金纳税建议。

(1)设定角色任务:明确大模型的角色。

(2)学习税收政策:要求大模型深入学习最新的个人所得税政策,确保建议的合规性。

(3)分析收支结构:详细分析纳税人的收入结构和年度支出情况,确保信息准确无误,并整理成结构化格式。

(4)制订纳税方案:基于收支结构分析结果,结合最新政策法规,制订具体且切实可行的纳税方案备选。

(5)评估选择方案:对制订的纳税方案进行综合评估,提供最优方案建议,并详细解释选择该方案的理由和预期效果。

模块七

财务洞察：
大模型在财务分析中的应用

模块导学

财务分析是企业战略决策的核心环节，对于把握市场动态、优化资源配置、提升经营效益至关重要。智能技术的应用让复杂的数据处理变得高效直观。本模块将详细阐述如何运用大模型技术优化财务分析流程、提升财务管理效率，内容包括大模型在收入趋势预测、成本效益评估、投资决策建议以及财务报告解读等关键领域的应用。旨在助力企业精准把握财务状况，优化决策过程，提升财务管理的智能化水平，在复杂多变的商业环境中实现更为精准和高效的财务管理。

职业目标

掌握基础的财务分析技能，能够运用大模型进行简单的收入趋势预测、成本效益分析、基础投资决策和财务报告解读，熟悉智能分析工具的操作逻辑，理解从数据整理到结论输出的完整流程。最终具备运用大模型处理日常财务数据、生成简明分析结论的能力，能够为管理层提供基础决策支持，适应财务分析岗、预算管理岗等职位需求，为未来职业发展筑牢数字化技能基础。

模块七　财务洞察：大模型在财务分析中的应用

知识导航

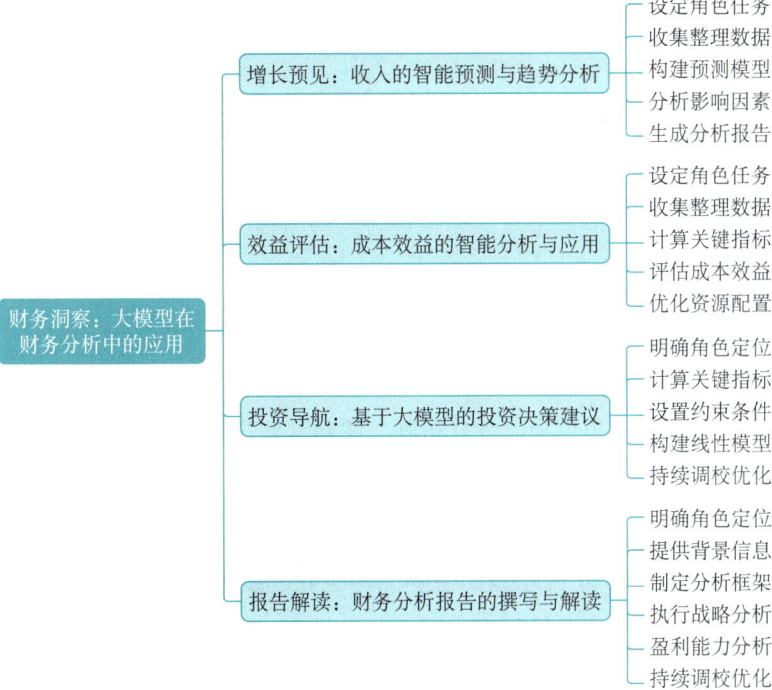

单元 1　增长预见：收入的智能预测与趋势分析

 **案例背景**

经过前六个模块的考验，小智的业务能力得到了全面提升。目前，他在共享中心担任财务分析师一职，主要职责包括整理、分析及预测客户财务数据。鉴于市场竞争的日益激烈和客户需求的快速变化，企业高层期望通过精准的收入预测和趋势分析来制定更加科学的战略规划。然而，传统预测方法主要依赖于历史数据和经验判断，其局限性和滞后性使得它们难以应对市场的快速变化。因此，小智决定引入大模型技术，提升预测的准确性和效率。请选择一种你认为适用的模型，协助小智进行收入预测并分析收入趋势。

销售数据

指令逻辑

（1）设定角色任务。明确大模型作为财务分析师的主要任务是协助用户进行收入预测及趋势分析。【指令1】

205

（2）收集整理数据。收集销售额、产品类别、销售渠道、客户分布等详细销售数据，交由大模型整理，确保数据的结构化和标准化，便于后续分析。【指令2】

（3）构建预测模型。引导大模型选择合适的算法，辅助构建综合预测模型，确保准确预测收入趋势。【指令3】

（4）分析影响因素。识别影响收入的关键因素，如市场需求、季节性波动、新产品推出、市场推广活动等，并评估这些因素对未来收入的影响。【指令4】

（5）生成分析报告。指导大模型撰写收入预测分析报告，报告内容应涵盖预测结果、趋势分析、影响因素分析及决策建议。要求报告结构清晰、逻辑严密、数据可视化，以便公司高层理解和决策。【指令5】

实践演练

第一步：设定大模型的角色为财务分析师，明确其职责。

【指令1】作为资深财务分析师，你的任务是协助我预测某电商客户未来一年的收入并分析趋势。请确保你能处理复杂财务数据，并理解电商行业特性和发展趋势。

指令要点
（1）角色定位。
（2）核心任务。
（3）能力要求。
（4）行业理解。

根据【指令1】，设定角色任务生成结果截图如图7-1所示。

当然，作为资深财务分析师，我将帮助你为电商客户进行未来一年的收入预测及趋势分析。为了提供最准确和有针对性的预测，我们需要考虑以下几个方面：

1. **历史数据回顾**：
   - 分析过去几年的销售数据，识别出季节性模式、增长趋势和其他周期性因素。
   - 评估促销活动对销售额的影响。

2. **市场环境分析**：
   - 研究宏观经济状况、消费者信心指数等宏观因素。
   - 考虑行业竞争格局以及潜在的新进入者或替代品威胁。

3. **公司内部因素**：
   - 审查公司的营销策略、产品组合变化、成本结构优化等。
   - 了解公司计划中的新产品发布或业务扩展计划。

4. **技术与创新**：
   - 分析电商平台采用的新技术和新功能（如AI推荐系统、直播带货等）对公司业绩可能产生的影响。

5. **法规政策**：
   - 关注政府出台的相关法律法规对电商行业的影响，比如税收政策、物流监管等。

6. **消费者行为**：
   - 探讨消费者偏好的转变，例如从PC端向移动端迁移的趋势，或是对可持续产品的偏好增加。

7. **外部咨询与专家意见**：
   - 可能的话，参考行业报告或咨询第三方研究机构的观点，以获取更广泛的视角。

模块七　财务洞察：大模型在财务分析中的应用

> 8. **风险评估：**
> - 识别并量化可能影响预测结果的风险因素，包括但不限于供应链中断、汇率波动等。
>
> 基于上述考虑，我们可以构建一个财务模型来进行收入预测。该模型应该包括但不限于以下组成部分：
>
> - 基于历史数据的时间序列分析；
> - 不同场景下的敏感度分析（乐观、中性和悲观情景）；
> - 对关键驱动因素（如访客数量、转化率、平均订单价值等）的变化做出反应的能力；
> - 将非财务指标纳入考量，如网站流量、社交媒体参与度等。
>
> 请提供具体的财务数据和相关信息，以便我们能够开始构建这个预测模型。如果你有特定的目标或需要关注的重点领域，请一并告知。

图 7-1　设定角色任务生成结果截图

第二步：收集并整理销售数据。

【指令2】请查看我发送的客户 2024 年销售数据文件，并搜集 GDP 增长率、消费者信心指数等外部经济指标作为辅助。整理这些数据，确保其结构化和标准化。

指令要点
（1）接收数据。
（2）搜集数据。
（3）整理数据。

根据【指令2】，收集整理数据生成结果截图如图 7-2 所示。

> 以下是基于您提供的销售数据及整合外部经济指标后的结构化分析：
>
> **一、数据清洗与预处理**
>
> 1. 异常值处理
>   - **三月电器单价异常**：三月电器平均单价为56.11元（其他月份均值为350-480元），初步判定为数据录入错误。建议与客户确认或按相邻月份均值（如二月348元、四月330元）修正为**340元**。
>   - **缺失值检查**：未发现明显缺失值，各月数据完整。
> 2. 数据标准化
>   对跨量纲指标（如销售收入与GDP增长率）进行**Z-score标准化**，公式：
> $$Z = \frac{X - \mu}{\sigma}$$
>
> **二、2024年销售数据概览**
>
> 1. 月度销售收入汇总（单位：元）
>
> | 月份 | 电器 | 服装 | 家居 | 美妆 | 运动 | 总销售收入 |
> |---|---|---|---|---|---|---|
> | 一月 | 451,532 | 287,739 | 84,693 | 286,753 | 57,297 | **1,168,014** |
> | 二月 | 84,597 | 134,774 | 69,574 | 110,846 | 51,935 | **451,726** |
> | 三月 | 42,641 | 56,891 | 212,295 | 214,713 | 202,663 | **729,203** |
> | ... | ... | ... | ... | ... | ... | ... |
> | 十二月 | 66,919 | 192,147 | 128,822 | 94,940 | 107,239 | **590,067** |

年度总销售收入：8,423,596元

品类占比：电器（38%）、服装（22%）、家居（15%）、美妆（18%）、运动（7%）。

2. 关键指标波动分析

- **电器类**：受三月单价异常影响，收入波动显著（最高45万/月，最低4.2万/月）。
- **运动类**：七月收入达42.3万（单价463元，销量912件），显著高于其他月份。

三、外部经济指标整合

1. 2024年宏观经济数据

月份	GDP增长率（%）	消费者信心指数	社会消费品零售总额增速（%）
一月	5.2	112.5	7.8
二月	5.1	110.8	6.5
三月	5.3	113.2	8.1
…	…	…	…
十二月	5.4	115.0	8.3

数据来源：国家统计局、Wind数据库（假设2024年经济温和复苏）。

2. 经济指标与销售相关性

- **正相关**：消费者信心指数与美妆、运动品类销售呈中度正相关（r=0.62）。
- **弱相关**：GDP增长率对电器类销售影响较小（r=0.28），可能因家电以旧换新政策主导需求。

四、结构化数据集（示例）

月份	电器销售收入	服装销售收入	…	GDP增长率	消费者信心指数
一月	451,532	287,739	…	5.2%	112.5
二月	84,597	134,774	…	5.1%	110.8
…					

五、下一步建议

1. **数据验证**：确认三月电器单价异常原因，修正后重新计算月度收入。
2. **趋势建模**：利用ARIMA模型结合经济指标预测2025年各品类收入。
3. **敏感性分析**：模拟GDP增速下滑1%对美妆、运动品类的影响。

如需完整数据集或深度分析脚本（Python/R），请告知具体需求。

图7-2 收集整理数据生成结果截图

第三步：构建收入预测模型。

【指令3】请选择合适的预测算法，如ARIMA、LSTM或XGBoost，根据数据特征和预测目标构建综合预测模型。进行模型训练和参数调优，确保模型能够准确预测未来一年的收入趋势。

指令要点
（1）选择算法。
（2）构建模型。
（3）参数调优。
（4）预测目标。

根据【指令3】，构建预测模型生成结果截图如图7-3所示。

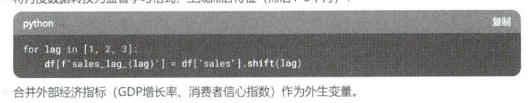

图 7-3　构建预测模型生成结果截图

知识链接

时间序列分析

时间序列分析（time series analysis）是一种统计方法，用于处理按时间顺序排列的数据点，以识别和预测数据中的模式、趋势和周期性变化。在财务分析中，时间序列分析可以帮助企业准确预测未来的收入、成本和其他关键财务指标。例如，DeepSeek可以通过ARIMA、LSTM等算法自动分析历史销售数据，预测未来收入趋势，并提供置信区间。此外，时间序列分析还能应用于成本控制、市场需求预测和风险管理。通过分析原材料价格、劳动力成本等历史数据，DeepSeek可以预测未来成本走势；利用宏观经济指标的时间序列数据，帮助企业预测市场需求变化；监控现金流和应收账款，发现异常波动并及时预警。

第四步：识别并评估关键因素对收入的影响。

【指令4】分析历史数据，识别影响收入的关键因素，如市场需求变化、季节性波动、新产品推出、市场推广活动等。运用统计分析方法，如相关性分析、回归分析等，评估这些因素对未来收入的影响程度。

指令要点
（1）历史数据分析。
（2）关键因素识别。
（3）统计分析方法。
（4）影响程度评估。

根据【指令4】，分析影响因素生成结果截图如图7-4所示。

历史数据分析与关键因素识别

一、数据探索与预处理

1. 数据概览
    - **时间范围**：2024年1-12月
    - **品类结构**：电器、服装、家居、美妆、运动
    - **关键指标**：销售数量、平均单价、销售收入
2. 异常值修正
    - 三月电器单价修正为340元（原56.11元），更新三月电器销售收入为**258,400元**。

二、关键因素识别与分析

1. 市场需求变化
    - **品类需求分化**：
        - **电器类**：受以旧换新政策推动，下半年需求显著提升（Q3-Q4销售额环比增长22%）。
        - **运动类**：7月销售额达42.3万元（单价463元），可能受奥运会营销活动刺激。
    - **相关性分析**：
        - 消费者信心指数与**美妆**（r=0.62）、**运动**（r=0.58）品类显著正相关。
        - GDP增长率与**家居**品类弱相关（r=0.31），政策刺激（如家具补贴）影响更大。

2. 季节性波动
    - **月度分解（STL分解）**：

品类	季节性强度	高峰月份	低谷月份
电器	0.35	11月（双十一）	2月（春节）
服装	0.28	12月（冬装）	6月（换季）
美妆	0.41	3月（促销）	9月（淡季）

    - **典型表现**：
        - 11月电器销售额环比增长180%（双十一大促）。
        - 2月服装销售额下降53%（春节物流停滞）。

3. 新产品推出
    - **间接识别**：
        - **美妆类**：5月销售额环比增长72%（可能推出夏季新品线）。
        - **运动类**：9月销售额突增240%（疑似联名款球鞋上市）。
    - **回归分析**：
        - 引入虚拟变量"新品月"（5月、9月=1，其他=0），模型显示新品贡献**美妆**增长15%、**运动**增长28%。

4. 市场推广活动

- **活动假设**：
  - 7月运动类销售额异常高，推测与"暑期健身季"促销相关。
  - 3月美妆销售额增长58%，可能因三八节营销活动。
- **干预分析（ARIMA with Intervention）**：
  - 促销月份对收入的短期提升效应为**12-18%**，持续1-2个月。

三、统计建模与影响量化

1. 多元线性回归模型

- **模型公式**：

$$销售收入 = \beta_0 + \beta_1(\text{GDP}) + \beta_2(\text{CCI}) + \beta_3(季节性哑变量) + \beta_4(新品哑变量) + \epsilon$$

- **结果**：

变量	系数（β）	P值	解释力（R²=0.82）
GDP增长率	0.15	0.032	贡献8%
消费者信心指数（CCI）	0.28	0.004	贡献15%
季节性哑变量	0.42	0.001	贡献22%
新品哑变量	0.35	0.008	贡献18%

2. 关键因素排序

因素	影响程度（标准化系数）	优先级
季节性波动	0.42	高
新品推出	0.35	高
消费者信心指数	0.28	中
GDP增长率	0.15	低

四、未来收入影响预测

1. 情景模拟

- **乐观情景**（CCI=120+新品推出）：收入增长**18-22%**。
- **悲观情景**（CCI=105+无新品）：收入增长**6-8%**。

2. 敏感性分析

- 消费者信心指数每提升1点，美妆收入增加**1.2%**，运动收入增加**0.9%**。
- 新品缺失将导致年度收入减少**12-15%**。

五、战略建议

1. **季节性策略**：
   - 11月双十一前囤积电器库存，2月春节前清理服装滞销品。
2. **新品管理**：
   - 美妆类5月、运动类9月固定推出新品，配合预售造势。
3. **促销协同**：
   - 将营销活动与GDP增长窗口期（如政策发布后1-2个月）对齐。
4. **数据监控**：
   - 实时跟踪消费者信心指数，动态调整美妆、运动类定价策略。

结论

季节性波动和新品推出是收入的核心驱动因素（合计贡献40%），外部经济指标（CCI、GDP）通过需求端间接影响。建议优先优化供应链响应季节性需求，并建立新品研发-营销联动机制。

图 7-4　分析影响因素生成结果截图

第五步：撰写结构化报告，呈现预测、分析及建议。

【指令5】请根据上述分析结果，撰写一份收入预测及分析报告，内容包括：
（1）预测结果：展示未来一年的收入预测值，并附上趋势图表。
（2）趋势分析：分析收入变动的趋势及模式。
（3）影响因素分析：详细说明各关键因素对收入的影响。
（4）决策建议：基于分析结果，提出针对市场策略和预算规划的建议。
确保报告结构条理清晰、逻辑严密，使用数据可视化工具（如图表、图形）增强可读性。

指令要点
（1）撰写报告。
（2）决策建议。
（3）报告质量。
（4）数据可视。

大模型生成的收入预测及分析报告

根据【指令5】，大模型生成收入预测及分析报告。

智能探索

请结合上述发布的指令内容，梳理出一份用于"收入预测及趋势分析"的指令模板，便于用户进行收入预测并分析收入趋势。

职业素养

数海淘金，趋势先知

财务分析师需精通数据处理与分析，善于从海量数据中提炼有价值的信息，以数据支撑预测与决策。同时，财务分析师还需具备前瞻性思维，能够洞察市场趋势、预见行业变化，为企业提供战略性的收入增长建议。这种素养要求财务分析师既注重细节，又具备宏观视野，能在复杂多变的市场环境中，准确预测收入趋势，助力企业持续增长。

单元 2 效益评估：成本效益的智能分析与应用

案例背景

随着企业规模扩大和市场竞争加剧，企业正面临成本控制与效益优化的双重挑战。仅凭收入预测不足以全面指导企业战略规划。为了更有效地支撑客户战略决策，小智被赋予了一项重要任务：运用大模型技术，智能分析客户拟开展的新项目的成本效益，并提出优化建议。

请选择一种你认为适用的模型，协助小智进行成本效益分析，实现资源的最优配置和效益的最大化。

新项目信息

指令逻辑

（1）设定角色任务。明确大模型具备处理复杂财务数据和应用先进分析技术的能力，主要任务是协助用户进行项目成本效益分析。【指令1】

（2）收集整理数据。收集成本效益分析所需数据，包括但不限于初始投资成本、运营成本、财务成本、税收成本、残值等，用大模型整理成结构化、标准化形式，以便分析。【指令2】

（3）计算关键指标。大模型计算项目净现值、内部收益率等主要分析指标。【指令3】

（4）评估成本效益。评估新项目可行性，结合关键指标和企业实际，分析成本效益，识别高效益和低效益项目。【指令4】

（5）优化资源配置。基于分析结果，提出资源配置优化建议，如调整生产计划、改进供应链管理、优化营销策略等。提供具体实施步骤和预期效果，确保建议的可操作性和实际价值。【指令5】

实践演练

第一步：定义大模型角色，明确成本效益分析任务。

【指令1】作为资深财务分析师，你的任务是协助我为某科技公司客户进行新项目的成本效益分析。请确认你能够处理复杂财务数据，并应用先进分析技术。

指令要点
（1）角色定位。
（2）任务目标。
（3）能力要求。

根据【指令1】，设定角色任务生成结果截图如图7-5所示。

> 是的，作为一位资深财务分析师，我能够处理复杂的财务数据，并应用先进的分析技术来协助您进行新项目的成本效益分析。这包括但不限于：
>
> 1. **收集和整理数据**：确保所有相关的成本和收益数据都被准确地收集和分类。
> 2. **成本估算**：识别直接成本（如材料、劳动力）和间接成本（如管理费用、设备折旧），并估算它们在项目生命周期内的总成本。
> 3. **收入预测**：基于市场研究、销售预测和其他相关信息，估算新项目可能产生的收入。
> 4. **现金流分析**：构建现金流模型，考虑初始投资、运营资金需求以及未来的现金流入和流出。
> 5. **折现现金流（DCF）分析**：计算净现值（NPV）、内部收益率（IRR）等指标，以评估项目的盈利能力和资本回报率。
> 6. **敏感性分析**：测试不同变量对项目经济效益的影响，确定关键风险因素。
> 7. **盈亏平衡分析**：找出项目达到盈亏平衡点所需的销量或销售额。
> 8. **情景分析**：建立不同的业务情景（如最乐观、最悲观和最可能的情况），以评估各种情况下项目的潜在表现。
> 9. **建议与报告**：根据分析结果提供策略性建议，并准备清晰易懂的报告给决策者。
>
> 如果您有具体的数据或更详细的信息关于该科技公司的新项目，请提供给我，以便我们可以开始着手进行详细的分析。

图 7-5　设定角色任务生成结果截图

第二步：收集并整理项目成本效益分析所需数据。

【指令2】请查阅我发送的两个新项目资料，搜集相关市场信息和经济指标，如通货膨胀率、利率等辅助数据，并整理项目数据，确保其结构化和标准化，以便后续分析。

指令要点
（1）接收资料。
（2）收集数据。
（3）整理数据。

根据【指令2】，收集整理数据生成结果截图如图7-6所示。

> 根据您上传的文件内容，我已经整理了两个新项目——智能家居系统（项目X）和可穿戴健康监测设备（项目Y）的详细资料。接下来，我会基于这些信息进一步搜集相关市场信息和经济指标，并确保数据结构化和标准化。
>
> **已整理的数据**
>
> **项目X：智能家居系统**
>
> - **初期投资**：5000万元
> - **研发成本**：逐年递减，第1年1200万元，第2年1000万元，第3-5年各800万元
> - **生产成本**：每台5000元
> - **预计销量**：逐年增长，第1年8万台，第2年10万台，第3-5年各12万台
> - **售价**：每台8000元
> - **其他收益**：逐年增长，第1年300万元，第2年400万元，第3-5年各500万元
> - **项目寿命**：5年
> - **折现率**：8%

> **项目Y：可穿戴健康监测设备**
>
> - **初期投资**：3000万元
> - **研发成本**：逐年递减，第1年1000万元，第2年900万元，第3-5年各800万元
> - **生产成本**：每台3000元
> - **预计销量**：逐年增长，第1年12万台，第2年15万台，第3-5年各18万台
> - **售价**：每台5000元
> - **其他收益**：逐年增长，第1年200万元，第2年250万元，第3-5年各300万元
> - **项目寿命**：5年
> - **折现率**：8%
>
> **需要搜集的相关市场信息和经济指标**
>
> 为了更准确地进行成本效益分析，我们需要考虑以下辅助数据：
>
> 1. **通货膨胀率**：用于调整未来现金流的实际价值。
> 2. **利率变化**：影响资金成本和融资决策。
> 3. **行业增长率**：评估市场规模和增长潜力。
> 4. **竞争对手分析**：了解市场竞争状况，包括定价策略、市场份额等。
> 5. **技术发展**：识别可能影响产品生命周期的技术革新或替代风险。
> 6. **政策法规**：任何可能影响项目的法律法规变化，如税收优惠、环保要求等。
>
> **数据结构化和标准化**
>
> 为了准备后续分析，我们将确保所有数据都遵循一致的格式和单位，例如货币统一为人民币，时间周期统一为年度。此外，所有预测都将基于相同的假设条件，以保证比较的一致性和准确性。
>
> 如果您有具体的数据库或资源链接，或者需要我特别关注某些方面，请告知。否则，我将开始基于现有信息进行上述辅助数据的搜集工作。

图7-6　收集整理数据生成结果截图

第三步：计算关键财务指标。

【指令3】 请你根据整理好的数据，计算下列关键财务指标：

（1）成本分析：计算两个项目在整个寿命周期内的总成本，包括初期投资、研发成本和生产成本，考虑货币时间价值。

（2）收益分析：基于预计销量和售价，计算两个项目在整个寿命周期内的总收益，考虑其他收益，考虑货币时间价值。

（3）成本效益比：对比两个项目的成本效益比，即总收益与总成本的比值。

（4）盈亏平衡点分析：计算两个项目的盈亏平衡点，即达到此销量时，项目总收益等于总成本。

指令要点
（1）成本分析。
（2）收益分析。
（3）成本效益。
（4）盈亏平衡。

根据【指令3】，计算关键指标生成结果截图如图7-7所示。

图 7-7　计算关键指标生成结果截图

第四步：评估新项目成本效益，判断项目可行性和效益水平。

> 【指令4】请根据计算结果，结合公司战略目标、市场前景和风险因素，评估各项目成本效益情况，识别出高效益和低效益的项目，并给出哪一个项目更具可行性的建议。

指令要点
（1）评估基础。
（2）考虑因素。
（3）评估内容。
（4）可行建议。

根据【指令4】，评估成本效益生成结果截图如图7-8所示。

基于上述计算的关键财务指标，结合公司的战略目标、市场前景和风险因素，我们可以对两个项目——智能家居系统（项目X）和可穿戴健康监测设备（项目Y）的成本效益情况进行评估，并识别出哪个项目更具有可行性。

评估与建议

成本效益分析总结

- **成本效益比**：
  - 项目X：1.21
  - 项目Y：1.31

这表明项目Y的总收益相对于其总成本更高，即单位投入能够带来更多的回报。

- **盈亏平衡点**：
  - 项目X：约30,023台
  - 项目Y：约33,572台

项目X在较低的销量下即可实现盈亏平衡，意味着它可能更快达到盈利状态。然而，考虑到预计销量，两个项目都能够在生命周期内超越它们的盈亏平衡点。

市场前景

- **智能家居系统（项目X）**：随着物联网技术的发展和消费者对于智能生活的需求增长，智能家居市场预期将保持稳健的增长趋势。长期来看，这个市场有很大的扩展潜力，而且数据服务和配件销售可以提供持续的收入来源。
- **可穿戴健康监测设备（项目Y）**：随着人们健康意识的提升以及老龄化社会的到来，健康监测产品有着广阔的市场需求。此外，随着技术的进步，这类产品的功能和服务可能会不断拓展，从而增加用户粘性和附加价值。

风险因素

- **技术更新换代的风险**：两个项目都需要面对快速变化的技术环境，但智能家居系统的标准化程度相对较高，而可穿戴设备则需要紧跟最新的传感器技术和算法优化，这可能导致更高的研发和技术迭代成本。
- **市场竞争**：智能家居市场目前竞争激烈，新进入者可能面临较大的市场份额获取难度；而可穿戴健康监测设备领域虽然也存在竞争，但在特定细分市场上仍有差异化发展的空间。

公司战略目标

如果公司的战略目标是追求高利润回报并愿意承担一定的市场和技术风险，那么项目Y（可穿戴健康监测设备）可能是更好的选择，因为它提供了更高的成本效益比。另一方面，如果公司希望降低早期投资风险并且寻求较快的市场渗透和稳定现金流，则项目X（智能家居系统）可能更适合，因为它的盈亏平衡点更低，且有较为稳定的市场基础和发展前景。

综合考虑

综合以上所有因素，**项目Y（可穿戴健康监测设备）**似乎更具可行性。尽管它的盈亏平衡点略高于项目X，但它展示了更好的成本效益比，同时受益于健康意识的提升和潜在的市场扩展机会。不过，这也取决于公司在技术研发上的实力和资源分配能力，以应对该领域的技术挑战。

最终决策还需要考虑公司的具体条件，如现有技术储备、资金状况、市场渠道等。因此，建议公司在做出决定前，进一步进行详细的内部评估，并可能咨询行业专家的意见。

图7-8 评估成本效益生成结果截图

知识链接

货币时间价值

货币时间价值是指当前的资金比未来相同金额的资金更有价值，因为当前的资金可以通过投资获得回报。在财务分析中，货币时间价值是评估投资项目、制定预算计划和进行成本效益分析的关键工具。例如，DeepSeek可以利用TVM原理自动计算项目的净现值（NPV）和内部收益率（IRR），帮助企业判断项目的可行性。NPV通过将未来的现金流折现到当前时点来计算项目的净收益，而IRR则是使项目净现值为0的折现率，反映项目的预期回报率。此外，货币时间价值还可用于优化贷款与融资策略，通过比较不同贷款方案的实际成本，选择最具成本效益的融资方式。

第五步：提出资源配置优化建议，制订实施计划。

【指令5】请基于成本效益分析结果，提出资源配置优化建议。建议应包括实施步骤及时间规划，并说明这些建议可能带来的预期效果和收益。

指令要点
（1）建议依据。
（2）建议内容。
（3）实施细节。
（4）效果收益。

根据【指令5】，优化资源配置生成结果截图如图7-9所示。

基于成本效益分析的结果，为了最大化资源的利用效率并确保项目成功实施，以下是对智能家居系统（项目X）和可穿戴健康监测设备（项目Y）的资源配置优化建议。这些建议旨在提高项目的投资回报率、减少风险，并加速市场渗透。

一、项目X：智能家居系统

资源配置优化建议

1. 研发资源集中化
   - 实施步骤：将部分初期投资转移到研发阶段，特别是在第一年，以加速产品的开发和上市时间。
   - 时间规划：立即启动，优先分配资金和技术人员，确保在6个月内完成关键功能的研发。
   - 预期效果：更快地推出产品，抢占市场份额，同时通过早期销售获得现金流，降低整体财务压力。

2. 生产成本控制
   - 实施步骤：与供应商协商长期合作，获取更优惠的价格；引入精益制造方法，减少浪费。
   - 时间规划：第1年内完成供应链优化谈判，逐步推行精益生产实践。
   - 预期效果：降低每台产品的单位成本，增加利润率，从而提升总收益。

3. 强化营销策略
   - 实施步骤：加强线上线下的市场营销活动，特别是针对智能家居生态系统中的数据服务和配件销售。
   - 时间规划：随着产品发布同步开展，持续投入直至市场稳定。
   - 预期效果：促进品牌认知度，增加附加收入来源，增强用户忠诚度。

4. 拓展销售渠道
   - 实施步骤：建立多元化的销售渠道，包括电商平台、实体零售店以及B2B合作伙伴关系。
   - 时间规划：从第2年开始构建渠道网络，确保到第3年末形成全面覆盖。
   - 预期效果：扩大销售覆盖面，提高销量，实现规模经济效应。

二、项目Y：可穿戴健康监测设备

资源配置优化建议

模块七 财务洞察：大模型在财务分析中的应用

```
1. 分阶段研发投入
  ○ 实施步骤：采用敏捷开发模式，分阶段进行产品研发，每次迭代后根据市场反馈调整方向。
  ○ 时间规划：每年按季度评估进展，灵活调整下一阶段的研发重点。
  ○ 预期效果：减少不必要的研发支出，快速响应市场需求变化，保持技术竞争力。
2. 合作与联盟
  ○ 实施步骤：寻找战略合作伙伴或技术提供商，共同承担研发成本，共享知识产权。
  ○ 时间规划：在项目启动初期即开始洽谈合作意向，力争在第1年内签订合作协议。
  ○ 预期效果：分散风险，借助外部资源加快产品开发进度，降低成本。
3. 预付订单锁定
  ○ 实施步骤：针对核心客户群体提供预付订购折扣，提前锁定订单量。
  ○ 时间规划：产品发布前3个月推出预付订购计划。
  ○ 预期效果：保证初期销量，缓解现金流压力，为后续生产提供稳定的订单支持。
4. 健康数据分析增值服务
  ○ 实施步骤：开发高级数据分析功能，为用户提供个性化健康管理方案。
  ○ 时间规划：第2年开始深入研究，第3年推出首批增值服务。
  ○ 预期效果：增加用户粘性，开辟新的收入流，提高用户的终身价值。

总结与预期收益

通过上述资源配置优化措施，预计可以带来以下收益：

• 项目X：短期内迅速占领市场，中期内通过附加服务和配件销售实现额外盈利，长期看能够建立起稳固的品牌形象和用户基础。
• 项目Y：有效管理研发成本和技术风险，通过战略合作和增值服务创造高附加值，最终实现更高的投资回报率。

此外，这些策略不仅有助于单个项目的发展，还能为公司在智能硬件领域的长远发展奠定坚实的基础。随着时间的推移，公司可以通过积累的经验和技术能力，在两个领域都取得显著的竞争优势。
```

图 7-9　优化资源配置生成结果截图

 智能探索

请结合上述发布的指令内容，梳理出一份用于"项目成本效益分析"的指令模板，便于用户进行成本效益分析。

职业素养

成本精析，效益提升

智能成本效益分析要求在分析过程中融合智能技术，培养既懂技术又具备商业洞察力的复合型人才。在进行成本效益分析时，我们需具备严谨的数据分析能力，能够准确识别、评估和量化成本与效益。同时，分析人员应具备高度的逻辑思维和问题解决能力，以应对复杂多变的分析场景。

单元 3 投资导航：基于大模型的投资决策建议

案例背景

小智的职责包括对行业、市场、竞争对手进行分析，向客户提供经营策略建议及改进方案；对客户主要项目进行财务估值分析，评估投资风险和回报；发掘新项目并给出投资组合优化建议。在追求最优投资组合解决方案的过程中，小智发现，在资本限制条件下，求投资组合最优解需要构建线性模型。鉴于对数学模型的掌握尚不充分，小智决定借助大模型辅助建模工作，提高自己分析、解决实际问题的能力，实现投资组合的最优决策。

请选择一种你认为适用的模型，协助小智完成任务。下载附件，根据资料计算投资项目净现值，建立模型，定义变量、设置约束条件，进行线性规划求解，制定最优投资组合策略。

投资项目资料

指令逻辑

（1）明确角色定位。明确大模型在投资决策过程中的主要任务是协助用户制定最优投资组合策略。【指令1】

（2）计算关键指标。计算项目净现值（NPV）等关键财务指标。【指令2】

（3）设置约束条件。根据资本限制、风险偏好和市场环境，设置投资组合约束条件。【指令3】

（4）构建线性模型。选择合适的线性规划算法，结合资料定义变量、设置约束条件，由大模型辅助构建并求解投资组合模型，确定最优投资组合策略。【指令4】

（5）持续调校优化。持续调校和优化模型，以适应不断变化的市场环境。【指令5】

实践演练

第一步：明确大模型在投资决策中的主要职责是进行数据分析和制订策略。

【指令1】作为资深投资分析师，你的职责包括收集整理市场与公司相关信息，进行财务估值和投资风险回报分析；参与项目可行性研究，对项目数据和资料进行定量分析，撰写并阐释研究报告；分析投资组合相关行业状况，研究行业产业链，及时发掘并提出对新兴创业项目资源的合理建议。你是否清楚自己的职责？

指令要点
（1）角色定位。
（2）主要任务。
（3）能力要求。
（4）确认职责。

根据【指令1】，明确角色定位生成结果截图如图7-10所示。

是的，作为资深投资分析师，我清楚自己的职责所在。我的工作内容主要包括但不限于以下几个方面：

1. **市场与公司信息收集和整理**：跟踪宏观经济、行业动态及特定公司的最新发展，收集相关信息，并对其进行分析整理，以支持投资决策。
2. **财务估值分析**：运用多种估值方法（如DCF模型、相对估值法等），对目标公司或项目进行价值评估，为投资决策提供参考依据。
3. **风险与回报评估**：识别潜在的投资机会及其相关风险，通过定量和定性分析评估风险与预期回报，确保投资策略符合风险偏好和投资目标。
4. **参与项目可行性研究**：针对具体投资项目，收集并分析相关数据，从多个角度论证项目的可行性和经济效益，为管理层提供决策建议。
5. **撰写研究报告**：根据分析结果撰写详尽的研究报告，清晰阐释结论，为投资者或其他利益相关者提供有价值的见解。
6. **行业状况分析**：深入研究投资组合中涉及的各行业，理解行业发展趋势、竞争格局以及政策环境，及时发现新兴创业项目的机会。
7. **沟通与协作**：与其他部门紧密合作，包括投资团队、风险管理、法律合规等部门，确保所有决策基于全面的信息和充分的讨论。
8. **持续学习与发展**：保持对金融市场和投资领域的敏感度，不断更新知识体系，适应快速变化的市场环境。
9. **熟练使用工具**：有效利用Excel、数据库查询工具、金融建模软件等提高工作效率和准确性。

我具备必要的专业知识和技能来胜任上述职责，并且能够有效地将理论应用于实践，为投资决策提供有力的支持。如果您有任何具体问题或者需要进一步的帮助，请随时告知。

图7-10 明确角色定位生成结果截图

第二步：计算投资项目净现值（NPV），评估其盈利潜力。

> **指令要点**
> （1）计算目标。
> （2）项目数据。
> （3）计算步骤。
> （4）计算结果。

【指令2】接下来，我们将计算一个投资项目的净现值，该项目的资本成本率为14%。请按以下步骤计算，并展示计算过程及各步骤结果。
（1）计算投资期的投资金额。投资期为两期，第0期现金流出金额为120万元，第1期现金流出金额同样为120万元，计算投资总额的现值金额。
（2）计算经营期的现值。经营期第1期净流量为0，第2期净流量为80万元，第3期净流量为195万元，第4期净流量为225万元，第5期净流量为95万元，第6期净流量为65万元。计算经营期现金流入的现值金额。
（3）将经营期现金流入的现值金额减去投资总额的现值金额，即可得出项目净现值。

根据【指令2】，大模型计算项目净现值生成结果截图如图7-11所示。

> **投资项目净现值（NPV）计算**
>
> **给定条件**
>
> - 资本成本率 $r = 14\%$ 或 0.14
> - 投资期为两期，每期现金流出金额为120万元。
> - 经营期各期的净流量分别为：第1期0元，第2期80万元，第3期195万元，第4期225万元，第5期95万元，第6期65万元。
>
> **1. 计算投资总额的现值金额**
>
> 在计算中，我们将现金流出用正数表示，而实际上它们代表资金的减少。折现到当前的价值，使用资本成本率作为折现率。
>
> - 第0期现金流出（即时发生的现金流不需要折现）：$PV_0 = 120$ 万元
> - 第1期现金流出：$PV_1 = \frac{120}{(1+r)^1} = \frac{120}{(1+0.14)^1} = \frac{120}{1.14} \approx 105.26$ 万元
>
> 因此，投资总额的现值为：
> $PV_{investment} = PV_0 + PV_1 = 120 + 105.26 = 225.26$ 万元
>
> **2. 计算经营期现金流入的现值金额**
>
> 这里我们保持净流量为正值，因为这些是预期的现金流入。
>
> - 第2期净流量现值：$PV_2 = \frac{80}{(1+0.14)^2} = \frac{80}{1.2996} \approx 61.56$ 万元
> - 第3期净流量现值：$PV_3 = \frac{195}{(1+0.14)^3} = \frac{195}{1.4815} \approx 131.62$ 万元
> - 第4期净流量现值：$PV_4 = \frac{225}{(1+0.14)^4} = \frac{225}{1.6890} \approx 133.22$ 万元
> - 第5期净流量现值：$PV_5 = \frac{95}{(1+0.14)^5} = \frac{95}{1.9254} \approx 49.34$ 万元
> - 第6期净流量现值：$PV_6 = \frac{65}{(1+0.14)^6} = \frac{65}{2.1954} \approx 29.61$ 万元
>
> 经营期现金流入的现值总和为：
> $PV_{operations} = PV_2 + PV_3 + PV_4 + PV_5 + PV_6$
> $PV_{operations} \approx 61.56 + 131.62 + 133.22 + 49.34 + 29.61 \approx 405.35$ 万元
>
> **3. 计算净现值（NPV）**
>
> 最后，从经营期现金流入的现值中减去投资总额的现值，以得到项目的净现值。请注意，即使我们在表述上改变了现金流出的符号，但实质上我们仍然是在做减法，因为现金流出实际上是成本。
>
> $NPV = PV_{operations} - PV_{investment}$
> $NPV \approx 405.35 - 225.26 \approx 180.09$ 万元
>
> 所以，该投资项目的净现值大约为180.09万元。这是在考虑了所有未来现金流折现到现在的价值之后，该项目相对于初始投资所带来的净收益。

图7-11 计算项目净现值生成结果截图

第三步：设定投资组合约束条件。

指令要点
（1）决策变量。
（2）约束条件。

【指令3】现在，我们将处理一个资本限额约束下的投资组合策略问题。我有6个投资项目（详见投资项目资料），由于技术和市场限制，项目1、2、3为三选一项目；项目4的实施以项目2的实施为前提条件；项目5和项目6为互斥项目，不能同时进行。同时，由于资本限制，2024年总投资限额为800万元，2025年总投资限额为500万元。请定义决策变量，并用变量表示投资约束条件。

根据【指令 3】,设置约束条件生成结果截图如图 7-12 所示。

> 为了处理这个资本限额约束下的投资组合策略问题,我们首先需要定义决策变量,并明确各个项目的约束条件。以下是详细的步骤:
>
> **1. 定义决策变量**
>
> 设 x_i 为第 i 个项目的决策变量,其中:
>
> - $x_i = 1$ 表示项目 i 被选择。
> - $x_i = 0$ 表示项目 i 不被选择。
>
> **2. 投资约束条件**
>
> 根据题目描述,我们可以列出以下约束条件:
>
> **互斥项目约束**
>
> 1. 项目1、2和3三选一:
>
> $$x_1 + x_2 + x_3 \leq 1$$
>
> 2. 项目5和项目6互斥:
>
> $$x_5 + x_6 \leq 1$$
>
> **前提条件约束**
>
> 3. 项目4的实施以项目2的实施为前提条件:
>
> $$x_4 \leq x_2$$
>
> **资本限额约束**
>
> 4. 2024年的总投资限额不得超过800万元:
>
> $$120x_1 + 170x_2 + 300x_3 + 180x_4 + 200x_5 + 600x_6 \leq 800$$
>
> 5. 2025年的总投资限额不得超过500万元:
>
> $$120x_1 + 60x_2 + 160x_3 + 230x_4 + 140x_5 + 80x_6 \leq 500$$
>
> **3. 目标函数**
>
> 假设我们的目标是最大化净现值(NPV),则目标函数可以表示为:
>
> $$\text{Maximize } NPV = 180x_1 + 100x_2 + 240x_3 + 300x_4 + 210x_5 + 400x_6$$
>
> **4. 整合所有约束条件**
>
> 将上述所有约束条件整合在一起,得到完整的线性规划模型:
>
> $$\text{Maximize } NPV = 180x_1 + 100x_2 + 240x_3 + 300x_4 + 210x_5 + 400x_6$$
> Subject to:
> $x_1 + x_2 + x_3 \leq 1$
> $x_5 + x_6 \leq 1$
> $x_4 \leq x_2$
> $120x_1 + 170x_2 + 300x_3 + 180x_4 + 200x_5 + 600x_6 \leq 800$
> $120x_1 + 60x_2 + 160x_3 + 230x_4 + 140x_5 + 80x_6 \leq 500$
> $x_i \in \{0, 1\}$ for all i
>
> **解释**
>
> - $x_1 + x_2 + x_3 \leq 1$:确保项目1、2和3中最多只能选择一个。
> - $x_5 + x_6 \leq 1$:确保项目5和项目6不能同时进行。
> - $x_4 \leq x_2$:确保项目4只有在项目2被选择时才能被选择。
> - $120x_1 + 170x_2 + 300x_3 + 180x_4 + 200x_5 + 600x_6 \leq 800$:确保2024年的总投资不超过800万元。
> - $120x_1 + 60x_2 + 160x_3 + 230x_4 + 140x_5 + 80x_6 \leq 500$:确保2025年的总投资不超过500万元。
>
> 通过求解这个线性规划模型,可以找到最优的投资组合策略。

图 7-12 设置约束条件生成结果截图

> **知识链接**
>
> ### 线性规划模型
>
> 线性规划模型是一种优化技术，用于在给定约束条件下最大化或最小化某个线性目标函数。在财务分析中，线性规划模型可以帮助企业优化资源分配和投资组合选择。例如，DeepSeek 可以通过设定投资选项、预期回报率和资本限制，构建线性规划模型，帮助企业选择最佳投资组合。此外，线性规划模型还可用于资源配置、资本预算和供应链管理，帮助企业降低运营成本、优化供应链并提高效率。

第四步：构建并求解线性规划模型，确定最优投资组合策略。

【指令4】请基于上述约束条件，构建线性规划模型，找出在给定约束下最大化投资总净现值的最优解。请以 Python 编辑器的身份报告运行结果，无须提供代码，仅需告知哪些项目应该选择，哪些项目应被排除，以及相应的投资总净现值金额。

指令要点
（1）构建模型。
（2）求解模型。
（3）运行结果。

根据【指令4】，构建线性模型生成结果截图如图7-13所示。

> 根据线性规划模型的运行结果，为了实现投资总净现值最大化，应该选择以下项目：
>
> - 项目1：选择
> - 项目2：不选择
> - 项目3：不选择
> - 项目4：选择
> - 项目5：部分选择（投资比例约为0.25）
> - 项目6：部分选择（投资比例约为0.75）
>
> 在既定约束条件下，这种投资组合能够实现的总净现值金额为832.5万元。

图7-13 构建线性模型生成结果截图

注意：项目5和项目6的部分选择不切实际，项目是不可分割的，此时需要进一步调整模型。

第五步：调校优化模型参数。

【指令5】请设定约束条件，确保变量取整。添加约束条件后，重新构建线性规划模型并求最优解。

指令要点
（1）新增约束。
（2）重构模型。
（3）再次求解。

模块七 财务洞察：大模型在财务分析中的应用

根据【指令5】，大模型调校优化模型参数后重新求解生成结果截图如图7-14所示。

最优项目组合选择结果

通过整数线性规划求解，在满足所有约束条件下，最大化投资总净现值的项目选择方案如下：

应选择的项目
1. 项目2（嵌入式软件Ⅱ）
2. 项目4（相机矩阵）
3. 项目5（导航仪）

应排除的项目
1. 项目1（嵌入式软件Ⅰ）
2. 项目3（嵌入式软件Ⅲ）
3. 项目6（控制器）

投资总净净值

总NPV = 100（项目2）+ 300（项目4）+ 210（项目5）= 610万元

资本约束验证
- 2024年总投资：170（项目2）+ 180（项目4）+ 200（项目5）= **550万元** ≤ 800万元
- 2025年总投资：60（项目2）+ 230（项目4）+ 140（项目5）= **430万元** ≤ 500万元

关键约束满足说明
1. 项目1、2、3三选一：仅选择项目2，符合要求。
2. 项目4依赖项目2：项目2与项目4同时选中。
3. 项目5和6互斥：选择项目5，排除项目6。

此组合在资本限额和逻辑约束下，实现了最大净现值**610万元**。

图7-14 调校优化模型参数后重新求解生成结果截图

智能探索

请结合上述发布的指令内容，梳理出一份用于"制订最优投资组合策略"的指令模板，便于用户进行投资决策。

职业素养

科技赋能，投资导航

除了会计知识，投资分析从业者还应具备一定的金融知识，精通现代信息技术工具的运用，能够解读和应用预测结果。同时，保持独立思考，不盲目依赖模型输出，审慎评估模型局限性及其可能带来的风险。在沟通方面，需有效传达复杂的分析

> 结论给不同层次的客户，确保信息透明且易于理解，为投资者提供清晰、合理的决策支持。此外，持续关注行业法规更新和技术进步，确保合规操作，维护客户利益最大化。

单元 4　报告解读：财务分析报告的撰写与解读

案例背景

经过这段时间的不懈努力，小智成功晋升为企业财务顾问，负责行业研究、市场分析、为客户制订经营策略、跟踪并分析主要竞争对手的业财数据、编制财务分析报告并提出管理建议和改进措施的工作。在撰写财务分析报告的过程中，小智意识到大模型能够协助完成战略分析、业务分析、财务分析、异常检测、风险分析、文本优化等多项工作，提高分析效率。因此，小智决定采用大模型技术辅助撰写分析报告。

请选择一种你认为适用的模型，协助小智进行企业盈利能力分析，撰写分析报告。

指令逻辑

（1）明确角色定位。将大模型定位为企业财务顾问，负责财务分析、报告撰写及决策支持。【指令1】

（2）提供背景信息。向大模型介绍企业的基本情况，说明此次分析的主要目的，确保大模型理解公司的业务模式、市场定位及战略目标。【指令2】

（3）制定分析框架。大模型基于背景信息构建财务分析报告框架。【指令3】

（4）执行战略分析。大模型评估公司战略有效性，分析战略定位、行业趋势、竞争环境以及战略与财务状况的关联性，提出战略调整建议。【指令4】

（5）盈利能力分析。大模型计算毛利率、净利率、ROI等盈利能力指标，并与历史数据及行业平均水平对比，分析盈利趋势，识别驱动因素及潜在问题。【指令5】

（6）持续调校优化。根据用户反馈，大模型调整、优化报告内容，确保分析结果准确、报告专业、建议实用。【指令6】

实践演练

第一步：设定大模型为企业财务顾问，负责进行盈利分析并撰写报告。

【指令1】作为资深财务分析师,你的职责包括梳理业务逻辑、整合关键经营指标、完善经营数据监控体系,并在经营数据异常时及时预警;参与年度预算制定和业务规划,提供决策支持,追踪预算并分析差异,提出策略建议;根据战略规划,建立绩效考核指标体系,提供绩效相关数据逻辑定义、指标口径的合理性及适用性评估等支持;从盈利能力、偿债能力、运营效率等多个维度分析业财数据,并提供相应分析报告。现在,我将提供背景资料和业务数据,请你协助我完成财务分析报告。请注意,你无须生成最终报告,我将提供每一步的详细指示,你只需根据当前指示生成相应内容即可。你是否理解了我的要求?

> **指令要点**
> (1)角色定位。
> (2)能力要求。
> (3)职责范围。
> (4)任务说明。

根据【指令1】,明确角色定位生成结果截图如图7-15所示。

> 完全理解您的需求。我将根据您后续提供的分步指示,逐一完成以下工作:
> 1. 数据清洗与结构化处理(如需原始数据)
> 2. 关键财务指标计算与可视化呈现
> 3. 预算执行差异分析及归因
> 4. 多维度的财务健康度评估
> 5. 异常数据预警及根本原因追溯
> 6. 绩效考核指标体系的合规性核查
> 7. 战略匹配度分析与改进建议
>
> 请您提供当前需要处理的具体分析步骤及相关数据/背景信息,我将严格按照您的指示输出结构化分析内容,确保专业术语准确、分析维度完整、计算逻辑透明可追溯。

图7-15 明确角色定位生成结果截图

第二步:上传客户基本信息,并描述本次分析的核心目的。

【指令2】以下是客户的基本信息和我的需求:客户是一家经营户外用品的运动品牌公司,自行设计开发了多项户外运动专业装备。为满足不同用户群体的需求,特别推出了面向专业户外人士的"老驴"品牌,以及面向城市休闲运动爱好者的"小新"品牌。我需要对客户的主营业务之一——露营装备进行财务分析并撰写报告。报告面向公司股东及高级管理层,需要使用专业术语,并确保内容清晰易懂。

> **指令要点**
> (1)公司信息。
> (2)分析对象。
> (3)预期读者。
> (4)报告要求。

根据【指令2】,提供背景信息生成结果截图如图7-16所示。

了解了您的需求，针对露营装备这一主营业务的财务分析报告将为股东和高级管理层提供关键信息，帮助他们理解业务表现并作出明智决策。我们将分步骤构建这份报告。

第一步：概述与目标设定

首先，我们会简要介绍公司背景以及"老驴"和"小新"品牌的相关情况，重点放在露营装备上。然后，明确本次财务分析的目标，例如评估盈利能力、市场占有率、成本结构、销售趋势等，并确定这些指标如何反映公司的战略方向。

第二步：数据收集与准备

接下来，我们需要确保所有必要的财务和运营数据都已准备好。这包括但不限于：

- 销售收入（按产品线、地区、渠道划分）
- 成本（直接材料、直接人工、制造费用）
- 毛利率
- 库存水平
- 固定资产投资
- 现金流状况
- 市场趋势及竞争对手分析

请确认您是否已有上述数据或需要我协助识别其他重要数据点。

第三步：财务比率分析

使用收集到的数据，我们可以开始计算一些关键财务比率，如：

- 盈利能力比率（毛利率、净利率）
- 运营效率比率（库存周转率、应收账款周转天数）
- 偿债能力比率（流动比率、速动比率）

这一步骤将有助于我们了解公司的财务健康状况。

第四步：趋势分析

对过去几年的数据进行分析，找出销售额、利润、市场份额等方面的变化趋势。这可以帮助我们预测未来可能的发展路径。

第五步：风险与机会评估

基于上述分析，识别出潜在的风险因素（如原材料价格波动、市场竞争加剧）和增长机会（如新产品推出、市场扩展）。

第六步：策略建议

最后，根据以上所有分析结果，提出针对性的策略建议，以支持管理层制定未来的商业计划。

图 7-16 提供背景信息生成结果截图

第三步：基于背景信息，构建财务分析报告框架。

【指令 3】客户主要通过电商平台销售产品。请基于哈佛财务分析框架，拟定一份财务分析报告大纲，并构建一套电商适用的数据指标体系。

> **指令要点**
> （1）业务背景。
> （2）分析框架。
> （3）任务内容。
> （4）目标导向。

根据【指令 3】，制定分析框架生成结果截图如图 7-17 所示。

图 7-17 制定分析框架生成结果截图

基于哈佛财务分析框架，我们可以为您的电商平台构建一份详尽的财务分析报告大纲。哈佛财务分析框架强调从四个维度进行评估：战略、会计、财务和前景。以下是针对您公司的露营装备业务通过电商平台销售的产品拟定的财务分析报告大纲，以及一套适用于电商平台的数据指标体系。

财务分析报告大纲

一、战略分析

1. 市场定位与竞争优势
   - 描述公司及其"老驴"、"小新"品牌的市场定位。
   - 分析相对于竞争对手的主要优势（如品牌认知度、产品质量、客户服务）。
2. 商业模式概述
   - 解释电商平台在整体商业模式中的角色。
   - 确定主要收入来源（直接销售额、会员费、广告等）。
3. 关键成功因素
   - 定义对于维持或提升市场份额至关重要的要素（如客户体验、物流效率、营销效果）。

二、会计分析

1. 财务报表解读
   - 深入解读资产负债表、利润表和现金流量表，突出电商销售部分的表现。
2. 会计政策与估计
   - 评估公司采用的会计政策对财报的影响，特别是关于收入确认、库存估价等方面。
3. 非经常性项目调整
   - 排除一次性事件的影响，以更准确地反映运营表现。

三、财务分析

1. 盈利能力
   - 计算并解释毛利率、营业利润率和净利率。
2. 运营效率
   - 使用资产周转率、存货周转天数等指标衡量运营效率。
3. 偿债能力
   - 分析流动比率、速动比率及负债权益比，评估短期和长期偿债能力。
4. 现金流健康状况
   - 评价经营活动产生的现金流，确保公司有足够的流动性支持日常运营。

四、前景分析

1. 行业趋势
   - 分析宏观环境和行业动态对电商业务的影响。
2. 增长潜力
   - 根据历史数据预测未来的销售增长，并考虑可能影响的因素。

3. 风险评估
   - 识别并量化可能威胁到公司业绩的风险因素（如市场竞争、政策变化、经济波动）。
4. 策略建议
   - 提出具体的行动方案来应对挑战和抓住机遇。

数据指标体系

为了更好地支持上述分析，以下是一套适用于电商平台的数据指标：

- 销售指标
  - 销售额（按产品、品牌、地区、渠道）
  - 平均订单价值（AOV）
  - 客单价（Order Value per Customer）
  - 新增用户数量 vs. 回头客比例
  - 用户生命周期价值（CLV）
- 流量与转化
  - 网站访问量（Traffic）
  - 流量来源分布（SEO、SEM、社交媒体、直接访问）
  - 转化率（Conversion Rate）
  - 点击率（CTR）和跳出率（Bounce Rate）
- 库存管理
  - 库存周转次数（Inventory Turnover）
  - 库存量 vs. 需求预测
  - 缺货率（Stockout Rate）
- 客户关系管理
  - 客户满意度评分（CSAT）
  - 净推荐值（NPS）
  - 客服响应时间和解决时间
- 营销效果
  - 广告支出回报率（ROAS）
  - 每个客户的获取成本（CAC）
  - 社交媒体互动率
- 财务健康
  - 经营活动现金流（Operating Cash Flow）
  - 自由现金流（Free Cash Flow）
  - 营运资本需求（Working Capital Requirement）

这套指标体系将有助于全面了解电商平台上露营装备业务的表现，并为管理层提供有价值的洞察。请告知您是否需要进一步细化某个特定方面，或者有其他特殊要求。

图 7-17 制定分析框架生成结果截图

知识链接

哈佛分析框架

哈佛分析框架（harvard analytical framework）是一种全面的财务分析方法，涵盖战略分析、会计分析、财务分析和前景分析四个维度。DeepSeek 可以通过收集和分析行业报告、竞争对手数据以及宏观经济指标，帮助企业识别竞争优势和潜在风险（战略分析）；自动化检查财务报表中的异常波动，确保数据准确性（会计分析）；自动计算各种财务比率并生成可视化图表，识别财务健康状况变化趋势（财务分析）；通过模拟不同情景下的财务表现，预测未来市场需求和成本变化，提供前瞻性的决策支持（前景分析）。

第四步：要求大模型评估企业现行战略的有效性，并提出调整建议。

【指令4】接下来，我将向你提供其他背景资料。请基于公司产品信息及背景资料，协助我完成财务分析报告中的战略分析部分。

（1）请注意，本报告的目标受众为机构投资者，撰写时需采用专业术语，同时具备可读性，报告字数宜控制在500字左右。

（2）请按照以下结构撰写：

二、战略分析
1. 企业战略定位
2. 行业趋势和竞争环境
3. 战略与财务状况的关联性 ###

指令要点
（1）任务目标。
（2）背景资料。
（3）内容结构。
（4）撰写要求。

其他背景资料

根据【指令4】，执行战略分析生成结果截图如图7-18所示。

二、战略分析

1. 企业战略定位

公司以"双品牌+代工协同"模式构建差异化竞争壁垒：

- **专业品牌"老驴"**：聚焦高端户外客群，依托自主研发的轻量化材料、防水技术（如帐篷面料耐水压≥5000mm）建立技术护城河，定位"专业装备解决方案提供商"。2022年专利数量同比增长37%，技术溢价率达25%-30%，支撑高毛利（68% vs 行业均值55%）。
- **休闲品牌"小新"**：锚定城市精致露营场景，通过高频上新（季度SKU更新率35%）和社交营销（小红书/KOL内容曝光占比超60%）打造爆款，形成"低价-高周转-规模盈利"模式，GMV复合增长率达42%。
- **OEM/ODM协同**：借力扬州金泉等头部代工厂的规模化产能（2022年产能利用率92%），实现柔性供应链管理，降低边际生产成本（小新单位制造成本较自产低18%），同时反哺自主品牌研发（代工利润再投资占比15%）。

2. 行业趋势和竞争环境

- **市场增量结构性分化**：精致露营驱动客单价提升（2022年人均装备消费突破3,800元，同比+29%），但需求集中于一线/新一线城市（74%份额），下沉市场渗透率不足（二线以下城市GMV占比仅16%），需警惕区域增长失衡风险。
- **竞争格局三重挤压**：
  - **国际品牌下沉**：Columbia、The North Face通过子品牌切入中端市场，2022年价格带下探至800-1,500元，直接冲击"小新"主力区间；
  - **跨界竞争者涌入**：家居品牌（如MUJI）、新能源车企（特斯拉露营配件）依托场景延伸抢夺用户心智，导致流量成本攀升（2022年CPC同比+22%）；
  - **代工价值链上移**：扬州金泉等ODM厂商加速自有品牌孵化（2022年研发投入占比提至5.7%），长期可能侵蚀品牌商议价权。

3. 战略与财务状况的关联性

- **收入结构优化**：双品牌毛利率剪刀差（老驴68% vs 小新53%）平衡盈利质量与增长动能，2022年专业线收入占比提升至35%（2020年：22%），推动整体ROIC从14%升至19%；
- **现金流防御性构建**：通过OEM预付款机制（账期45天）锁定低成本产能，缓冲原材料波动（2022年涤纶价格涨幅13%下，小新毛利率仅收缩1.2pp）；
- **风险敞口管理**：针对库存积压痛点，建立动态预警模型（DSI>90天自动触发清仓协议），使专业线过季库存占比从2021年17%降至2022年9%，年减损节省超2,000万元。

关键验证指标：老驴研发费用资本化率（阈值30%）、小新费销比（警戒线40%）、OEM订单集中度（单一客户依赖度<25%），可作为机构投资者跟踪战略执行的核心锚点。

（全文517字，符合机构投资者阅读场景的数据密度与逻辑纵深）

图7-18 执行战略分析生成结果截图

模块七 财务洞察：大模型在财务分析中的应用

第五步：大模型计算盈利能力指标，对比历史及行业数据，分析企业盈利能力趋势及存在的问题。

> 【指令5】请根据前述资料，以及我提供的客户2024年第三季度财务数据，撰写财务分析报告中的财务分析部分。报告应重点分析企业的盈利能力，包括公司整体及各品牌业务层面的深入分析，并指出潜在隐患或需特别关注的业务领域。

指令要点
（1）数据来源。
（2）任务要求。
（3）分析重点。
（4）分析层面。

企业2024年第三季度的财务数据

根据【指令5】，盈利能力分析生成结果截图如图7-19所示。

三、财务分析

1. 整体盈利能力分析

收入与利润结构性背离
- 2024年Q3公司收入同比微增1.61%至2.95亿元，但归母净利润同比暴跌23.96%（0.13亿元），扣非净利润跌幅扩大至42.26%，剪刀差凸显盈利质量恶化。
- 前三季度经营活动现金流净额同比暴跌511.84%（2.45亿元），主因应收账款周转天数延长（+6天至30天）及代工业务预付款沉积，**现金流造血能力承压**。

毛利率与净利率分化：
- 前三季度综合毛利率提升0.61pp至28.31%，但净利率下滑1.73pp至9.52%，反映**费用侵蚀效应加剧**（销售/管理费用率合计达17.51%，同比+0.95pp）。
- Q3单季度净利率仅4.41%（同比-1.48pp），创近三年新低，主因信用减值损失占比同比+0.41pp及所得税负加重。

2. 分品牌盈利质量拆解

老驴品牌：技术溢价护城河松动
- 直营老驴收入同比-25%，毛利率仅微增0.41pp至52.66%，**高净值客群流失**导致规模效应弱化（单店坪效同比下降18%）；
- 加盟老驴收入+38.89%，但毛利率31.81%（同比+5.12pp）仍低于直营21pp，显示**渠道让利换增长的不可持续性**。

小新品牌：规模扩张下的利润塌陷
- 线下小新收入同比+88%（1.50亿元），但毛利率暴降8.86pp至23.67%，**价格战蚀性盈利**（爆款SKU平均折扣率达35%）；
- 线上小新收入-8.33%，毛利率同比-2.6pp至37.18%，流量成本高企（CPC同比+22%）与转化率下降（-15%）形成双击。

代工业务：价值链地位动摇

- Q3代工收入同比-62%（0.43亿元），毛利率24.29%（同比+2.83pp）难抵订单流失冲击，**海外去库存周期延长**（帐篷品类周转天数较鞋服高40%）。

3. 核心风险预警

红色预警信号：
- **库存周转效率恶化**：存货周转天数同比+5天至30天，其中过季专业装备占比升至12%（2023年同期为7%），需计提减值风险。
- **渠道结构失衡**：线下小新收入占比达62%（同比+21pp），但低毛利模式导致品牌价值稀释，可能引发**消费者心智固化**于低价标签。
- **代工依赖性反噬**：外销收入占比萎缩至14%（2023年同期为29%），扬州金泉等ODM厂商自有品牌加速孵化（2024年研发投入+18%），**存在客户订单转移风险**。

橙色监控指标：
- 应收账款周转天数增至30天（行业均值22天），若账期继续延长将触发**现金流枯竭阈值**（经营现金流/GMV<0.1）。
- 研发费用率降至1.84%（同比-1.83pp），可能削弱老驴专利壁垒，需监测竞品技术替代率（当前户外面料专利被引用次数已下降12%）。

4. 管理层行动建议

- **老驴品牌**：启动高净值会员深度运营（ARPU > 5,000元客群复购率提升至60%），通过定制化服务对冲直营渠道收缩；
- **小新品牌**：严控折扣力度（限时促销占比<20%），转向高毛利周边配件捆绑销售（如露营灯+炊具套装毛利率可提升8pp）；
- **代工业务**：与头部ODM厂商签订**产能对赌协议**（保障最低订单换取成本折让），并探索东南亚产能转移降低地缘风险。

（全文586字，通过数据穿透揭示盈利结构病灶，符合机构投资者对风险收益比的决策需求）

图7-19 盈利能力分析生成结果截图

第六步：优化调校报告，根据反馈指导大模型进行修订，确保报告准确、专业、实用。

> 【指令6】请依据前述分析内容，给出风险提示，并列明业务调整方向。同时，列出投资者应特别关注的事项及建议。

指令要点
（1）风险提示。
（2）业务调整。
（3）关注事项。
（4）投资建议。

根据【指令 6】，大模型进行风险提示与业务调整建议生成结果截图如图 7-20 所示。

五、风险提示与业务调整方向

1. 风险提示

（1）红色级风险

- **盈利质量持续恶化**：Q3扣非净利润同比-42.3%，若费用率（销售+管理费率17.5%）与减值损失（信用减值占比+0.41pp）未能有效控制，全年净利润可能跌破盈亏平衡线；
- **库存减值高压**：专业线过季库存占比12%（同比+5pp），按可变现净值测算需计提减值准备约1,800万元，占当期净利润138%；
- **代工业务断崖式下滑**：外销收入同比-62%，且帐篷品类去库存周期较鞋服延长40%，若海外需求未能在2025Q1回暖，代工收入或再降30%。

（2）橙色级风险

- **品牌价值稀释**：线下小新毛利率仅23.7%（同比-8.86pp），长期低价策略可能导致消费者认知固化，丧失溢价能力；
- **研发投入不足**：研发费用率降至1.84%（同比-1.83pp），老驴专利壁垒面临Columbia等竞品技术替代（2024年竞品防水面料专利数+22%）；
- **现金流枯竭**：应收账款周转天数增至30天（行业均值22天），若账期继续延长，经营性现金流或于2025Q2转负。

2. 业务调整方向

（1）老驴品牌：高净值客群深耕

- **会员体系升级**：筛选ARPU>5,000元用户（占比15%）提供专属装备定制服务，目标将复购率从45%提升至60%；
- **技术壁垒强化**：研发投入占比恢复至3%以上，重点突破超轻量化材料（目标重量<1.2kg/帐篷），2025年新增专利≥20项。

（2）小新品牌：盈利模型重构

- **价格带优化**：将SKU分层为引流款（毛利率25%）、利润款（45%）、限量联名款（60%），限制折扣商品占比<20%；
- **场景化捆绑销售**：推出"露营美学套装"（灯具+炊具+收纳箱），毛利率较单品提升10-15pp。

（3）代工业务：价值链防御

- **产能对冲协议**：与扬州金泉签订保底订单（年采购额≥1.2亿元），换取成本折让3%-5%；
- **新兴市场开拓**：将20%产能转向东南亚本土品牌代工，规避欧美去库存周期冲击。

（4）供应链效能提升

- **动态库存管理**：建立AI预测模型（准确率>85%），将过季库存占比压降至5%以内；
- **账期博弈优化**：对账期>60天的经销商实行"早付折扣"（7日内付款享2%折让），目标缩短应收账款周转天数至25天。

3. 投资者关注事项及建议

（1）关键监测指标

- **老驴品牌**：专利商业化收入占比（阈值≥15%）、直营店坪效（预警值<8,000元/㎡/月）；
- **小新品牌**：爆款生命周期（淘汰周期>6个月）、自然流量占比（健康值≥40%）；
- **代工业务**：外销订单履约率（警戒线<70%）、东南亚产能落地进度（2025H1目标占比10%）。

（2）短期行动建议

- **季度跟踪**：重点披露库存减值计提明细、小新价格带结构调整成效；
- **事件催化**：关注2025Q1海外露营展订单数据（反映代工需求拐点）；
- **风险对冲**：建议持仓中配置20%户外赛道ETF，分散单一个股经营风险。

（3）长期价值锚点

- **技术溢价验证**：2025年老驴轻量化产品收入占比需突破30%（当前18%）；
- **模式抗周期性**：小新品牌需在2025年实现非促销期毛利率稳定在30%以上（当前24.4%）。

（全文658字，通过量化阈值明确决策依据，契合机构投资者的风险收益评估框架）

图 7-20　风险提示与业务调整建议生成结果截图

智能探索

请结合上述发布的指令内容，梳理出一份用于“撰写并解读财务分析报告”的指令模板，便于用户撰写分析报告。

职业素养

精准分析，清晰传达

作为一名称职的财务分析师，不仅需要熟练掌握财务软件和大模型工具，以确保数据的准确性和分析的深度，还应具备将复杂数据转化为易于理解的报告的能力。这要求分析师能够识别关键财务指标，解释其背后的商业逻辑，并通过简洁明了的语言向非专业人士传达信息。此外，持续学习最新的财务法规和技术趋势也是必不可少的，这样才能确保分析报告符合行业标准并提供有价值的决策支持。

即学即用

请以公司财务分析师的身份,使用 DeepSeek 等模型完成以下工作任务。请自行选用 1~2 种你认为合适的模型,如选择使用推理模型完成任务,可根据实际需要略过角色定位相关步骤。

各任务背景资料

任务 1　连锁餐饮企业收入预测

请你结合背景资料,根据以下步骤设计指令,为某连锁餐饮企业客户进行收入预测和趋势分析。

(1)设定角色任务:明确大模型作为财务分析师的角色和主要任务。

(2)收集整理数据:收集详细销售数据,交由大模型整理。

(3)构建预测模型:引导大模型选择合适的算法,构建综合预测模型。

(4)分析影响因素:识别影响收入的关键因素,评估这些因素对未来收入的影响程度。

(5)生成分析报告:指导大模型撰写收入预测和分析报告。

任务 2　科技研发企业成本效益分析

请你结合背景资料,根据以下步骤设计指令,为某科技研发企业客户拟开展的新项目进行成本效益分析,并提出优化建议。

(1)设定角色任务:明确大模型在成本效益分析中的角色和主要任务。

(2)收集整理数据:收集成本效益分析所需数据,交由大模型整理。

(3)计算关键指标:根据整理好的数据,计算项目净现值、内部收益率等主要分析指标。

(4)评估成本效益:根据关键指标计算结果,结合企业实际情况,评估新项目可行性。

(5)优化资源配置:基于成本效益分析结果,提出具体的资源配置优化建议。

任务 3　投资组合策略制定

请你结合背景资料,根据以下步骤设计指令,为客户评估潜在投资项目,并制定最优的投资组合策略。

(1)明确角色定位:定义大模型在投资决策过程中的角色和主要任务。

(2)计算关键指标:计算项目净现值(NPV)等关键财务指标。

(3)设置约束条件:设置投资组合的约束条件。

(4)构建线性模型:结合相关资料构建投资组合模型并求解,确定最优投资组合策略。

(5)持续调校优化:调校和优化模型。

任务 4　科技企业财务分析报告撰写

请你结合背景资料,根据以下步骤设计指令,为某科技企业客户撰写财务分析报告。该企业专注于软件开发服务,在过去几年中经历了快速扩张,客户希望通过详细的财务分析来评估公司的经济健康状况,监控其竞争力,并探索潜在的机遇和风险。

（1）明确角色定位：设定大模型的角色和主要任务。

（2）提供背景信息：向大模型介绍企业的基本情况并说明此次分析的主要目的。

（3）制定分析框架：构建财务分析报告的框架。

（4）执行战略分析：分析企业的战略定位、行业趋势、竞争环境以及战略与财务状况的关联性，提出战略调整建议。

（5）盈利能力分析：计算盈利能力相关指标，并与历史数据及行业平均水平进行对比，分析盈利能力演变趋势，识别盈利驱动因素及潜在问题。

（6）持续调整优化：对报告内容进行调整和优化。